OVNIS :
SOMMES-NOUS
SEULS ?

NELSON MONFORT
ET IVAN KIRIOW

OVNIS : SOMMES-NOUS SEULS ?

DOCUMENT
Michel LAFON

118, avenue Achille-Peretti – CS 70024
92521 Neuilly-sur-Seine Cedex

www. michel-lafon.com

Un esprit est comme un parachute,
il ne fonctionne pas s'il n'est pas ouvert.

Frank Zappa

À Céline, Camille, Emma, Mina et Milane
pour avoir laissé les extraterrestres envahir notre maison.
À mes parents et à mon frère
pour m'avoir aidé à ouvrir mon parachute.

Ivan Kiriow

En souvenir de Neil Armstrong et de tous les astronautes
des missions Apollo qui m'ont tant fait rêver…

Nelson Monfort

INTRODUCTION

C'était en décembre 1984. Il y a donc trente-cinq ans. Quelques amis et moi-même nous promenions dans la station savoyarde des Arcs, après dîner. Soudain, fixant le ciel superbement étoilé, nous vîmes un objet très lumineux, de forme rectangulaire, se déplacer doucement au-dessus de la crête des montagnes nous faisant face. Aucun bruit de propulsion, de moteur, rien !

Nous pouvions évaluer le fameux « rectangle » à deux ou trois kilomètres, guère plus. Qu'était-ce donc ? Une comète ? Une étoile filante ? Un avion ? Un hélicoptère ? Une fusée ? Peter Pan ? Mary Poppins ?

Tout à coup, au bout d'une vingtaine de secondes, immensément longues, le rectangle lumineux oscilla à 45 degrés pointant vers le ciel, et disparut à une allure vertigineuse ! C'était il y a un tiers de siècle, c'était hier et, surtout, c'est aujourd'hui, avec une envie folle de vous faire partager cette réalité devenue rêve. À moins que ce ne soit l'inverse…

Prenons de l'altitude, un instant…

Soyons clairs : si nous ne croyions pas aux ovnis, ce livre n'existerait pas. Trop de témoignages, trop de « coïncidences », et, pour tout avouer, le désir de se rapprocher des étoiles, nous font dire qu'ils sont là. Non seulement ils sont là, mais en plus, ils nous rendent régulièrement visite. Ils nous connaissent. Et sans doute bien mieux que nous ne les connaissons.

Aujourd'hui, tout, absolument tout, incite à croire que nous ne sommes pas seuls dans l'Univers. D'ailleurs de quel « Univers » s'agit-il ? De tout cela, nous allons parler, en nous plongeant dans ce mystérieux cosmos, si fascinant. Il ne nous appartient pas de persuader les irréductibles sceptiques, mais d'établir des vérités à partir de solides témoignages, venus d'horizons très divers.

En écrivant ce livre, au fil de notre enquête, nous pensons qu'il y a 90 % de chances – chiffre honnête – que des engins spatiaux nous rendent régulièrement visite. Et ces « engins », par qui sont-ils pilotés ? Sont-ils dirigés à distance ? Très longue distance en la circonstance ! Ou, plus vraisemblablement, sont-ils conduits de l'intérieur… ?

Le génial réalisateur américain Steven Spielberg a consacré deux films, deux chefs-d'œuvre au phénomène. Ce fut, tout d'abord *Rencontres du troisième type* en 1977, avec François Truffaut dans l'un des rôles. Puis en 1982, le si touchant *E.T.* (téléphone maison…) Des longs métrages qui font rêver et qui nous rendent heureux.

D'ailleurs, il ne nous appartient pas de considérer les ovnis comme des ennemis, mais plutôt comme des visiteurs lointains, très lointains.

Plus éloignés sans doute que tout ce que l'on peut imaginer. Venez les rejoindre, nous vous emmenons à leur découverte.

Nelson Monfort

– 1 –

QU'EST-CE QU'UN OVNI ?
ET… QU'EST-CE QU'IL N'EST PAS !

Avant de nous plonger dans le vif d'un sujet aussi vaste qu'épineux, il serait judicieux de se mettre d'accord sur ce dont on parle. Nous allons bien sûr essayer de clarifier quelques notions et les différents acronymes qui ont cours dans le monde des « soucoupes volantes », mais on pourrait commencer par rappeler que, justement, UN OVNI, ON NE SAIT PAS CE QUE C'EST ! Le « phénomène » ovni est déclenché par cette ignorance originelle : les enquêtes, les questionnements, les théories qui pourront venir combler ce non-savoir, ce point d'interrogation tour à tour fascinant et angoissant.

De nombreux termes sont passés dans le langage courant, au point d'être parfois mal compris ou mal employés. D'autres restent cantonnés aux milieux spécialisés, mais peuvent lever certaines confusions ou ambiguïtés. Revenons donc pour commencer sur les bases du langage ovni.

Quelques définitions et rappels utiles

L'acronyme français OVNI, pour « Objet Volant Non Identifié », est la traduction de son homologue anglais UFO (*Unidentified Flying Object*), apparu vers le début des années 1950 aux États-Unis pour désigner, par un terme commun, un nombre croissant d'observations inexpliquées.

Le besoin de fixer ainsi la terminologie se faisait alors ressentir. Par exemple, dans un document daté du 31 janvier 1949, adressé au directeur du FBI John Edgar Hoover et à l'époque classé confidentiel, les termes mentionnés sont « aéronef » (*aircraft*) « phénomènes aériens » (*aerial phenomena*) ou « objets aériens » (*aerial obejcts*), dans tous les cas « non identifiés » (*unidentified*).

S'il apparaît déjà dans des documents militaires dès 1947 (l'année de la première vague « officielle » d'ovnis, comme nous le verrons plus loin), on attribue la généralisation du sigle UFO au capitaine Edward J. Ruppelt (1923-1950), directeur du projet *Blue Book*, une des premières études d'envergure entreprises sur le sujet par le gouvernement des États-Unis d'Amérique. C'est au sein de l'armée de l'air américaine, l'USAF (United States Air Force/US Air Force) qu'a été entérinée cette appellation, liée à un souci légitime concernant la sécurité de l'espace aérien national, et il faut garder à l'esprit cette origine militaire et aéronautique.

Très vite, les UFOs devinrent synonymes de « soucoupes volantes » (*flying saucers*), car beaucoup avaient déjà identifié bel et bien, ou prétendu les avoir identifiés, les objets volants en question !

La définition des UFOs donnée à l'origine par l'USAF était : « N'importe quel objet aéroporté qui, par ses performances, ses caractéristiques aérodynamiques ou ses traits inhabituels ne correspond à aucun type connu d'engin volant ou de missile, ou qui ne peut être identifié comme un objet familier. »

Par la suite Josef Allen Hynek (1910-1986), astronome américain et pionnier de l'étude systématique des observations d'ovnis, précisa davantage : « Un ovni est l'observation rapportée d'un objet ou d'une lumière observée dans le ciel ou au sol, dont l'aspect, la trajectoire, les actions, les mouvements, les lumières et les couleurs n'ont pas d'explication logique, conventionnelle ou naturelle, et qui ne peuvent pas être expliqués, non seulement par le témoin originel, mais aussi par les scientifiques ou les experts techniques qui essaient de faire une identification rationnelle après avoir examiné les preuves. »

Si l'on s'en tenait à cette définition plus sélective, seuls seraient retenus comme ovnis ceux que le GEIPAN (le groupement d'études chargé en France de recueillir les observations présumées d'ovnis ou de PANs, selon la terminologie adoptée, et dont nous reparlerons plus loin) classe dans la catégorie « PAN D » (cas inexpliqués), voire D2 (nous préciserons cette classification). Et les quelques exemples présentés dans la suite de ce chapitre illustreraient alors ce que les ovnis *ne sont pas*.

Passé rapidement dans le langage anglais courant, le terme UFO donnera naissance à *ufologist*, qui étonnamment sera surtout utilisé dans sa traduction française « ufologue ».

Ce dernier mot recouvre une réalité assez particulière et presque inédite, celle d'une spécialité autoproclamée, en marge de la science officielle. Si certains arborent le titre avec un orgueil mal venu et sans lien avec leurs compétences réelles, d'autres ufologues se considèrent plus modestement et raisonnablement comme des passionnés, réunissant des informations sur les observations d'ovnis sans prétention scientifique particulière. Le fait que la majorité des ufologues ne fassent pas mystère de leur adhésion à des théories controversées, voire extravagantes (visiteurs extraterrestres, phénomènes paranormaux, complots divers, parfois un mélange des trois), a contribué à dévaluer le terme aux yeux des scientifiques, des sceptiques ou simplement des esprits rationnels. On a parfois qualifié de « soucoupistes » les moins crédibles de ces passionnés, pour les distinguer des ufologues sérieux, critiques et ouverts au débat, mais le mot – peut-être parce qu'il suggère une spécialité scientifique là où il ne faut voir qu'un centre d'intérêt, hobby ou passion – est toujours entouré d'un parfum de soufre et de polémique. Pour risquer une comparaison, on ne s'indigne pas qu'un passionné d'histoire locale puisse s'intituler historien sans arborer de diplômes universitaires ni qu'il publie des ouvrages parfois salués, et même adoubés, par les historiens professionnels…

Le UFO (prononcé « Youfo ») américain fut transposé en français par OVNI, qui devint un nom commun, « ovni », sans les majuscules. Il est depuis passé dans le langage courant, et a gagné ses entrées dans les dictionnaires, même le très révéré *Littré* : « Objet volant ou phénomène non identifié, observé dans l'atmosphère. De nombreux scientifiques s'intéressent aux ovnis. » Nous verrons à la fin de cet ouvrage combien il faut relativiser cette dernière affirmation !

Le mot a même pris un sens beaucoup plus général dans le langage familier : on qualifie volontiers d'« ovni » une personnalité ou un phénomène hors norme, qui ne rentre pas dans les cases des catégories établies, qui brise les codes, qui – au sens figuré ! – sort des radars.

Pourtant, dès les années 1970, en France, un certain nombre de chercheurs et enquêteurs indépendants qui s'intéressent au phénomène ont éprouvé le besoin de le remplacer par un autre terme générique, selon eux plus approprié.

Ovni ou PAN, quelle différence ?

Malgré la popularité du sigle OVNI, le terme « officiel » adopté en français, en tout cas par le GEIPAN (anciennement GEPAN) qui l'a intégré à son nom, est PAN, pour « Phénomène Aérospatial Non identifié ». En toute rigueur il aurait fallu les baptiser PANI…, mais vous reconnaîtrez avec nous que cela sonne tout de suite beaucoup moins bien ! Si cet acronyme qui claque comme un coup de fusil ne manque pas d'un potentiel médiatique certain, il n'a pourtant jamais vraiment dépassé le cercle des spécialistes.

Pourquoi s'attacher alors à cette appellation un peu compliquée ? Il faut reconnaître que l'appellation « Objet Volant Non Identifié » présente quelques inconvénients qui peuvent conduire à des confusions. Si l'adjectif

« aérospatial » est moins parlant pour tout un chacun que « volant », il a le mérite de ne pas préjuger de la nature du phénomène observé, car si par exemple une comète peut être considérée comme un objet « volant », on a tendance à imaginer sous ce terme des objets évoluant dans l'atmosphère. Or tous les ovni-PANs ne se situent pas nécessairement aussi près de nous, et peuvent même s'avérer, après enquête, fort éloignés (planètes, étoiles, comètes...). Mais surtout, en remplaçant « objet » par « phénomène », on évite de considérer a priori que l'on a affaire à un corps matériel, et qu'il peut s'agir de phénomènes purement visuels, si ce n'est d'illusions d'optique.

Il existe sans doute une autre raison au choix de l'acronyme PAN par ceux qui entendent en faire une étude sérieuse et impartiale : le terme « ovni » est aujourd'hui tellement associé aux excès des ufologues et des « soucoupistes » qu'il est discrédité dans les médias et l'opinion publique – pour ne rien dire des scientifiques, décideurs et experts. De la même manière, dans le monde anglo-saxon, les enquêteurs et intervenants qui souhaitent être pris au sérieux évitent de parler d'UFOs et préfèrent des équivalents moins connotés historiquement, comme « Phénomène Aérien Non Identifié » (*Unidentified Aaerial Phenomenon* – UAP, l'équivalent de nos PAN), ou simplement « Phénomènes Anormaux » (*Anomalous Phenomena* – AP), ou bien, quand la réalité matérielle de l'objet ne fait pas de doute, « Véhicule Aérien Anormal » (*Anomalous Aerial Vehicle* – AAV) ou encore « Système Aérien Non Identifié » (*Unidentified Aerial System* – UAS). D'autres sigles moins usités apparaissent parfois dans la littérature ufologique, comme MOC (pour « Mystérieux Objets Célestes »).

PAN, ovni, UFO, ou leurs divers équivalents, tous ces termes gardent un trait commun : ils sont non identifiés. Même si tout ce qui suit concerne justement les efforts faits pour identifier, expliquer ces observations, il est sain de se rappeler que tout commence par quelque chose qui sort de l'ordinaire, du connu.

Et la question vraiment pertinente, avant même de se demander : « De quoi s'agit-il », c'est peut-être d'abord de préciser : non identifié, soit, mais… *par qui* ?

En effet le non-identifié n'est pas le même pour tous. Pour une tribu du fin fond de la jungle amazonienne qui n'aurait jamais été confrontée à notre civilisation technique et scientifique, un « simple » hélicoptère ou un avion, qui pour nous est tout ce qu'il y a de plus ordinaire, peut représenter le plus déroutant et le plus effrayant des ovnis ! En revanche, on ne songerait guère aujourd'hui, dans la plupart des régions peuplées et même en zones rurales, à s'inquiéter ou à s'interroger sur une simple lumière clignotante suivie de points lumineux fixes, n'y voyant que la signature familière d'un aéroplane en transit. L'ovni commence quand on note des caractéristiques ou des comportements inhabituels – lumières plus vives, semblant s'approcher ou voler bas hors des zones aéroportuaires, vitesses et tailles – apparentes ! – sortant de l'ordinaire, manœuvres hors du commun (accélérations fulgurantes à des angles improbables, etc.). Mais, en revanche, si l'on considère un individu « moderne » qui aurait vécu toute sa vie dans les villes et qui, malgré son éducation et son accès au savoir, n'aurait jamais pu vraiment observer le ciel nocturne – à cause en particulier de la pollution lumineuse –, celui-ci pourrait se retrouver tout aussi interloqué, même inquiété par des manifestations astronomiques parfaitement anodines (certains témoignages le montrent).

Dans le même ordre d'idées, s'il n'avait été question que d'observations par des civils depuis le plancher des vaches, le phénomène n'aurait peut-être pas pris l'ampleur qu'il a maintenant. Malgré l'habitude que nous en avons aujourd'hui, le ciel, de jour comme de nuit, est traversé par de nombreux objets, naturels ou de la main de l'homme, évoluant à différentes vitesses et altitudes, sur des trajectoires plausibles ou plus étranges… Mais c'est surtout à partir du moment où se sont multipliés les rapports d'objets non identifiés *par l'armée et le gouvernement américains* (puis par leurs homologues à travers le monde), malgré les moyens techniques et humains à leur disposition, que les choses sérieuses ont commencé. Avec la généralisation des radars, puis des satellites, aucun appareil ne devrait normalement traverser un espace aérien national sans y être autorisé, donc sans être identifié. Les témoignages les plus frappants et les plus crédibles sont d'ailleurs ceux qui s'accompagnent d'enregistrements de radars au sol ou embarqués sur des appareils volants.

Quand nous aurons affaire aux témoignages oculaires de particuliers, la même question se posera : non identifié *par qui* ? Car avant même d'évaluer la crédibilité ou la fiabilité des témoins eux-mêmes, c'est leur origine socioculturelle, leurs habitudes, leur environnement et de nombreux autres facteurs qui vont déterminer les contours de ce qui peut, pour eux, être non identifié, et se détachera alors sur le fond de ce qui leur est familier.

Un ovni, c'est donc en quelque sorte un objet volant *provisoirement* non identifié. Mais on sait bien que le provisoire peut parfois durer longtemps… La suite de cet ouvrage se penchera surtout sur les objets *toujours* non identifiés, ceux qui n'ont pas reçu d'explication satisfaisante malgré des enquêtes approfondies. Car il faut le dire d'emblée : identifiés, la plupart des cas rapportés d'ovnis le sont assez vite et assez facilement !

Les faux amis : des ovnis… qui ne le restent pas très longtemps !

Avant de partir à la découverte des observations les plus étranges, les plus étonnantes, celles qui défient les tentatives d'explication ordinaires, il faut en effet rappeler que de nombreux témoignages d'ovnis observés correspondent en réalité à des phénomènes connus, soit familiers soit plus inhabituels, mais indéniablement terrestres, qu'ils soient naturels ou liés à l'activité humaine. Si l'on s'en tient à la définition de Josef Allen Hynek citée plus haut, il ne s'agirait pas d'ovnis proprement dits. Nous en proposons ici une liste non exhaustive, pour donner une idée de tout de ce que les « vrais » ovnis *ne sont pas*.

Les rentrées atmosphériques

Quand un corps au-delà d'une certaine taille et se déplaçant à une certaine vitesse traverse l'atmosphère terrestre, il subit un réchauffement considérable et, dans la plupart des cas, se désagrège et se consume avant de pouvoir atteindre le sol. Les étoiles filantes, qui font la joie des estivants pendant les belles nuits d'été, sont produites par de minuscules fragments issus de la désintégration d'astéroïdes. Notre planète traverse ces nuages de poussières cosmiques à des périodes déterminées de l'année, la plus remarquée ayant lieu pendant l'été, plus propice aux observations nocturnes ! Ce type de phénomènes familiers prête peu à confusion, mais la traversée atmosphérique de certains bolides célestes de taille moyenne, les « météroïdes », difficile à prévoir, peut offrir un spectacle déroutant au point d'être pour un temps classés dans la catégorie des ovnis. Il est en revanche aisé de reconstituer après coup le périple de ces cailloux tombés du ciel, dont la trajectoire est enregistrée par les observatoires disséminés à travers le globe et les satellites qui scrutent en permanence la voûte étoilée.

Il faudrait toujours envisager cette possibilité quand on est confronté à des manifestations célestes inhabituelles, car la chute de ces cailloux cosmiques ne produit pas forcément le spectacle auquel on pourrait s'attendre, celui par exemple d'une simple traînée lumineuse rectiligne, comme une étoile filante en plus grand.

Ainsi l'ovni dit « de l'Armistice », signalé par plusieurs centaines de témoins le 11 novembre 1980 dans le Sud de la France, en Corse, en Italie et en Espagne, a-t-il été identifié comme un météore qui s'est fragmenté en trois parties avant de se désintégrer. Certains témoignages décrivent pourtant une soucoupe, un parallélépipède ou un triangle ! Quant à la traînée très lumineuse qui accompagnait sa descente, et qui présentait selon les rapports une palette de couleurs couvrant presque tout le spectre visible, elle est très logiquement le résultat de la combustion dans l'atmosphère des particules arrachées au météore par les frottements intenses.

En dehors de ces aérolithes (pierres venues du ciel), les satellites artificiels qui orbitent en nombre croissant autour de notre chère Terre, ainsi que les différents étages des fusées qui les y projettent, peuvent également y retomber et déchirer le ciel de traînées lumineuses parfois impressionnantes. Et lorsque ces déchets orbitaux, dont les dimensions peuvent être imposantes, se fragmentent sous l'effet de l'échauffement et des frottements contre les molécules de gaz atmosphérique, leurs débris suivent des chemins différents et difficiles à prévoir qui peuvent donner l'illusion d'une progression en zigzag.

Un des cas les plus spectaculaires de rentrée atmosphérique d'engin technique a eu lieu le 5 novembre 1990 au-dessus de la France. Le troisième étage d'un lanceur soviétique a en effet sillonné le ciel, du golfe de Gascogne à l'Alsace. Les témoignages se sont comptés par milliers, et si la plupart concordaient quant à la trajectoire globale du phénomène, ils divergeaient sur de nombreux points : distance apparente, altitude, vitesse, aspect, couleurs, etc. Certains témoins prétendent avoir assisté au ballet de centaines d'engins volants, un ancien pilote de ligne affirmait avoir vu voler dans le ciel « une véritable ville », trente gendarmes ayant assisté au spectacle depuis le même lieu ont décrit des objets sensiblement différents… L'étrangeté attachée à un grand nombre des témoignages recueillis a d'ailleurs conduit plusieurs enquêteurs privés à contester cette conclusion attribuant toutes les observations à la chute du lanceur russe…

Toutes les rentrées atmosphériques n'ont pas des répercussions aussi spectaculaires qui mettent en émoi des pays entiers, ce qui est heureux, car elles sont de plus en plus fréquentes : le nombre de satellites en orbite a explosé avec des demandes technologiques croissantes (téléphonie, GPS), et ces engins et leurs lanceurs retombent régulièrement vers le sol : on estime la fréquence de ces rentrées atmosphériques d'objets techniques (non naturels) à une par semaine environ – sachant que, sur l'ensemble de la surface terrestre, ils ont plus de chance de pénétrer au-dessus des océans que de traverser le ciel des régions habitées.

Boules de foudre, boules de feu, boules de lumière…

Voici un phénomène qui, bien que son origine soit des plus terrestres, n'en demeure pas moins mystérieux et fascinant. S'il a pour beaucoup d'entre nous un air familier, rares pourtant sont ceux qui ont pu l'observer dans la réalité : c'est souvent à la lecture du célèbre album de Tintin *Les Sept Boules de cristal* que nous avons rencontré ces boules incandescentes produites parfois lors d'un orage, qui peuvent traverser les maisons et effrayer leurs occupants par leur « vol » erratique allant jusqu'à évoquer celui d'un être vivant. (On n'a en revanche jamais rapporté de cas où elles auraient soulevé quiconque du sol en l'entourant selon un mouvement en spirale, comme il arrive au pauvre professeur Tournesol dans l'histoire en question !)

Même les scientifiques ne savent pas encore exactement comment ces boules se forment ni même ce qui les constitue. Ils soupçonnent qu'il s'agit de boules de plasma, c'est-à-dire d'un gaz ionisé où les électrons, au lieu d'être liés chacun à un noyau atomique, se déplacent librement de l'un à l'autre (le cœur du Soleil, par exemple, est une gigantesque boule de plasma). On sait qu'elles se forment lors d'épisodes orageux, qu'elles peuvent durer de quelques secondes à plusieurs minutes, avant de « s'éteindre » spontanément ou, plus violemment, d'exploser au contact d'un obstacle solide jusqu'à causer des dégâts spectaculaires et présenter un danger certain pour les installations et les personnes.

D'autres observations de sphères lumineuses étranges et longtemps mystérieuses pourraient être dues à des phénomènes analogues, inconnus ou encore mal expliqués, mais assurément terrestres et naturels. Ainsi en est-il sans doute des boules de feu évoquées par de nombreux aviateurs, avant même les premiers cas recensés d'ovnis (les *Foo Fighters* des pilotes américains de la fin de la Seconde Guerre mondiale), qui pourraient être produits par l'activité orageuse dans la haute atmosphère. On recense aussi des cas de « boules de feu » – l'expression, évoquée par leur aspect, serait erronée, puisqu'il n'y aurait pas de combustion en leur sein – dans des zones à forte sismicité, qui pourraient être produites par les frottements des couches géologiques lors des tremblements de terre.

Un exemple particulièrement éclairant (!) est celui de la vallée de Hessdalen en Norvège. Depuis des années, on y rapporte des observations de boules lumineuses qui peuvent persister plusieurs minutes, apparaissant de façon apparemment aléatoire et suivant des trajectoires tout aussi imprévisibles. Alors que les théories allaient bon train parmi les ufologues qui avaient fait de la région un de leurs lieux de pèlerinage, des scientifiques norvégiens, ne parvenant pas de leur côté à élucider le phénomène, ont sollicité une collaboration scientifique internationale pour l'étudier. Il s'agissait d'une grande première, sans doute à ce jour la seule manifestation d'ovnis ainsi cernée par le regard et les appareillages de la science moderne. Et si le mystère scientifique n'est pas encore totalement éclairci, il est de moins en moins probable que ce site scandinave ait l'honneur de la première visite « officielle » d'une forme de vie extraterrestre : on penche plutôt pour un phénomène électromagnétique, peut-être lié à l'activité minière intense qu'a connue la région dans le passé : les minerais métalliques pourraient fonctionner comme une pile géante et provoquer l'apparition des boules lumineuses. La preuve, quoi qu'il en soit, que la science a tout à gagner à se pencher de plus près sur certaines manifestations étranges, malgré ce qu'en pensent encore trop de « savants » et de décideurs…

Quand on prend les lanternes pour des ovnis !

Un autre phénomène prêtant à confusion dans les observations d'ovnis a tendance à faire hausser les épaules, voire grincer les dents de nombreux ufologues : petites montgolfières de papier maintenues en l'air par une flamme brûlant à leur base, les lanternes thaïlandaises peuvent pourtant offrir un spectacle bien déroutant, surtout quand elles sont allumées en grand nombre et se suivent à la queue leu leu. Dans les cas où l'on soupçonne ces décorations festives d'avoir été prises pour des ovnis, des indices peuvent permettre de confirmer leur présence : recherche de fêtes à proximité, déplacements selon la direction du vent… Il faut ajouter que ce phénomène de mode est assez récent dans nos contrées, et donc peu utile pour expliquer des observations plus anciennes.

Cette explication est parfois accueillie avec une ironie grinçante et agacée dans les milieux ufologiques, mais dans certains cas documentés, elle a pu être confirmée par une enquête poussée. Ainsi en août 2010, la « trentaine de navettes », signalée et filmée à Tenteling en Moselle par un jeune homme avec son téléphone portable, peut s'expliquer par le lâcher la même nuit de 60 lanternes thaïes à l'occasion d'un mariage, depuis la salle des fêtes proche.

L'engouement des Européens ces dernières années pour ce gadget pourtant connu de longue date en Asie a entraîné une véritable « vague » d'ovnis dont le mystère est retombé plus vite encore que les mini-montgolfières qui l'avaient fait naître ! Mais il n'y eut pas besoin d'attendre ce phénomène de mode pour voir d'innocents jouets ou des décorations festives provoquer la panique d'observateurs non avertis. Ainsi l'ovni de Voreppe (Isère), vu en 1998 par plusieurs témoins, filmé au caméscope et décrit comme « une grosse coccinelle » en vol stationnaire au-dessus d'un cerisier pendant 2 à 3 minutes était bien… une coccinelle, en réalité un ballon gonflé à l'hélium qu'un enfant du voisinage avait laissé échapper le même soir !

Alerte aux drones !

Quand on étudie les observations rapportées d'ovnis, il faut également prendre en compte la date. Chaque époque voit en effet son ciel peuplé d'objets différents. Le développement croissant du marché des drones à usage privé récréatif, sans compter leur utilisation militaire ou civile (ils peuvent être utilisés, entre autres, par les agriculteurs, par la police ou des compagnies privées de surveillance), pourrait avoir pour conséquence dans un futur proche une vague de témoignages inédits. Ces engins téléguidés pouvant être équipés de lumières et revêtir des formes étranges, une erreur de pilotage, un simple divertissement ou une innocente blague pourraient facilement se retrouver à la une dans la rubrique ovnis – sans parler des usages réellement malveillants que certains pourraient en faire, pour déclencher des phénomènes de panique, par exemple. Car si, de jour, leur identification est assez aisée, il n'en est pas de même de nuit.

Élémentaire, mon cher ovni !

Il arrive aussi que les mystérieuses manifestations célestes s'avèrent n'être que les plus banales des observations astronomiques. Et l'on aurait tort de pointer du doigt l'ignorance ou la naïveté des victimes de ces malentendus célestes. C'est ainsi qu'après enquête, plusieurs observations décrivant des points très brillants, se déplaçant rapidement en changeant de couleur, se sont révélées des apparitions du même objet : Vénus, « l'étoile du berger » ! On imagine la confusion des témoins ainsi dupés par un des astres les mieux suivis de la voûte étoilée, mais le manque d'habitude de l'observation du ciel fait souvent paraître merveilleux des corps célestes pourtant archiconnus.

Quand nos sens nous jouent des tours

Ce n'est pas sans raison que le champion du doute et un des pionniers de la méthode scientifique moderne, René Descartes, mettait en garde sur l'incertitude où nous plongeaient des perceptions parfois trompeuses. Sans pousser trop loin ce doute méthodique, il faut prendre en compte de nombreuses éventualités quand on se penche sur les observations d'ovnis. Les illusions d'optique liées à des phénomènes naturels sont une source fréquente de confusion. On connaît bien les mirages, causés par la réflexion d'une image sur la vapeur d'eau atmosphérique, et qui font paraître proches des objets qui autrement seraient hors de vue. Des trompe-l'œil du même ordre peuvent aussi nous faire prendre des vessies pour des lanternes, ou en l'occurrence le Soleil pour un ovni ! Les plus connues de ces illusions d'optique sont les « parhélies », appelés aussi « soleils doubles », produits par la réflexion des rayons du Soleil sur des cristaux de glace en suspension dans les nuages, donnant l'illusion que le Soleil se démultiplie, et les « anthélies », dues à un phénomène de réflexion similaire sur la glace atmosphérique, qui provoquent un halo blanchâtre à l'opposé du Soleil – on parle aussi d'« antisélène » quand la même illusion est produite par la Lune. Il existe une dizaine de ces effets d'optique, que l'on désigne sous le terme de « photométéores ». Ils sont tous rares et, quoiqu'ils aient été bien étudiés et expliqués, les spectacles qu'ils provoquent sont assez saisissants et inhabituels pour provoquer des interprétations parfois excessives.

Et même si la cause de l'illusion n'est pas dans la nature, elle peut être liée à la faculté de perception de l'observateur : des dérèglements dans la physiologie de la vision, ou au sein des parties du cerveau traitant l'information visuelle, peuvent altérer significativement ce que l'on voit, ou croit voir. Une vision faussée peut avoir plusieurs causes : prise de certains médicaments, opérations ophtalmologiques, problèmes neurologiques… Et évidemment certaines pathologies mentales, heureusement assez rares, peuvent causer des hallucinations, qui n'existent nulle part ailleurs que dans l'imagination du patient qui en est atteint. Mais en dehors de ces cas extrêmes, souvent assez faciles à détecter, la fiabilité de la vision du témoin est difficile à évaluer.

Avant d'aller plus loin : cachez cet ovni que je ne saurais voir !

Cet aperçu de tant d'ovnis qui n'en sont pas appelle quelques précisions. On serait en droit de se demander en effet ce qui reste quand on a éliminé toutes ces possibilités ! Certains – les critiques rationalistes les plus virulents de l'ufologie – n'hésitent pas à franchir le pas et à affirmer que *tous* les témoignages décrivant des ovnis peuvent s'expliquer par des phénomènes connus, naturels et terrestres. La nécessité de vérifier les témoignages et de chercher en premier lieu des explications simples ne faisant pas intervenir d'hypothèses audacieuses, la volonté de combattre les théories extravagantes et obscurantistes sont autant de combats louables qui doivent être soutenus. Mais l'excès de cette tendance ultrarationaliste peut se heurter au respect dû aux témoins, et entraîner un discrédit et un durcissement de la position opposée qui consistent à accueillir tous les témoignages sans recul dès lors qu'ils semblent accréditer l'hypothèse que l'on défend.

Il est par ailleurs souvent difficile d'affirmer avec une totale certitude qu'un cas donné était bien la manifestation de tel ou tel phénomène connu. Les témoins sont parfois déçus ou peu convaincus par les explications avancées par les enquêteurs – privés ou « officiels » – et s'en tiennent à leur impression de départ. « Je sais ce que j'ai vu ! » est le cri de protestation souvent opposé aux explications qui semblent les plus raisonnables. Et en dehors des phénomènes que l'on peut reconstituer exactement et qui ont été vus et enregistrés indépendamment, comme les rentrées atmosphériques, il est rarement possible de lever le doute.

Le problème du témoignage humain dans le phénomène ovnis est celui que l'on retrouve dans les affaires judiciaires et dans tous les cas où un individu rapporte un événement auquel il a assisté. La naïveté, voire la crédulité intéressée de ceux qui ne cherchent que du grain à moudre pour alimenter leur théorie de prédilection ne vaut guère mieux que l'attitude paternaliste et condescendante des sceptiques fermés à toute manifestation qui sortirait de la sphère du bien connu et du parfaitement expliqué. C'est entre ces deux écueils que nous essaierons de mener notre barque, entre les mystères du cosmos et ceux de la Terre, à l'image des enquêteurs sérieux et intègres, qui, ufologues ou enquêteurs officiels, amateurs ou scientifiques, civils ou militaires, s'efforcent d'étudier le « dossier ovni » avec un esprit ouvert, mais un sens critique affûté.

– 2 –

COMMENT SE MANIFESTENT-ILS ?

Témoignages concordants

Les témoignages de visions, observations, rencontres, sont si nombreux qu'il nous est impossible de tout répertorier ici. Sachez cependant que les premiers d'entre eux remontent au XVIIIe siècle en France, c'est-à-dire sous le règne de Louis XV ! On trouve également nombre de récits du côté des plaines américaines à l'époque de la conquête de l'Ouest. Là, pour une fois au moins, cow-boys et Indiens étaient d'accord ! Et tant d'autres… et tant d'autres.

Et que nous disent tous ces souvenirs ? Deux choses : on nous parle tout d'abord d'engins extrêmement lumineux. Ensuite, de déplacements totalement silencieux. Enfin, tout le monde s'accorde à préciser que la vitesse de déplacement est modérée. Ce ne sont pas des fusées qui foncent ! Pas du tout ! Du moins dans un premier temps. L'engin très brillant se meut doucement, marque un temps d'arrêt, puis, disparaît du regard grâce à une accélération vertigineuse. Voilà pour les points communs, extrêmement précis. Il y a là une concordance de témoignages absolument indiscutables. Par centaines, par milliers, et bien plus…

Qu'est-ce qu'un témoignage fiable ?

Face à l'étrangeté de beaucoup de cas rapportés, une question se pose inévitablement, celle de la fiabilité, de la crédibilité des témoignages. Dès lors que le facteur humain entre en jeu, il est pratiquement impossible d'acquérir une certitude totale sur un événement rapporté, et on ne peut pas prendre un *témoignage* pour une *preuve.* Mais il faut aussi éviter de tomber dans l'excès inverse, comme n'hésitent pas à le faire certains sceptiques intransigeants, qui, partant du principe que tout doit être expliqué, discréditent systématiquement les témoins de phénomènes hors du commun. En les illustrant de quelques cas marquants (que nous ne ferons parfois qu'évoquer, quitte à entrer davantage dans les détails par la suite), nous allons aborder quelques aspects de cette difficile question : « Qui croire quand il s'agit d'ovnis ? »

Y voit-on plus clair à plusieurs ?

Quel que soit le crédit que l'on peut accorder à un témoin, c'est évidemment lorsqu'un même phénomène est décrit par plusieurs observateurs que l'on peut légitimement considérer qu'il s'est réellement produit. À plus forte raison quand il s'agit de témoignages indépendants, c'est-à-dire, idéalement, que les témoins ne se connaissaient pas au préalable et qu'ils n'étaient pas ensemble lorsqu'ils ont assisté au phénomène – ce qui exclut la possibilité qu'ils se soient concertés, ou encore qu'ils se soient influencés mutuellement dans leur interprétation de ce qu'ils ont vu.

Tout problème n'est pas pour autant écarté lorsque l'on dispose de témoignages multiples dans le même créneau horaire. Comment être sûr en effet que tous les témoins ont vu la même chose ? Qu'ils ont été témoins du *même* phénomène ? Et que faire quand les différentes descriptions indépendantes, malgré leurs points communs qui rendent l'hypothèse de phénomènes multiples très improbable, présentent aussi des divergences importantes ?

Ainsi les cas pour lesquels on a recensé jusqu'à des milliers d'observations ne sont pas forcément les moins problématiques. Lors de la rentrée atmosphérique du 5 novembre 1990, au cours de laquelle le troisième étage d'un lanceur russe avait traversé le ciel de la France et d'une partie de l'Europe de l'Ouest avant de se désintégrer, de nombreux témoins, analystes et enquêteurs ont vivement contesté les conclusions officielles, celles présentées par le GEIPAN et appuyées sur des informations provenant de la NASA. De nombreux ufologues, ne pouvant nier la réalité de cette rentrée atmosphérique parfaitement expliquée, mais jugeant qu'elle ne pouvait rendre compte de toutes les observations recueillies, défendent l'hypothèse de la traversée d'ovnis au même moment. Et comme une coïncidence serait hautement improbable, de conclure que les intelligences dirigeant ces appareils (extraterrestres ou non) auraient utilisé la chute du débris de fusée pour dissimuler leur approche ! On comprend bien quel dialogue de sourds peut dès lors s'instaurer entre scientifiques rationnels et sceptiques et ufologues incrédules...

D'autres observations, rapportées par des témoins se comptant par centaines, n'ont pas reçu une explication aussi convaincante. C'est le cas d'un des événements majeurs de l'histoire de l'ufologie, la célèbre « vague belge ». Le problème est qu'ici il ne s'agit pas d'une observation isolée, mais de toute une série de phénomènes similaires, rapportés sur une période s'étalant sur deux ans (les premiers événements sont observés le 29 novembre 1989, et les rapports se succèdent jusqu'à fin 1991).

La multiplication des témoins, si elle renforce la crédibilité du phénomène, peut donc aussi aller de pair avec une divergence des points de vue et des interprétations. Les cas les plus solides ne sont donc pas forcément ces vagues massives, mais ceux où les témoignages, moins nombreux, sont concordants. Certains cas sont néanmoins impressionnants par leur ampleur et le nombre de témoins, tout en semblant se rapporter bel et bien à une seule et même cause. Ainsi le 13 mars 1997, à Phoenix (États-Unis), une centaine de témoins déclare avoir vu la même formation lumineuse, qui a survolé silencieusement la capitale de l'État d'Arizona, en restant comme suspendue en vol stationnaire pendant plusieurs minutes. Les lumières semblaient circonscrire les limites d'un engin en forme de « V ». Or si tel était le cas, la taille de l'aéronef en question a été estimée à pas moins de… 1,5 kilomètre de longueur ! On comprend bien que les autorités aient voulu opposer un démenti rapide à de telles interprétations qui évoquent les images apocalyptiques d'un film comme *Independence Day*, mais les explications avancées n'ont guère convaincu l'opinion : l'USAF a invoqué le lancer de fusées éclairantes, mais l'ovni a été signalé dans l'Arizona et l'État voisin du Nevada, sur une zone couvrant quelque 500 mètres, bien supérieure au rayon d'action des fusées en question, qui ne peuvent effectuer non plus de vol stationnaire… Fife Symington, alors gouverneur de l'Arizona, qui avait tourné l'affaire en dérision dans son communiqué de presse, a reconnu dix ans plus tard avoir agi dans le seul souci d'éviter la contagion de la panique chez ses administrés. Lui-même témoin du phénomène, il ne croit pas à la thèse des fusées éclairantes, mais corrobore celle d'un « vaisseau » d'origine inconnue.

Les observations à plusieurs témoins sont donc loin d'être rares, et c'est surtout l'effet de nombre qui rend assez intenable la position de certains ultrasceptiques : même en prenant en compte les illusions de perception, les phénomènes de masse (influence du groupe sur l'individu, des médias et de la fiction sur les observations réelles, etc. ; on parle aussi de « contagion psychosociale »), les dérèglements psychiatriques et autres affabulations et canulars, il est difficile d'affirmer qu'autant de gens décrivant des phénomènes présentant autant de similitudes n'ont pas vu *quelque chose*.

Des témoins qualifiés ?

Comme c'est le cas lors d'un procès criminel, la position sociale et le niveau de culture des témoins sont souvent présentés comme un gage de sérieux, alors que « l'homme de la rue » est souvent plus facilement soupçonné d'affabulation, d'exagération ou de méprise. Ces deux préjugés peuvent s'avérer tout aussi trompeurs l'un que l'autre, et si l'on ne peut nier que tous les témoins ne se valent pas – plus précisément que tous les *témoignages* ne se valent pas –, il faut affiner les critères sur lesquels on les évalue.

Certaines catégories professionnelles et certaines positions sociales tendent à donner plus d'assise aux témoins qui en font partie. Ainsi l'observation du 12 novembre 1986 à Vendin-le-Vieil (Pas-de-Calais), bien qu'elle ait été rapportée par d'autres témoins, n'aurait pas eu autant de poids si elle n'avait été appuyée par les dépositions de toute une patrouille de police, qui a observé et pris en chasse vers 3 heures du matin une boule lumineuse de couleur changeante et aux mouvements étranges.

Le crédit que l'on peut accorder au témoin est d'autant plus crucial dans le cas où il est seul à avoir assisté au phénomène inexpliqué. Un des cas les plus frappants et les plus intrigants de ce type d'observation à témoignage unique est celui enregistré le 21 octobre 1982, qui, dans les archives du GEIPAN suivies par de nombreux auteurs, ufologues et commentateurs, est baptisé « l'amarante ». Le témoin, biologiste cellulaire, dit avoir vu approcher un objet ovoïde d'aspect étrange, d'environ 1,50 mètre, qu'il a pu ensuite observer pendant 20 minutes en vol stationnaire dans son jardin clos, avant que celui-ci ne parte à une vitesse incroyable. S'il ne fit pas mention de ce fait aux gendarmes ni aux enquêteurs du GEPAN, il semble qu'il ait déclaré plus tard à un enquêteur privé d'une association ufologique qu'il avait même *touché* l'appareil ! Le plus surprenant est que l'observation a eu lieu en plein jour, dans un quartier résidentiel de la banlieue d'une grande ville (Nancy), et que personne d'autre n'a rapporté avoir remarqué quoi que ce soit d'inhabituel dans les environs.

Les soupçons d'affabulation ou d'hallucination sont évidemment élevés dans ce type d'observation, même s'ils sont ici atténués par la profession scientifique du témoin qui jouerait plutôt en sa faveur. Mais d'une part, dans la mesure où celui-ci a demandé à rester anonyme – ce qui constitue le droit le plus légitime pour quiconque rapporte une observation –, il est difficile d'être fixé sur son statut exact : certains résumés de l'affaire le présentent comme chercheur, d'autres comme technicien de laboratoire, profession tout à fait honorable qui implique une habitude de l'observation exacte et du raisonnement rigoureux, mais à un autre niveau d'expertise (et avec une bien moindre aura de prestige et de crédibilité) ! D'autre part, on ne peut nier que les scientifiques soient aussi enclins que d'autres aux illusions et confusions qui sont parfois à l'origine des affaires d'ovnis, ainsi qu'aux croyances et lubies les plus excentriques. Quant aux analyses effectuées sur des feuilles d'amarante desséchées, qui ont donné son nom au dossier, elles sont troublantes, mais ne convainquent pas les plus sceptiques. Décidément, à plus forte raison quand il est isolé, le témoin parfait n'existe pas !

La vérité sort-elle de la bouche des enfants ?

Bien que le cas soit assez rare, certains phénomènes ovnis ont été rapportés par des enfants ou des adolescents. Le problème de leur crédibilité devient alors particulièrement délicat. On considère habituellement que les jeunes sujets ont davantage tendance à l'affabulation ou à la confusion entre réalité et mondes oniriques, qu'ils sont plus vulnérables à l'influence des médias, de la culture populaire ou de leur entourage. Faut-il pour autant rejeter tous les récits rapportés par les sujets en deçà d'un certain âge (et lequel ?).

Cette question se pose dans un des cas les plus mémorables enregistrés sur le territoire français, et un des rares exemples dans notre pays de ce que Josef Allen Hynek rangeait sous la catégorie des RR3 (pour « Rencontres Rapprochées du troisième type », en anglais *Close Encounters of the Third Kind*, qui est aussi le titre original d'un célèbre film de Steven Spielberg ; lequel, comme son inoubliable *E.T.*, donne d'ailleurs aux enfants une place privilégiée dans le premier contact avec des visiteurs d'autres planètes).

Le matin du 29 août 1967, à Cussac, petit village du Cantal qui comptait alors moins de 300 habitants, François, un jeune garçon de 13 ans et Anne-Marie, sa petite sœur de 9 ans gardent les vaches dans un pré situé à moins d'un kilomètre du bourg. Alors qu'ils jouent aux cartes pour passer le temps, leur chien les avertit qu'une bête a franchi le petit muret de séparation avec un pré voisin. Se levant pour rassembler le bétail, François aperçoit alors de l'autre côté de la route, derrière une haie, quatre êtres de la taille d'un enfant (entre 1 mètre et 1,20 mètre). « Il y a des enfants noirs », dit-il à sa sœur qui se retourne alors et constate qu'outre leur couleur, lesdits enfants ont une apparence très étrange. Le garçon les décrira « d'un noir soyeux » – sans pouvoir préciser si cette couleur est due à un vêtement ni si elle recouvrait leur tête – de forme humanoïde, avec un menton proéminent qui leur donne l'air de porter des barbes. L'un d'eux est penché vers le sol et semble occupé, aucun ne semble prêter attention aux deux enfants. Derrière ces quatre individus, ils aperçoivent une sphère de 4 à 5 mètres de diamètre (la fillette l'estimera à la moitié de ces dimensions), sans ouverture visible. L'objet est si brillant que le jeune garçon, plus sensible des yeux que sa sœur, en éprouva une vive et persistante douleur oculaire.

Semblant s'être aperçus qu'ils étaient observés, les quatre « visiteurs » s'élèvent alors en l'air et plongent, tête la première, dans la sphère ! Celle-ci décolle selon une spirale ascendante qui va s'élargissant, émet un bruit de sifflement et brille avec une intensité croissante avant de s'éloigner à grande vitesse. Le dernier des fugitifs, redescendu au sol pour apparemment récupérer un objet que le garçon pense être un miroir, avait rejoint l'appareil alors que celui-ci s'était déjà élevé d'une quinzaine de mètres. Au moment de l'« ascension » de l'individu, les deux enfants remarquent des pieds comme palmés, et la fillette un nez pointu. Elle dira aussi avoir aperçu trois ou quatre béquilles sous la sphère qui s'est envolée. Après le départ rapide de l'engin à l'issue de son ascension en spirale, les deux jeunes témoins remarquent également une forte odeur de « soufre ».

Le père des deux enfants, qui est le maire de Cussac, retrouve ses enfants dans un tel état de choc qu'il décide d'avertir les gendarmes de Saint-Flour, la ville la plus proche.

Que penser de cette observation ? Bien qu'elle soit rapportée par deux témoins, ceux-ci sont des enfants, frère et sœur de surcroît. Et les détails invraisemblables qui émaillent leurs descriptions – la lévitation des « visiteurs », leur étrange pénétration dans une sphère apparemment sans ouverture, la taille de celle-ci, qui semble à peine suffisante pour contenir tous ses occupants – fragilisent leur crédibilité. Il demeure qu'aucun des deux n'est jamais revenu sur son témoignage depuis plus de cinquante ans que se sont déroulés les faits. Qu'un garde champêtre a perçu, à 500 mètres de là, le bruit de sifflement émis selon les enfants par l'engin volant – sans pouvoir le voir, car il se trouvait alors dans son grenier. Et qu'un gendarme qui s'était déplacé suite à l'appel du père des jeunes témoins a noté l'odeur soufrée qui persistait sur les lieux.

Les témoins ont été interrogés à plusieurs reprises, y compris à l'âge adulte. Ils n'ont jamais démenti leurs dépositions de l'époque. Le garçon, qui devint par la suite avocat et maire de Saint-Flour, dit ne pas croire à la visite d'extraterrestres, mais ne parvient pas à expliquer ce qu'il a vu ce jour-là, parlant d'une « distorsion du temps » dont il ignore la nature précise.

Un autre cas, moins spectaculaire dans son contenu et déjà abordé avec une grande prudence à l'époque des faits, montre combien il faut rester circonspect face aux dires des jeunes témoins, et combien de temps parfois il faut attendre pour voir émerger la vérité ! Restée dans les annales du GEIPAN sous l'énigmatique nom de code « Joe le Taxi », cette affaire s'est déroulée en 1987 à Nort-sur-Erdre en Loire-Atlantique. Dans la nuit du 6 au 7 septembre, le petit Marc, 10 ans, fils aîné d'un couple d'agriculteurs, est réveillé par un bruit et une lumière vive. Il en parle à ses parents qui ne le prennent pas au sérieux. La nuit suivante, il est de nouveau réveillé par un bruit, vers 5 heures du matin. Il aperçoit une lumière à travers les volets et distingue un disque orange. Il décide alors d'enregistrer le bruit sur son poste radiocassette. Il fait écouter l'enregistrement à sa mère qui, jugeant cette fois l'affaire grave, appelle un journaliste de France-Inter, lequel avertit les gendarmes. L'enquête réalisée quelques jours plus tard par le GEPAN n'est pas concluante et laisse apparaître des incohérences dans les propos du jeune témoin. Les faits ont eu lieu une veille de rentrée scolaire, et l'enfant semblait particulièrement angoissé. Plusieurs phénomènes liés aux troubles du sommeil sont fréquemment évoqués dans les cas d'observations supposées d'ovnis : rêves lucides, somnambulisme, etc. Une telle hypothèse est d'autant plus envisageable chez un enfant, plus impressionnable et confondant facilement monde onirique et réalité.

Reste l'enregistrement, qui a fait l'objet d'analyses scientifiques poussées. Mais ce qui promettait d'être un scoop retentissant – pensez, peut-être le premier enregistrement audio d'ovni au monde ! – s'est avéré fort décevant. Il apparaît que le bruit n'a pas été enregistré par un microphone, mais correspond à un signal capté en interne par l'appareil lui-même ! Et le seul signal identifiable que contenait la cassette était… la chanson de Vanessa Paradis *Joe le taxi*, un tube à l'époque, enregistré auparavant sur la cassette, et qui est interrompu par l'enregistrement du supposé ovni, qui dure une vingtaine de secondes ! S'il a permis de donner au cas un nom de code qui marque facilement les mémoires, cet enregistrement n'apporte donc aucune preuve de visites extraterrestres – à moins de prétendre que la star, alors à ses débuts, débarquait elle-même d'une autre planète…

Plus sérieusement, on peut se demander comment un cas étayé par des éléments aussi peu solides (des analyses biochimiques faites sur la végétation environnante, en l'occurrence des feuilles de bouleau, n'ont pas produit non plus de résultats concluants) a pu être classé D (cas inexpliqué) par le GEIPAN, et repris avec conviction par autant d'ufologues. La question qui demeurait en suspens était celle de la bonne foi de l'enfant. N'avait-il fait qu'une erreur de manipulation en essayant d'enregistrer une manifestation bien réelle d'ovni ? Il fallut attendre vingt ans pour que le témoin reconnaisse qu'il s'agissait en réalité d'une supercherie, entraînant du même coup le reclassement du cas dans la catégorie A (phénomène parfaitement expliqué) !

Les ovnis vus du ciel

Dans la mesure où les ovnis sont des objets *volants*, il est normal que les aviateurs soient souvent témoins de leur apparition. Ils constituent des témoins privilégiés pour une autre raison : habitués à observer le ciel, à évaluer distances et vitesses, leurs rapports sont souvent d'une précision précieuse aux enquêteurs. De plus il est rare que leurs observations soient isolées, car même dans le cas d'un appareil à un seul pilote, celui-ci est au moins en contact avec une base au sol ou une tour de contrôle proche, équipée d'appareils de détection radar.

Pour toutes ces raisons, les observations aéronautiques de phénomènes inhabituels et inexpliqués sont une véritable mine pour les chercheurs d'ovnis, et en général pour tous ceux qui tentent d'élucider le phénomène. Et les archives ne manquent pas de cas parmi les plus troublants dans l'histoire de ce mystérieux dossier.

En 1973, au-dessus de la Basse-Normandie, ce sont deux pilotes d'un hélicoptère militaire qui, à bord de leur Alouette II, sont dépassés par un engin volant oblong de couleur grise, semblable à un dirigeable… à ceci près qu'ils estiment sa longueur entre 200 et 300 mètres, et sa vitesse à 9 000 km/h ! La tour de contrôle de Caen confirmera avoir capté l'écho radar de l'engin non identifié, mais si les estimations des deux pilotes ne sont pas exagérées, un tel objet se déplaçant à une telle vitesse aurait dû produire une onde de choc colossale, qui se serait ressentie jusqu'au sol. Et, comme souvent dans les rapports d'ovnis, les deux témoins affirment n'avoir entendu aucun bruit !

Une autre observation restée dans les annales de l'ufologie eut lieu à Téhéran (Iran), dans la nuit du 18 au 19 septembre 1976. Vers 11 heures du soir, la tour de contrôle de l'aéroport reçoit plusieurs appels signalant un objet lumineux rectangulaire qui se tenait immobile au-dessus d'un quartier résidentiel de la capitale iranienne. Après confirmation de l'observation au sol, l'armée de l'air impériale décide d'envoyer un chasseur Phantom F-4 à la rencontre du phénomène. Alors qu'il s'en est approché à une distance de 45 kilomètres, le pilote constate que tous ses appareils de communication ont cessé de fonctionner et décide de rentrer à la base. Sa radio redevient opérationnelle dès qu'il s'éloigne ! Un second F-4 est dépêché, mais dès qu'il approche de l'ovni, celui-ci se met en mouvement et se tient à une distance constante de 45 kilomètres. Un autre objet plus petit semble alors sortir de l'ovni principal et se dirige vers le chasseur. Craignant une manœuvre offensive, le pilote tente de tirer un missile sur ce nouvel engin, mais son tableau de commande de tir, ainsi que ses appareils de communication, ont cessé de fonctionner. Le petit ovni semble prendre en chasse à son tour l'avion militaire et l'approche jusqu'à une distance de 6 kilomètres, avant d'abandonner sa poursuite et de réintégrer rapidement le gros ovni. Un autre module sort alors et se dirige vers le sol, sans s'écraser. Il émet une très vive lumière en approchant le sol et se pose en douceur, mais aucune trace ne sera retrouvée à l'endroit de cet atterrissage présumé. L'équipage du second F-4 notera une nouvelle perte momentanée de ses appareils de communication pendant le survol de la zone.

Témoins civils, témoins militaires

Quand il est question d'ovnis, l'armée n'est jamais bien loin… Il ne s'agit pas ici de se faire l'écho des théories conspirationnistes, mais il faut reconnaître que les cas rapportés par des témoins militaires possèdent un statut particulier. Non que ceux-ci soient moins sujets que les civils à l'affabulation, à la confusion ou à l'erreur, ou moins susceptibles d'être le jouet d'une illusion. Mais on attache en général un crédit particulier à leurs dépositions, sans doute parce que le contrôle auquel elles peuvent être soumises de la part de leur commandement apparaît comme un gage de sérieux. Quand la « grande muette » se met à parler, on l'écoute ! Et quand elle se tait, beaucoup sont tentés d'interpréter ses silences comme des preuves éloquentes… Mais c'est une autre histoire, que nous aborderons plus loin !

Nous venons d'évoquer les phénomènes observés depuis le ciel par des pilotes militaires aussi bien que civils. Plusieurs corps d'armée ont aussi été impliqués dans des signalements d'ovnis depuis le sol.

En France, les militaires les plus fréquemment confrontés aux phénomènes ovnis sont sans doute les gendarmes.

Chargés de recueillir et de centraliser tous les témoignages, puis de les communiquer au GEIPAN, ils ont le plus souvent un rôle d'enquêteurs. Cette prérogative est évidemment liée au fait que les observations surviennent principalement en milieu rural, où la gendarmerie est l'interlocuteur privilégié de la population confrontée à des événements étranges et potentiellement inquiétants.

Il arrive pourtant que des gendarmes se retrouvent en première ligne, et deviennent à leur tour témoins de phénomènes inexpliqués. Ainsi dans l'Eure-et-Loir, le 10 mars 1980, alertés par un chauffeur de taxi qui a observé une lueur étrange sur la route menant à Authon-du-Perche et en a averti la gendarmerie voisine, quatre gendarmes de la brigade d'Authon se rendent sur les lieux, mais ne voient rien d'inhabituel. L'un d'eux pourtant, rentré chez lui peu après, aperçoit vers 22 h 15 avec son épouse une lumière en forme de disque orangé, dont la taille apparente est plus grosse que celle d'une étoile, et qui décrit dans le ciel des mouvements désordonnés. Il appelle alors ses trois collègues et ils partent ensemble en voiture à la poursuite de l'ovni. Ils parviennent à le suivre, mais le perdent plusieurs fois de vue à cause du relief. Ils s'arrêtent à un carrefour, sortent de leur véhicule, et voient alors dans le ciel une grande forme rectangulaire qui éclaire le sol de ses lumières blanches. Le même jour, dans la ville voisine de Nogent-le-Rotrou, plusieurs témoins ont rapporté avoir vu un objet se déplaçant à basse altitude et à vitesse réduite, entouré d'un halo rectangulaire de lumière éblouissante et décrivant des mouvements bizarres, sautillant et zigzaguant.

Ailleurs dans le monde, il est arrivé que des militaires en exercice soient témoins, collectivement ou individuellement, de manifestations d'ovni depuis le sol. Ainsi le 9 décembre 1979, dans les environs de Dijon, un pilote de Mirage III et sa femme voient une soucoupe – dont ils évaluent le diamètre à 20 mètres – survoler en vol stationnaire le champ voisin de leur maison. Leur observation se conclut comme beaucoup d'autres du même genre : l'engin finit par s'incliner et partir à l'horizontale à une vitesse vertigineuse, disparaissant en quelques secondes, sans bruit ni turbulence palpable. Et en juillet 1989, des militaires appartenant à deux centres rattachés à une base de missiles de la région d'Astrakhan en Russie suivent le ballet aérien de plusieurs ovnis, dont un poursuivi par un avion de chasse qui ne parvient pas à le rattraper. Sept témoignages de militaires au sol ont été consignés, et le dossier a été déclassifié par le KGB en 1991.

De nouveaux outils pour enquêter

On ne pourra certes jamais éliminer la part d'incertitude qui s'attache à tout témoignage humain. Mais dans d'autres secteurs confrontés à ce problème – police, justice, compagnies d'assurances –, des procédures ont été mises au point pour évaluer plus précisément la crédibilité des dépositions. Depuis peu, le GEIPAN, travaillant avec des psychologues, cherche à affiner ses protocoles d'audition des témoins en mettant en place un « entretien cognitif ». Il s'agit d'une nouvelle méthode d'interrogatoire censée déceler plus efficacement les mensonges, dissimulations, affabulations et autres faux souvenirs que les entretiens traditionnels. Il faudra attendre que son utilisation se généralise, mais ce nouvel outil permettra peut-être de dépasser les jugements de valeur sur le crédit à accorder à un témoignage. Il ne faut pas pour autant en attendre une validation ou une réfutation catégorique, comme on a pu le faire par le passé avec les prétendus « détecteurs de mensonges », parfois employés avec une confiance abusive aux États-Unis (y compris dans les affaires d'ovnis). Car en matière de témoignage humain, comme l'avait compris le dramaturge américain Tennessee Williams, « la vérité est au fond d'un puits sans fond » ! Le besoin se fait alors sentir de s'appuyer sur des bases plus tangibles, matérielles.

Quand les ovnis laissent des traces

Tous les enquêteurs le savent : un témoignage aussi solide soit-il ne remporte jamais autant l'adhésion que quand il s'appuie sur des indices, des *pièces à conviction*, des traces matérielles. Celles-ci sont rares, et aucune ne constitue une *preuve* de l'existence des ovnis ni un quelconque indice de leur provenance. Mais il arrive qu'elles soient bien réelles et difficilement explicables.

Les plus fréquentes sont les traces au sol, qui seraient les empreintes laissées par les ovnis ayant atterri. Certaines sont liées à des cas de RR3 et contribuent pour beaucoup au mystère entourant ces événements rares, mais frappants. Pour n'évoquer que quelques cas français, à Valensole (Alpes-de-Haute-Provence), le 1er juillet 1965, Maurice Masse, un agriculteur, surprend deux petits êtres à côté d'un engin de forme ovale posé dans son champ de lavande. Quand il l'aperçoit, l'un d'eux dirige vers lui un objet tubulaire et il prétend avoir été paralysé, conscient, mais incapable du moindre geste pendant une quinzaine de minutes. L'enquête de la gendarmerie révélera plusieurs traces au sol à l'endroit du présumé atterrissage : une « cuvette » imprimée sur le sol détrempé, avec en son centre un trou cylindrique de 18 centimètres de diamètre et 40 centimètres de profondeur. Les plants étaient desséchés sur une centaine de mètres, suivant la direction du départ de l'ovni selon le témoin, qui ne put replanter de lavande à cet endroit pendant plusieurs années.

Un scénario similaire – sans toutefois l'épisode de la paralysie – a été rapporté par Renato Nicolaï, un ouvrier à la retraite habitant à Trans-en-Provence (Var). Le 8 janvier 1981, il affirme avoir vu un appareil semblable à « deux soucoupes collées l'une contre l'autre », se poser dans son jardin en terrasses, puis décoller après 30 à 40 secondes, en s'élevant à la verticale avant d'obliquer et de partir à grande vitesse. L'engin, dont il estime la taille à 2,5 mètres de diamètre et 1,70 mètre de hauteur, a laissé sur le sol une grande trace de 2 mètres de diamètre. Les analyses effectuées sur des échantillons de terre et de végétation ont révélé une signature biochimique sur les plants de luzerne autour de la zone présumée d'atterrissage.

Ces traces retrouvées à des endroits où des témoins ont affirmé avoir vu des engins volants non identifiés constituent des indices pour le moins intrigants, sans pour autant avoir force de preuves. Dans le cas de Trans-en-Provence, des auteurs du courant zététique (dont il sera question plus en détail par la suite), qui affirment que tous les cas supposés d'ovnis s'expliquent par des causes naturelles et connues, soupçonnent un canular monté par le témoin, les traces au sol pouvant selon eux être imputées à un banal véhicule à moteur terrien. Si cette analyse ne relève que de leur interprétation propre, certaines traces relevées au sol et évoquant au premier abord l'atterrissage d'un engin volant inconnu ont pu être expliquées à l'issue de l'enquête. Ce fut le cas à Bernay en 1990, où un cratère de 14 mètres de diamètre apparu dans un champ a pu être attribué à l'explosion d'une bombe incendiaire britannique lancée pendant la Seconde Guerre mondiale. Il faut dire qu'aucune observation inhabituelle dans le ciel ou au sol n'avait été rapportée ce jour-là.

Pour conclure (provisoirement) sur cette question de la fiabilité des témoignages, on ne peut certes pas affirmer qu'il existe une observation décisive, qui prouverait irréfutablement l'existence de phénomènes aériens inconnus – sans même préjuger de leur origine ou de leur nature. Comme nous l'avons vu au chapitre précédent, les confusions possibles sont nombreuses et certains phénomènes pourtant bien connus peuvent présenter des aspects insolites. De plus, même pour des observateurs expérimentés comme les pilotes professionnels, il est difficile d'évaluer les distances et les vitesses des déplacements aériens – que dire des deux à la fois !

Il demeure que face au nombre de cas recensés provenant du monde entier, se chiffrant en dizaines, voire en centaines de milliers et émanant pour beaucoup de témoins crédibles et souvent multiples, c'est l'attitude consistant à renier systématiquement l'étrangeté de ces phénomènes qui, bien qu'elle se réclame du rationalisme, devient déraisonnable. Surtout si l'on songe au nombre de traits récurrents qui apparaissent dans de nombreux témoignages : vols stationnaires suivis d'accélérations extrêmement rapides, virages parfois à angle droit sans décélération, manœuvres et performances de vol irréalisables par les appareils connus, le tout le plus souvent sans bruit malgré des vitesses supersoniques, lumières intenses aux couleurs changeantes, etc. On ne peut qu'en conclure ceci : *les ovnis existent bel et bien*. Quant à savoir *ce qu'ils sont*…

Les trois types de rencontres

Steven Spielberg (déjà nommé) nous l'a dit dans son magnifique film, *Rencontres du troisième type*. Il y a donc trois degrés d'observation :

– Le premier est la vision, de plus ou moins loin, d'un objet lumineux se déplaçant dans le ciel, de nuit la plupart du temps… mais pas toujours ;

– Le second, là où souvent débute la controverse, est l'atterrissage de l'engin sous les yeux de témoins ébahis. S'en dégagent en général des traces de brûlures au sol. Nombreuses sont celles qui demeurent inexplicables et pour tout dire inexpliquées ;

– Enfin, il y a les fameuses rencontres du troisième type : le contact. Les plus passionnantes, les plus intrigantes. Celles sur lesquelles tant de récits s'opposent. L'imagination merveilleuse de Spielberg nous avait permis de faire la connaissance d'*E.T. l'Extra-Terrestre*. D'autres comptes rendus sont plus aléatoires. Reste que le fait même de se poser la question sur l'existence de ces « visiteurs » prouve que l'énigme est plus que jamais dans nos têtes, pour de pas dire dans nos cœurs.

– 3 –

DEPUIS QUAND ?

Les ovnis avant les ovnis : les phénomènes aériens étranges dans l'histoire

Par où commencer ?

Quelle que soit l'opinion que l'on a à leur sujet, les ovnis font partie de notre quotidien. Non que l'on en croise à tous les carrefours, mais ils constituent un élément familier de notre culture, qu'il s'agisse de leurs représentations fictionnelles ou de leurs manifestations dans le monde réel. Mais quand et comment tout cela a-t-il commencé ? Voilà qui en revanche est assez mal connu, comme si les ovnis avaient toujours existé. Ce qui est peut-être vrai… d'une certaine manière ! Pourtant ils ont bien une date et un lieu de naissance, très précis, et c'est l'un des rares points de l'affaire qui met pratiquement tout le monde d'accord : le 24 juin 1947, au-dessus du mont Rainier, dans l'État de Washington. On connaît même le nom du papa : Kenneth Arnold. Et on pourrait ironiser (à peine !) en ajoutant que la maman est sans conteste la presse américaine à sensation…

Avant de détailler les circonstances de cette observation originelle, celle du premier ovni « officiel » de l'histoire, il faut d'ores et déjà préciser que… non, il ne s'agit pourtant pas *vraiment* du premier ! On peut parler du premier ovni moderne, dans la forme générale que prendra par la suite ce type de manifestation. Presque tous les auteurs qui ont écrit sur le sujet, qu'ils soient des apôtres zélés de l'hypothèse extraterrestre (HET) ou les plus sceptiques des rationalistes, reconnaissent qu'il y a un avant et un après l'observation rapportée en 1947. Mais si l'on connaît – ou croit connaître – l'*après*, il y a *aussi*, justement, un *avant*. Et c'est là que les choses se compliquent un peu…

Des ovnis avant les ovnis ?

Cette question de l'origine du phénomène ovnis est loin de n'être qu'un pinaillage d'historien tatillon. Elle plonge au cœur même des questions les plus brûlantes qu'il soulève. Et mérite donc qu'on s'y attarde un peu.

Si l'on s'en tient à la définition générale, un ovni est un phénomène céleste inexpliqué, mais que l'on situe plutôt au niveau de l'atmosphère. En ce sens, par exemple, l'« étoile nouvelle » observée par l'astronome danois Tycho Brahe (1546-1601) en 1572 ne peut pas être considérée comme l'équivalent Renaissance d'un ovni. Cet astre, qui était en réalité ce que nous appelons aujourd'hui une « supernova » (explosion d'une étoile en fin de vie), chamboula la vision du cosmos encore dominante à l'époque – celle qui, héritée d'Aristote, affirmait que le monde supralunaire, situé au-delà de la « sphère » (l'orbite) de la Lune, était immuable et éternel. Mais si on n'avait jamais vu alors aucune étoile apparaître ainsi du jour au lendemain au beau milieu de la voûte étoilée, personne ne douta un seul instant qu'il s'agissait d'une étoile, un objet lointain, et non de quelque prodige volant à quelque distance au-dessus du sol.

Or des ovnis dans ce sens aussi précis que possible, il y en eût bien avant 1947 ! Mais alors jusqu'où remonter ? Car plus l'on s'éloigne dans le passé, plus les documents et indices se font rares, imprécis, équivoques, et plus la frontière entre légende et histoire, mythe et réalité se brouille.

De plus, l'ancienneté que l'on reconnaît au phénomène ovnis dépend aussi beaucoup de l'interprétation que l'on en fait. D'ailleurs, les partisans de certaines thèses pour le moins audacieuses n'hésitent pas, pour étayer leur construction théorique, à invoquer des traces historiques, voire… préhistoriques ! Car si aucun récit d'observation d'ovni n'a pu évidemment nous parvenir avant l'avènement de l'écriture, certains ufologues prétendent avoir retrouvé d'autres « témoignages »…

La théorie des « Anciens Astronautes » : venus du ciel depuis la nuit des temps

Idéalement il faudrait, en toute rigueur et impartialité, rechercher d'éventuels témoignages d'ovnis dans les documents historiques ou archéologiques, et seulement *ensuite* débattre de leur possible origine. Mais en réalité, plus on remonte dans le temps et plus l'interprétation des documents influence leur « découverte ». Car comment délimiter par exemple ce qui était ovni chez les hommes préhistoriques, pour qui tout pouvait être un prodige, et dont on imagine qu'ils s'émerveillaient, s'étonnaient ou s'effrayaient pratiquement de tout, de la moindre étoile filante à l'événement le plus extraordinaire (pour nous) ? Si l'on considère en revanche que les ovnis – ou certains d'entre eux – sont d'origine extraterrestre, on peut rechercher les preuves ou les indices de ces visites dans les archives de l'humanité.

En effet, pourquoi des visiteurs venus d'autres planètes n'auraient-ils commencé à choisir la nôtre pour destination qu'au sortir de la Seconde Guerre mondiale ? Au-delà des seuls arguments logiques qui, nous le verrons, peuvent facilement se retourner contre eux-mêmes et conduire à des débats sans fin, certains auteurs défendent résolument la thèse dite des « Anciens Astronautes », selon laquelle des êtres venus d'autres mondes se seraient manifestés aux Terriens dès l'origine de l'humanité (même avant, mais là, la recherche des preuves devient vraiment problématique !). Et auraient laissé des traces, dont nous n'évoquerons ici que quelques-unes.

Hommes des cavernes et hommes de l'espace : la rencontre ?

Les indices les plus anciens recueillis par les partisans de la théorie des Anciens Astronautes (aussi appelée « néoévhémérisme », l'évhémérisme étant la thèse qui prête aux dieux une existence réelle, physique) ont été datés de 20 000 ans et se situent dans la grotte du Pech Merle (Lot). Une fresque y représente un personnage de forme vaguement humaine, mais à la tête ronde. Il se tient presque à l'horizontale, des lignes sont tracées de part et d'autre de son buste, et une autre, au-dessus de sa tête, rejoint un objet de forme étrange, grossièrement géométrique, que les « astroarchéologues » considèrent comme la schématisation primitive d'une soucoupe volante. D'autres peintures rupestres, de grandes dimensions, figurent des personnages à l'aspect saisissant, que certains considèrent comme des représentations d'aliens : sur le site de Jabbaren (Algérie), on trouve ainsi le « Grand Dieu » de Sefar, haut de 3 mètres et estimé à 12 000 ou 10 000 ans avant Jésus-Christ, ainsi que le dessin du buste d'un personnage ressemblant à un scaphandrier ou un cyclope, haut de 6 mètres et daté de – 5000.

Un témoignage de l'art pariétal mésolithique retrouvé sur le site de Val Camonica, en Italie, et datant de quelque 8 000 ans avant notre ère a lui aussi conduit à de telles interprétations. Cette peinture rupestre représente deux sujets à l'allure tout à fait humaine, n'étaient les bulles qui entourent leur tête et évoquent irrésistiblement à nos yeux… les casques des scaphandres qui protègent les navigateurs de l'espace, astronautes, cosmonautes et autres spationautes (les appellations diffèrent selon les pays). Les extrémités de leurs bras sont également étranges, et ils semblent brandir comme des outils que les interprétations les plus audacieuses identifient à des appareils de navigation – il est vrai que l'on peut songer à des sextants, instruments pourtant bien rudimentaires pour le voyage intersidéral…

S'appuyant sur ces représentations insolites et quelques autres, l'écrivain suisse Erich von Däniken publia en 1968 les conclusions de son enquête dans un livre au titre retentissant : *Erinnerungen an die Zukunft, Ungelöste Rätsel der Vergangenheit,* (*Souvenirs du futur, mystères non-élucidés du passé*, traduit en français sous le titre *Présence des extraterrestres*). Il va sans dire que les peintures préhistoriques se prêtent à de nombreuses conjectures, et que l'exégèse de Däniken est loin de remporter l'adhésion des paléontologues. Mais les partisans des Anciens Astronautes ne désarment pas pour autant ! Il faut dire qu'à défaut d'arguments de poids, ils ont des indices de taille !

Le Pérou vu du ciel

En 1927, dans le désert de Nazca, un archéologue péruvien découvre des lignes immenses creusées dans le sol de pierre rouge. Elles dessinent des figures géantes, qui s'étendent parfois sur des centaines de mètres et que le regard ne peut embrasser entièrement que depuis le ciel. Ces « géoglyphes », ainsi que l'on appelle des symboles tracés sur le sol, se comptent par centaines et sont l'œuvre des Nazcas, un peuple qui habitait la région avant même les Incas, entre le IIIe siècle avant Jésus-Christ et le VIIIe de notre ère, et qui a laissé son nom au désert aride situé au sud de l'actuel Pérou. La plupart des figures représentent des animaux bien identifiables de la faune locale : un singe, un condor, un jaguar, un perroquet… D'autres dessinent des motifs abstraits dont la signification est mystérieuse.

Les archéologues sont partagés sur la raison d'être de ces géoglyphes. Les sillons creusés profondément dans le sol pierreux pourraient avoir été un système complexe d'irrigation, mais pourquoi l'avoir stylisé à ce point ? De plus leur couleur blanche, celle du sol gypseux recouvert par des roches teintées par les oxydes de fer et mis à nu par les Nazcas, se détache nettement sur le fond rouge ocre qui les entoure. Tout semble indiquer que les artisans (artistes ?) ont tout fait pour les rendre visibles. Mais… par qui ?

Dans sa recherche des signes de présence extraterrestre dans le passé, Erich von Däniken avance naturellement une explication pour lui évidente : creusés à même la terre et visibles du ciel, ces dessins étaient destinés à un public céleste. On pourrait penser que celui-ci se composait des divinités dont, comme tant d'autres peuples, les Nazcas avaient peuplé leur ciel. Mais pour Däniken, ces géoglyphes ne devaient rien à la mythologie ou à la religion : ils s'adressaient à des visiteurs venus du ciel, mais bien réels. Il va plus loin en affirmant qu'il ne s'agissait pas seulement de signes, mais de véritables pistes d'atterrissage !

Cette interprétation semble pour le moins tirée par les cheveux, mais un des géoglyphes en particulier est mis en avant par les auteurs, convaincus qu'il s'agit d'une nouvelle preuve à l'appui de la théorie des Anciens Astronautes : représentant un personnage à l'aspect humain, il a d'ailleurs été baptisé « l'Astronaute », car sa tête volumineuse et ses yeux proéminents, ainsi que le salut qu'il semble adresser de la main, apparaissent pour les convaincus comme la preuve ultime d'une communication entre les Nazcas et des visiteurs d'outre-espace.

Cette interprétation des géoglyphes nazcas a été combattue par plusieurs chercheurs, notamment la mathématicienne allemande Maria Reiche, qui y voit plutôt un gigantesque calendrier, chaque figure correspondant à l'équivalent de signes zodiacaux. Quant à l'argument selon lequel ces immenses dessins ne sont visibles que du ciel, il faut y apporter deux nuances : d'une part, on peut aussi les contempler dans toute leur étendue depuis les sommets voisins ; de l'autre, rien n'empêche de prêter aux auteurs de ces œuvres colossales une capacité d'abstraction suffisante pour tracer ces lignes sans pouvoir voir le résultat complet

– les bâtisseurs d'églises et de cathédrales ne pouvaient pas davantage voir du ciel la croix que dessinaient au sol ces édifices !

D'autres vestiges de l'art humain ont de même été lus par certains – au premier rang desquels les « dänikeniens », partisans de la thèse des Anciens Astronautes – comme des indices d'un contact avec des civilisations extraterrestres. Ainsi les énigmatiques statues de l'île de Pâques, dont la méthode de transport et la finalité sont des sujets de controverses parmi les archéologues, ou encore les pyramides égyptiennes, terrain privilégié de réflexions ésotériques, qui impliqueraient des trésors de savoir inconnus au temps des pharaons. Mais ici encore les arguments en faveur des Anciens Astronautes sont insuffisants, et l'édification de ces monuments se conçoit très bien à partir des moyens et des techniques dont disposaient les humains vivant à ces époques, sans avoir recours à une aide venue d'ailleurs.

Anges ou aliens ?

Avec l'apparition de l'écriture et l'entrée dans l'histoire proprement dite, les partisans des Anciens Astronautes ne manquent pas de documents censés confirmer leur théorie. Les textes sacrés, en particulier l'Ancien Testament, leur offrent ainsi une véritable mine ! Le char d'Élie, les colonnes de poussière et de feu, le buisson ardent, la destruction de Sodome et Gomorrhe, tous les « anges » messagers de Dieu : autant de RR3 des temps bibliques pour ceux qui se réclament de l'« astroarchéologie », discipline pseudo-scientifique née dans le sillage du livre de von Däniken – à ne pas confondre avec l'archéoastronomie, branche très sérieuse de l'astronomie qui étudie la façon dont nos ancêtres percevaient la voûte céleste, quelles constellations ils pouvaient voir, etc. Précisons aussi que, malgré sa renommée et son rayonnement médiatique, von Däniken ne fut pas non plus le premier à s'aventurer sur ce terrain : citons entre autres Jacques Bergier et Louis Pauwels dans *Le Matin des magiciens*, ou encore les livres de Robert Charroux.

On l'aura compris, cette théorie fait tellement feu de tout bois qu'elle devient aussi impossible à démontrer qu'à réfuter. Elle pose néanmoins des questions intéressantes. En la poussant dans ses derniers retranchements, elle reviendrait à dire que toutes les révélations mystiques, les récits d'apparitions et de manifestations divines – et, de fait, souvent *célestes* – qui fondent toutes les religions humaines s'expliqueraient par des visites extraterrestres.

Cette interprétation pour le moins iconoclaste des textes sacrés est à double tranchant : d'un côté, elle oppose une explication réelle et matérielle aux lectures symboliques et allégoriques des événements bibliques, mais de l'autre elle tend à diviniser les hypothétiques EBE (Entités Biologiques Extraterrestres). Car les autoproclamés « astroarchéologues » ne se contentent pas de supposer des incursions extraterrestres occasionnelles, qui auraient éventuellement inspiré aux témoins terriens révélations mystiques et constructions religieuses. Ils prêtent aux « aliens » un rôle actif, parfois même moteur, dans l'histoire humaine, voire dans l'hominisation, l'apparition et l'évolution même de notre espèce. Selon les versions, ces entités venues d'ailleurs nous auraient – et ce dès l'aube de l'humanité –, instruits, guidés, dirigés, élevés, formés, et même… créés ! On voit bien à quelles dérives sectaires peuvent conduire de telles élucubrations : les raëliens, qui affirment que des extraterrestres auraient créé l'espèce humaine par clonage, font écho à d'autres doctrines, prêtant par exemple au peuple juif une origine semi-extraterrestre, puisqu'ils seraient les descendants des êtres désignés dans la Genèse comme des « géants » ou des « fils de Dieu » (les *Élohim*, *Élohim* étant le pluriel d'un des mots hébreux désignant Dieu, *Éloah*, ce qui nourrit des spéculations comme celles présentées en 1976 dans un livre de Marc Dem intitulé *Les Juifs de l'espace* !).

Pour refermer cette parenthèse sur les Anciens Astronautes, une des pages les plus sensationnelles de l'univers ufologique, précisons tout de même que l'on peut spéculer sur la possibilité de contacts entre nos ancêtres plus ou moins lointains et des espèces extraterrestres sans verser dans ces excès. Il est cependant difficile sur ce sujet de sortir des spéculations et des conjectures, et en dehors de nos supposés visiteurs eux-mêmes, on voit mal qui pourrait nous donner le dernier mot de cette énigme !

Mais en se rapprochant de notre époque, les récits se précisent et rejoignent peu à peu ceux de nos modernes ovnis.

Les premiers ovnis de l'histoire ?

Plusieurs documents historiques relatent des faits qui présentent des ressemblances parfois frappantes avec les observations d'ovnis rapportées depuis le milieu du XXe siècle.

Les chroniques du Moyen Âge, puis de la Renaissance, qui mêlent encore sans doute souvent légendes et faits, font état de plusieurs phénomènes intrigants. Ainsi sous Charlemagne, en 776, les assiégeants saxons du château franc de Sigisbourg (aujourd'hui en Allemagne) se seraient enfuis en voyant « deux grands boucliers en flammes de couleur rougeâtre ». Plus tard, en 1561 à Nuremberg puis à 1566 à Bâle, des annales décrivent des sphères de différentes couleurs se déplaçant dans le ciel pendant plusieurs heures, entrant en collision les unes avec les autres, et se consumant avant de disparaître.

L'iconographie (peintures et gravures) présente aussi des objets étranges, évoquant parfois des fusées, navettes ou autres véhicules aériens. Mais là encore, les risques de confusion avec des représentations allégoriques, symboliques ou stylisées sont importants.

Miracles, mirages ou… ovnis ?

À partir du XIXe siècle, les progrès de la science et le développement de la presse permettent l'émergence des premiers récits fiables de phénomènes aériens inexpliqués. Celui qui fut observé à Migné-Auxances, une ville proche de Poitiers située aujourd'hui dans le département de la Vienne, est particulièrement frappant par le nombre de témoins qui y ont assisté, ainsi que par sa forte connotation religieuse. Le 17 décembre 1826, vers 5 heures de l'après-midi, alors que les fidèles rassemblés en procession assistent en plein air à une cérémonie religieuse pour l'érection d'une croix, c'est une autre croix qui leur apparaît… dans le ciel ! Lumineuse, de couleur « argentine », celle-ci est couchée et se maintient immobile au-dessus de l'église pendant « près d'une demi-heure ». Les témoins, une quarantaine de personnes, dont le curé de Migné, estiment qu'elle se tenait à une hauteur « d'environ cent pieds » (30 mètres) et en mesurait 80 (25 mètres). Les fidèles se jettent à genoux et entonnent un cantique devant ce qui leur apparaît comme un évident miracle. Lorsque la procession rentre dans l'église, la croix céleste disparaît subitement.

Il pourrait ne s'agir que d'un épisode parmi d'autres de la controverse entre croyants et sceptiques sur la réalité des apparitions célestes, mais ici une troisième voix se fait entendre, aussi hérétique pour un camp que pour l'autre, celle des ufologues – bien des années après les faits, car il n'était pas question d'ovnis à l'époque ! Et si cette croix couchée et rutilante avait été un engin volant ?

On retrouve cette trinité bien peu sainte et plus tendue encore dans un épisode plus marquant encore de l'histoire mouvementée des manifestations surnaturelles liées à la religion catholique : les apparitions mariales (attribuées à la Vierge Marie) qui eurent lieu en 1917 à Fátima, au Portugal. Car il ne s'agit pas d'une vision unique : après la première apparition de Marie à trois jeunes bergers, et alors que la population en émoi attend que la Vierge se manifeste une nouvelle fois, ce sont des phénomènes d'une autre nature qui sont décrits par plusieurs témoins. Le 13 août est signalé « un globe lumineux tournant sur lui-même », puis un mois plus tard, c'est une boule lumineuse qui se dirige vers le Soleil avant de disparaître.

Le ciel se peuple

Rappelons-le, pour traiter de la question des ovnis dans le passé, il faut prendre en compte les progrès techniques, qui déterminent ce qui pouvait ou non apparaître aux témoins de l'époque comme un objet volant *identifié*. Jusqu'à la fin du XVIIIe siècle, à part les oiseaux, les insectes et les astres, seuls des cerfs-volants, des fusées de feux d'artifice et des petits ballons (les précurseurs des lanternes thaïes !) pouvaient éventuellement traverser le ciel (on peut aussi évoquer les projectiles d'artillerie, mais la proximité d'une bataille était difficile à ignorer et ne pouvait guère prêter à confusion). La donne change radicalement en 1783, lorsque les frères Montgolfier réalisent le premier vol habité dans leur ballon à air chaud. Lors d'un vol d'essai, des paysans furent d'ailleurs effrayés par la vue de cet appareil volant s'écrasant dans leur champ. Aux ballons à air succédèrent leurs homologues à gaz, puis les dirigeables, et enfin les avions, avec les premiers essais de Clément Ader en France en 1890 (*Éole*) et 1897 (*Aquilon*), et le vol inaugural des frères Wright en 1903. Il faut garder à l'esprit, pour chaque observation rapportée, quel était l'état de cette nouvelle « faune » céleste à la date considérée – en prenant en compte le temps nécessaire aux hommes du commun pour se familiariser avec ces nouvelles inventions et s'habituer à les voir parcourir le ciel.

Les premières vagues d'ovnis ?

À la fin du XIXe siècle, on retrouve, disséminés dans plusieurs périodiques sérieux ou même dans des revues scientifiques, des comptes rendus de phénomènes aériens insolites. L'écrivain américain Charles Hoy Fort (1874-1932), un rat de bibliothèque qui s'était fait une spécialité de rechercher dans les archives et de compiler tous les faits étranges et inexpliqués, consacre ainsi tout un chapitre de son *Livre des Damnés*, paru en 1919, aux « Disques volants » !

Au tournant du XXe siècle, la presse se fait l'écho, dans plusieurs pays et sur des périodes de temps assez restreintes, de plusieurs observations d'objets aériens étranges. On peut les considérer comme les premières vagues d'ovnis de l'histoire, qui ne se distinguent du phénomène ovnis moderne – celui d'après 1947 – que par deux traits principaux : les descriptions et la terminologie diffèrent (même si elles annoncent parfois les vagues d'ovnis qui leur succéderont), et surtout l'hypothèse de visites extraterrestres n'est pas évoquée, ou reste très marginale et anecdotique.

La première de ces vagues de « pré-ovnis » a lieu de 1896 à 1897. D'abord en Californie, puis dans d'autres États d'Amérique, de nombreux témoins rapportent avoir observé dans le ciel des engins volants de différentes formes : ovoïdes, allongés comme un cigare ou un dirigeable, ailés. Plusieurs émettaient des lumières et éclairaient le sol, et certains ont été vus survolant de grandes villes comme Sacramento (première observation, le 17 novembre 1896). Une étude a recensé plus d'une centaine de cas, et la presse s'est largement fait l'écho de ces événements insolites. Comme toujours dans le cas d'une telle « vague » d'observations, aux témoignages crédibles et de bonne foi se mêlent rumeurs, exagérations, affabulations et canulars. Ainsi quelques témoins prétendent avoir vu atterrir un de ces mystérieux engins et en descendre leurs occupants, mais sans faire mention d'une apparence étrange ni d'une possible origine extraterrestre. D'autres disent avoir perçu des conversations provenant de l'intérieur des aéronefs, et même entendu les mystérieux pilotes dire qu'ils venaient d'un autre monde, et un témoignage fait mention du crash d'un appareil contre un moulin, où on aurait retrouvé un corps non humain. Ce qui aurait pu devenir un Roswell avant l'heure ne fut guère pris au sérieux à l'époque, et l'idée de visiteurs extraterrestres n'est pas réellement avancée. Il faut dire que les rares témoignages en ce sens sont souvent parmi les moins crédibles, ceux qui ont contribué à tourner en ridicule ce qui est sans doute la première vague d'ovnis de l'histoire.

On ne parle pas encore d'ovni, mais d'engin volant (*aircraft*) et certaines illustrations réalisées pour la presse à partir des témoignages recueillis annoncent fortement les soucoupes volantes à venir. Autre point commun avec les futures vagues d'ovnis, les manœuvres et les vitesses observées ne correspondent à rien de réalisable à l'époque. Il faut dire que les quelques véhicules volants existant alors ont des capacités très limitées : les prototypes d'avion de Clément Ader (1890 et 1897) n'ont fait que des « bonds » d'une centaine de mètres, et le premier essai de dirigeable par l'Autrichien David Schwartz, le 3 novembre 1897, s'est soldé par un échec (le dirigeable Zeppelin ne volera qu'en 1900 et ne transportera pas de passagers avant 1909). Si ces ovnis avant l'heure étaient des appareils de fabrication humaine, ils présentaient une avance considérable sur la technologie connue de l'histoire de l'aéronautique. Et comment expliquer alors, entre autres, la présence de projecteurs puissants, ce qui était pratiquement irréalisable à l'époque ? Et les vitesses estimées (entre 50 et 150 km/h) ? Concernant ces dernières, il est intéressant de noter que, si elles dépassent de loin celles atteintes même par les premiers dirigeables et les avions qui ne voleront que quelques années plus tard, elles restent très en deçà de celles rapportées pour les ovnis « modernes ». Des essais de dirigeables avaient été entrepris dès 1852 par Henri Giffard. Le 9 août 1884,

Charles Renard et Arthur Constantin Krebs firent voler le dirigeable *La France* sur un trajet en circuit fermé de 8 kilomètres en 23 minutes, soit une moyenne d'environ 20 km/h, et le LZ-1 de von Zeppelin n'atteindra pas plus de 32 km/h seize ans plus tard.

Une seconde vague d'observations survient en 1909, et celle-ci ne concerne plus les États-Unis d'Amérique, mais commence en Grande-Bretagne, avant de gagner jusqu'à la Nouvelle-Zélande et l'Afrique du Sud ! Le premier *airship* de la vague britannique est observé à Peterborough le 23 mars 1909 par un agent de police. Moins de deux mois après, un journal londonien recense vingt témoignages similaires. Tous décrivent des objets allongés en forme de cigare qui se déplacent rapidement, de nuit, en émettant des lumières vives. Puis la même année, de juillet à septembre, c'est la presse néo-zélandaise qui se fait l'écho de semblables apparitions de cigares volants et lumineux, toujours nocturnes et furtives. Jusqu'en 1918, ces dirigeables fantômes seront signalés dans plusieurs pays européens dont la France, la Roumanie en 1913, puis en 1914 en Afrique du Sud, au Canada et en Norvège, et en Australie entre 1917 et 1918.

Durant cette seconde vague, bien plus étendue dans le temps et l'espace que la première, la confusion avec des dirigeables tout ce qu'il y a de plus « terrestres » dans leur conception est une hypothèse encore plus plausible. Pendant la dizaine d'années qui sépare les deux séries d'observations, l'aéronautique a fait des progrès considérables, en particulier les aérostats dirigeables du comte Ferdinand von Zeppelin qui furent utilisés à des fins militaires pendant la Première Guerre mondiale, larguant des bombes sur plusieurs pays ennemis et semant la panique parmi les populations civiles. Dès les premières observations en Angleterre, beaucoup soupçonnent des appareils-espions allemands, dans un contexte international tendu et marqué par la menace croissante d'un conflit. Mais comment expliquer des vitesses estimées jusqu'à plus de 300 km/h, quand les zeppelins de l'époque plafonnaient à 60 km/h ? Et *quid* de leur présence un peu partout sur le globe, en des lieux aussi éloignés de l'Allemagne que la Nouvelle-Zélande ou l'Afrique du Sud ? Aucun autre constructeur de dirigeable n'est connu des historiens, et comment imaginer un inventeur génial qui, parvenant à laisser loin derrière les performances de l'ingénieur allemand, aurait pu garder le secret et conserver l'anonymat ? Déjà à l'époque, le mystère entourant ces aéronefs inconnus était si grand que Winston Churchill, qui n'était pas encore Premier Ministre, mais premier lord de l'Amirauté britannique, diligenta en 1912 une enquête sur le phénomène sans parvenir à l'élucider.

Pendant les quelque trente années qui suivirent, l'atmosphère de notre planète, pourtant traversée d'une foule croissante d'engins souvent destructeurs, ne sembla plus présenter aucun objet non identifié. Quelques phénomènes rapportés pendant la Seconde Guerre mondiale sortent certes de l'ordinaire. Ainsi dans la nuit du 24 au 25 février 1942, alors que les États-Unis sont encore sous le choc de l'attaque japonaise surprise sur Pearl Harbor le 7 décembre 1941, la Californie est le théâtre d'un inquiétant ballet aérien. On observe des lumières au-dessus de Los Angeles, puis des engins volants à Santa Monica. La DCA tire plus d'un millier de missiles sur ces aéronefs non identifiés sans parvenir à les atteindre. L'armée conclut au survol d'appareils japonais, mais la distance à laquelle se situaient les porte-avions nippons les plus proches rend cette hypothèse bien peu crédible.

On peut aussi évoquer le phénomène des *Foo Fighters*, des boules lumineuses signalées par de nombreux pilotes vers la fin de la Seconde Guerre mondiale, qui semblaient escorter leur avion, voire « jouer » avec eux, les suivant, parfois par groupes, même dans les manœuvres les plus périlleuses. L'armée américaine croit à des engins téléguidés allemands ou japonais, bien que ces étranges sphères n'aient manifesté aucun comportement agressif. Après la fin du conflit, on apprendra cependant que les aviateurs de l'Axe avaient eux aussi observé les mêmes phénomènes (les Allemands les avaient baptisés *Kraut-bolids*), les attribuant de leur côté à une technologie secrète développée par les Alliés !

Mais ces bizarreries furent vite oubliées, balayées par l'ampleur des atrocités du second conflit mondial. Jusqu'à un beau jour de juin 1947.

1947, l'année des ovnis : les « soucoupes volantes » de Kenneth Arnold et les étranges événements de Roswell

Soucoupes, espions russes et pélicans : le premier ovni de l'histoire ?

Homme d'affaires de Boise (Idaho), Kenneth Arnold (1915-1984) était aussi un pilote, amateur mais expérimenté (9 000 heures de vol). Ce 24 juin 1947, il effectuait aux commandes de son petit monomoteur CallAir A-2 un trajet entre Chehalis et Yakima, dans l'État de Washington (qui borde l'océan Pacifique au nord-ouest du pays, à ne pas confondre avec la capitale américaine, située sur la côte opposée !). Membre du Search and Rescue Mercy Flyer, un groupe privé voué à la localisation et au secours des appareils en détresse, il est à la recherche d'un avion de transport militaire porté disparu dans la région l'année précédente. Un peu avant 15 heures, il aperçoit, au-dessus du mont Rainier (4 392 mètres d'altitude), une escadrille de neuf objets volant en formation à faible altitude et rasant la crête des montagnes. Il évalue leur taille à une dizaine de mètres, et les décrira comme arrondis sur leur partie avant (selon le sens de leur vol), triangulaires et pointus vers l'arrière. Ils se déplacent à très vive allure, et Arnold estime leur vitesse en mesurant le temps de leur parcours entre le mont Rainier et le mont Adams voisin : environ 2 000 kilomètres par heure, soit près de deux fois la vitesse du son ou « Mach 2 » selon le jargon aéronautique. Or le fameux « mur du son » « Mach 1 » – correspondant à la vitesse de propagation des ondes sonores dans l'air, soit 1 224 km/h, et dont le dépassement par un aéroplane s'accompagne d'une onde de choc, le fameux « bang » supersonique – n'a été franchi par le pilote américain Chuck Yeager que le 14 octobre 1947, soit presque quatre mois après l'observation de Kenneth Arnold ! Après son atterrissage à Yakima, celui-ci parle avec d'autres pilotes de son étrange rencontre. Le soupçon grandissant d'une incursion soviétique dans l'espace aérien américain l'aurait incité à entrer en contact avec le FBI, mais n'y parvenant pas, Arnold se serait rabattu vers la presse pour alerter la population.

Quelles qu'aient été ses motivations, c'est finalement à un petit quotidien de l'Oregon voisin, l'*East Oregonian*, qu'il livrera la primeur de son récit. Sans se douter sûrement de l'effet boule de neige qui allait en découler ! Les journalistes qui rapportent son récit rédigent également une dépêche à destination de l'*Associated Press*, qui répand rapidement la nouvelle dans tout le pays. Comble de l'ironie, c'est une erreur d'interprétation dans les propos du pilote qui va assurer sa célébrité au « cas Arnold » : voulant décrire le mouvement des ovnis du mont Rainier, il dit que ceux-ci oscillaient légèrement de bas en haut comme des soucoupes (*saucers*) ricochant sur l'eau. On peut légitimement se demander pourquoi le pilote a eu recours à cette image étrange : l'habitude de faire des ricochets avec cet élément de vaisselle familier n'est sans doute pas plus répandue aux États-Unis que dans nos contrées. Pourquoi n'avoir pas plutôt évoqué un simple galet plat ? Arnold pensait sans doute aux « pigeons d'argile » sur lesquels s'exercent les tireurs, et qui parfois sont ainsi désignés en anglais.Toujours est-il que, confondant mouvement et forme, les journalistes écrivirent qu'il avait vu des soucoupes volantes (*flying saucers*) : l'expression venait d'entrer dans l'histoire, même si Arnold s'efforcera par la suite de rétablir la vérité sur sa description. En vain : c'est ainsi que les premières soucoupes volantes de l'histoire… n'étaient pas des soucoupes !

Le terme « soucoupe volante » ne fut pas seul à se répandre comme une traînée de poudre. Cette observation apparemment assez anodine en elle-même allait lancer la « mode » des soucoupes volantes et rester dans les mémoires comme la première manifestation d'un ovni moderne.

Dans un premier temps, les dires de Kenneth Arnold ne sont guère pris au sérieux. De sa description, les plus sceptiques concluent qu'il a simplement vu… un vol de pélicans ! Or même en considérant qu'il aurait grandement surestimé leur vitesse, la marge d'erreur reste considérable, ces oiseaux ne volant guère qu'à une cinquantaine de kilomètres/heure. Sans compter que cette confusion aurait fait passer le pilote pour un bien grand nigaud ! Bien que des erreurs aussi énormes aient parfois été démontrées, même chez des témoins fiables, pilotes professionnels et expérimentés, cette interprétation ne suffit pas à lever le voile du mystère. D'autant moins qu'elle se base sur une nouvelle erreur dans la façon dont ont été rapportés les dires du témoin. Après avoir parlé de soucoupes, on rectifia en évoquant des croissants… guère plus fidèles à la description d'Arnold, qui finira de guerre lasse par produire un croquis des objets observés, dont l'allure n'évoque en rien celle d'un quelconque oiseau ! Depuis, dans l'univers ufologique, on surnomme parfois « pélicanistes » les partisans de telles explications, si triviales qu'elles en deviennent à peine plus crédibles que les théories les plus improbables. La guerre entre « soucoupistes » et « pélicanistes », qui s'est perpétuée jusqu'à nos jours, venait de commencer !

Dans les mois qui suivirent, on assista à une nouvelle vague d'observations : pas moins de 850 cas ont été relevés dans la presse américaine et canadienne pour cette période, dont 250 témoignages paraissant fiables. Comme pour les précédentes vagues « préarnoldiennes », on note une certaine cohérence dans les comptes rendus : des formes souvent décrites – où prédomine évidemment celle de la soucoupe –, des tailles modérées, des vitesses et des manœuvres encore hors d'atteinte des appareils volants connus.

Au début l'angoisse d'une invasion, ou au moins de l'espionnage russe, prévalait. Mais, quand cette menace commença à perdre du terrain, on se mit à parler de plus en plus de visites d'extraterrestres. Dans ce domaine, on n'avait pourtant encore rien vu…

Rumeur, secret Défense et crash d'aliens : l'inextricable affaire Roswell

Au matin du 3 juillet 1947, le fermier William « Mac » Brazel découvre d'étranges débris métalliques éparpillés dans les terres de son exploitation, située à quelque 100 kilomètres de la ville de Roswell dans le Nouveau-Mexique. Il faut dire que la nuit précédente avait été orageuse, et que Roswell accueille une base militaire où sont effectués des essais top secret. Les militaires de cette base sont d'ailleurs les premiers avertis par le shérif, lui-même alerté par Brazel. Dépêchés sur place, ils bouclent immédiatement le périmètre et expédient en lieu sûr (jusqu'à Washington, prétend-on) les fragments tombés du ciel. Quelle qu'en soit la raison, cette attitude de mise au secret alimentera pour beaucoup rumeurs, psychoses et suppositions de tout poil autour de l'événement. Pour ne rien arranger, un communiqué de presse émanant de la base de Roswell annonce le 8 juillet que ce sont les restes d'une soucoupe volante (il est fait plus précisément mention d'un « disque ») qui ont été récupérés dans la ferme de « Mac » Brazel ! L'État-Major dément aussitôt, et affirme qu'il s'agissait en réalité des fragments d'un ballon-sonde – émanant du projet Mogul que l'armée dévoilera des années plus tard, un prototype ultrasecret destiné à espionner les Russes. Et de produire des photos des débris entreposés à la base de Forth Worth (Texas), qui ont effectivement l'apparence de ceux d'un ballon-sonde. Mais il est trop tard pour endiguer les conséquences de ce chassé-croisé d'informations contradictoires, et la rumeur fait déjà son chemin. Les restes retrouvés seraient bien ceux d'un engin volant d'origine inconnue et, plus encore, il existerait un autre site dans la région, où on aurait recueilli non seulement une autre épave de soucoupe, mais aussi les dépouilles de leurs occupants, qui n'auraient rien d'humain – on parle même d'un alien retrouvé vivant !

Le plus étonnant est pourtant qu'à l'époque, ces rumeurs incroyables n'ont pas donné lieu à un emballement médiatique comme celui qu'avaient provoqué les « soucoupes » de Kenneth Arnold, pourtant moins d'un mois auparavant. La chape de plomb du « secret Défense » serait-elle passée par là ? Toujours est-il que l'incident est vite oublié, et ce pour longtemps. Ce n'est qu'en 1980 que la parution d'un livre sur l'affaire de Roswell fait resurgir la rumeur du crash d'un vaisseau extraterrestre. En 1990, l'American Air Force croit devoir apporter de nouveau un démenti à cette théorie, réaffirmant la version du ballon et « déclassifiant » son lien au projet Mogul (dont le statut top-secret expliquerait le silence entourant toute l'affaire), mais en ajoutant des éléments qui expliqueraient les allégations les plus insensées prêtées à certains témoins : ce sont des mannequins expérimentaux, ainsi que des pilotes bien humains tués dans la chute de leur appareil, qui auraient été confondus avec de prétendus extraterrestres. Est-il besoin de dire que ces rapports ne convainquirent pas les tenants de la thèse du naufrage interstellaire ?

Mais l'affaire n'en était pas à son dernier rebondissement. En 1995, un producteur britannique, Ray Santilli, présente un film de ce qu'il prétend être l'autopsie d'un cadavre d'extraterrestre retrouvé en 1947 sur le site du crash de Roswell. Les images sont achetées par les chaînes de télévision et diffusées dans le monde entier, y compris en France par le présentateur Jacques Pradel dans son émission *L'Odyssée de l'étrange* sur TF1. Si beaucoup de téléspectateurs doutèrent d'emblée de l'authenticité du document, ce n'est qu'en 2006 que Santilli avoua la supercherie : le « cadavre » de l'extraterrestre autopsié avait été réalisé par un sculpteur… mais, ajouta-t-il, le montage se basait sur le film de l'autopsie bien réelle de 1947, qu'il disait avoir vue sans prouver ses affirmations. En 2015, ce sont des diapositives représentant une prétendue dépouille d'alien qui fut identifiée comme celle d'une momie exposée dans un musée.

Malgré le discrédit jeté par ces supercheries sur les interprétations extraterrestres, beaucoup continuent à accréditer cette thèse. D'autres théories tout aussi controversées ont été avancées, évoquant des expériences secrètes menées par l'armée américaine sur des prisonniers de guerre japonais handicapés.

Cette série de désinformations, de rumeurs, de démentis, de secrets et de dissimulations a fait de « l'affaire Roswell » une énigme inextricable. Comment expliquer par exemple la position de l'armée américaine qui, après un communiqué retentissant et sans doute hâtif, préfère courir le risque de divulguer un projet secret de ballon-espion, dans un contexte de tension croissante avec l'Union soviétique ?

N'aurait-il pas mieux valu laisser courir la rumeur d'un crash de soucoupes volantes, dont la présence était rapportée un peu partout dans la presse ? Et pourquoi dès lors maintenir le sceau du secret sur tout l'incident ? Car si aucun document ou témoignage irréfutable – malgré des dizaines de dépositions sous serment abondant en ce sens – ne permet d'appuyer la thèse du crash d'un véhicule exogène occupé par des formes de vie extraterrestres, les intimidations et menaces à l'encontre des témoins et les destructions d'archives relatives à l'époque (accidentelles ou volontaires ?) sont bien réelles, et ont beaucoup contribué à construire la légende de Roswell.

Mais alors… Pourquoi maintenant ?

Quoi qu'on pense des événements qui l'ont marquée, 1947 fut décidément une année remarquable dans la chronologie ufologique, sans doute la plus emblématique. Comment expliquer une telle série d'observations rapportées, de témoignages, de rumeurs, de déclarations et de démentis ? Selon le regard que l'on porte sur la question des ovnis, différentes réponses ont été avancées.

Pour les défenseurs de l'hypothèse extraterrestre (HET), il est déjà presque admis que l'observation de Kenneth Arnold n'est pas la première manifestation du phénomène. On a en effet du mal à imaginer que la visite de formes de vie intelligentes en provenance d'une autre planète ne serait survenue qu'à cette date. Ici, nous entrons dans le domaine des statistiques et des probabilités, d'autant plus délicates à manier que l'on n'en maîtrise pas tous les paramètres.

Aussi extravagante que paraisse la théorie des Anciens Astronautes, elle repose sur un postulat assez pertinent : si l'on considère les dimensions et l'âge de l'univers, les visites d'autres civilisations doivent être au moins aussi anciennes que l'humanité, sinon davantage. Il est tout aussi largement reconnu que le phénomène a au moins pris une tout autre ampleur à partir de 1947. Mais pourquoi cette date ?

S'il s'agit de visites de véhicules dits exogènes (venus d'ailleurs), de deux choses l'une : ou la nouvelle tournure prise par le phénomène à partir de 1947 vient d'eux, ou elle vient de nous. Le second cas de figure signifierait que les « soucoupes volantes » ont toujours parcouru nos cieux, mais que nous n'avons vraiment commencé à les voir qu'à cette époque. Pourquoi ? Les raisons peuvent être multiples : le développement de l'aéronautique, en particulier militaire, de la technologie de détection radar, l'attention plus grande portée à ce qui se passe dans le ciel (mais dans ce cas pourquoi n'a-t-on pas recueilli plus de témoignages d'astronomes, qui depuis l'Antiquité scrutent la voûte étoilée durant des nuits entières ?). On peut aussi invoquer des raisons culturelles : l'inquiétude face à la menace des avions ennemis, née des deux conflits mondiaux et exacerbée par l'imminence de la guerre froide, qui a accru la vigilance de l'homme ordinaire pour les manifestations célestes, le développement des moyens de communication et des médias de masse, ou encore l'essor de la science-fiction qui a préparé les esprits à l'idée d'une intelligence extraterrestre et de sa possible venue. Mais, nous allons vite le voir, ces arguments peuvent aussi très facilement se retourner *contre* l'HET !

L'autre possibilité, toujours en supposant que les

extraterrestres nous rendent visite, est que ce soit quelque chose dans notre activité qui ait attiré particulièrement leur attention vers la fin de la Seconde Guerre mondiale ou dans l'immédiat après-guerre. On pense inévitablement au développement de l'arme nucléaire et aux deux bombes lancées en 1945 sur Hiroshima (6 août) et Nagasaki (9 août). Un peu moins de deux ans, c'est le temps qu'il aurait fallu à nos « voisins » pour détecter cette activité atomique et atteindre sa source. Mais pour y faire quoi ? On peut se limiter à imaginer que la maîtrise (technique, à défaut d'éthique !) de l'énergie de liaison des noyaux atomiques constitue une étape assez marquante dans l'évolution technologique d'une civilisation pour simplement attirer l'attention et provoquer l'inquiétude d'une race extraterrestre que l'on suppose plus avancée. Mais certains ne s'arrêtent pas en si bon chemin, convaincus que les aliens sont intervenus pour nous éviter le pire.

Mais si l'on rejette l'hypothèse extraterrestre comme absurde, hautement improbable et même impossible, il faut bien s'expliquer pourquoi cet emballement médiatique pour les soucoupes volantes a commencé cette année 1947. L'influence de la littérature de science-fiction – à l'époque la filmographie n'était pas très riche dans ce genre – est souvent invoquée, mais elle avait commencé bien avant. La psychose aérienne née de la guerre peut aussi avoir contribué à un climat général propice à l'hystérie collective. En résumé, le terrain aurait été prêt pour accueillir la folie des « UFOs », et il aurait suffi d'un témoignage fortuit pour allumer la mèche de cette bombe médiatique à retardement. La presse, la rumeur et les ressorts de la psychologie des masses auraient fait le reste. Cette thèse, que l'on appelle de la « contagion psychosociale » se heurte pourtant à plusieurs obstacles. Même sans invoquer les vagues précédentes de 1896-1897 et 1909-1918 – que les sceptiques attribuent à des causes semblables, mais dans des contextes différents –, l'observation d'Arnold ne fut pas la première, entendons *même pas la première en 1947*. Des recherches ont en effet recensé 29 cas rapportés d'ovnis entre avril et mai 1947 aux États-Unis, qui ont précédé l'emballement médiatique. Et l'effet boule de neige de la diffusion par la presse des récits de soucoupes volantes n'explique pas des témoignages en si grand nombre, souvent par des observateurs multiples – même s'il faut se garder de sous-estimer l'effet d'entraînement qui pousse certains individus, influencés par leurs congénères, à voir la même chose dans un phénomène bien réel, mais qu'ils auraient peut-être interprétée différemment s'ils avaient été seuls.

En outre, la contagion psychosociale expliquerait mal les avatars de l'affaire Roswell, qui resta pratiquement ignorée pendant près de trente ans (mais elle pourrait s'appliquer à la résurgence de la rumeur à partir des années 1980).

Une dernière explication pourrait mettre tout le monde d'accord, même si elle soulève d'autres problèmes : celle faisant intervenir des engins de fabrication humaine, par exemple dans le cadre de projets militaires secrets, dépassant de loin les performances des appareils connus à l'époque. Elle serait à peine moins extraordinaire que l'hypothèse extraterrestre, mais les partisans de cette dernière ne désarment pas pour autant : pour beaucoup d'entre eux, ces technologies inconnues et secrètes n'ont pu nous être transmises que par… des extraterrestres !

– 4 –

Y A-T-IL UN PILOTE DANS L'OVNI ?
(L'hypothèse extraterrestre)

Et si nous n'étions pas seuls… ? Pluralité des mondes habités et formes de vie extraterrestres dans la littérature et la philosophie

Si la série d'événements survenus aux États-Unis en 1947 a bien marqué le commencement de quelque chose, c'est celui de l'association entre ovnis et extraterrestres. Car que l'on parle d'ovnis ou de soucoupes volantes, c'est bien à des visiteurs venus d'autres planètes que l'on pense. Comme nous l'avons précisé, il faut pourtant bien distinguer les ovnis, qui par définition sont non identifiés – au moins pour l'instant… – et ce que l'on appelle l'hypothèse extraterrestre que l'on désignera par la suite par le sigle « HET ». Car il est temps de se pencher pour de bon sur cette hypothèse – que nous n'aborderons que comme telle, bien qu'elle ait acquis pour quelques-uns le statut de certitude.

Avant d'examiner les raisons qui ont conduit certains à avoir recours à l'explication extraterrestre – on dit parfois « exogène », un terme aux consonances savantes employé pour ne dire somme toute guère plus que « venu d'ailleurs » ! – pour rendre compte des phénomènes inexpliqués, et d'autres à la rejeter catégoriquement, c'est vers l'univers de l'imagination et de la réflexion qu'il nous faut nous tourner, avant de lever notre regard vers les étoiles. Car c'est un fait qui dépasse les polémiques, souvent vives, entre pro- et anti-HET : l'idée que nous ne sommes pas seuls dans l'Univers est née dans la culture humaine avant même qu'on ait songé à la démontrer ou à la combattre. Pour le dire un peu vite : les extraterrestres sont venus avant les ovnis. Et même si l'on imagine qu'ils nous aient visités avant même que notre espèce ait découvert l'écriture, c'est dans les œuvres de réflexion et d'imagination qu'ils font leur apparition, avant les premiers témoignages qui attesteraient leur présence. Et pour réconcilier – provisoirement ! – défenseurs et pourfendeurs de l'HET, disons que leurs visites, si elles ont eu lieu, n'ont pu être interprétées comme telles que dans un climat culturel, intellectuel et spirituel qui pouvait envisager leur existence.

La pluralité des mondes habités

Tout commence par l'idée que l'on se fait de notre place dans le cosmos. Dès l'Antiquité, l'émergence de la pensée scientifique supplantant la pensée mythique a conduit assez tôt à l'idée qu'il existait d'autres planètes que la nôtre, et que celles-ci pouvaient être peuplées. Les Dieux peuvent bien venir du ciel, du mont Olympe, généralement *d'ailleurs*, cet ailleurs n'est pas un autre monde au sens où il serait semblable au nôtre, c'est un autre plan, comme une autre dimension. L'extraterrestre a beau incarner la figure par excellence de *l'autre*, du lointain, il reste comme nous un habitant du cosmos, du monde *réel*. En ce sens, on peut dire qu'il n'est pas d'extraterrestre sans pluralité des mondes habités. Cette idée que le ciel est peuplé et recèle une multitude, sinon une infinité de planètes abritant des formes de vie, dont certaines sont intelligentes, fut déjà formulée par quelques philosophes grecs. Si elle est parfaitement inconcevable dans la vision du monde d'Aristote (v. -384/v. -322), où la Terre est le centre de l'Univers et le seul siège de la vie, elle cadre parfaitement avec les conceptions atomistes d'un cosmos infini, où l'agencement des atomes dont nous sommes constitués est contingent – le fruit du hasard –, mais où il pourrait être reproductible partout ailleurs. Épicure (v. -342/v. -270), figure emblématique de ce courant de pensée, est souvent cité comme un des premiers à défendre cette idée, notamment dans sa lettre à Hérodote, où il affirme qu'il n'y a « rien qui empêche l'existence d'une infinité de mondes ». Il précise qu'il y a « un nombre infini de mondes semblables au nôtre, et un nombre infini de mondes différents », mais selon lui « on doit admettre que dans tous les mondes, sans exception, il y a des animaux, des plantes, et tous les êtres que nous observons ». Mais de nombreux autres penseurs grecs dits « présocratiques » (antérieurs à Socrate [v. -470/v. -399], le premier des « vrais » philosophes selon son disciple Platon [v. -428/v. -347]) l'ont affirmée avant lui.

Ainsi l'idée que chaque étoile était un soleil autour duquel gravitaient des planètes semble avoir été déjà une vérité admise pour les pythagoriciens, disciples et continuateurs de Pythagore (v. -580/v. -495), ainsi que pour Héraclite (v. -544/v. -480). Démocrite (v. -460/v. -370), considéré avec son contemporain et maître Leucippe comme le fondateur de l'atomisme – l'école de pensée qui, la première, a affirmé que toute la matière de l'Univers était constituée d'atomes, particules invisibles et indivisibles – professait l'idée que, comme les êtres vivants, des mondes naissent, vivent et meurent sans arrêt dans l'Univers infini. Il avança aussi une notion intéressante, celle que *tous* les mondes ne sont pas habités, et que seuls certains d'entre eux sont propices à accueillir la vie.

Un philosophe épicurien moins connu, Métrodore de Lampsaque (Ve siècle av. J.-C.), avait exprimé de façon très imagée cette idée partagée par tant de ses contemporains : « Il est aussi absurde de concevoir un champ de blé avec une seule tige qu'un monde unique dans le vaste univers. » Le Romain Lucrèce (v. -98/v. -55), qui contribua beaucoup à la diffusion de la pensée atomiste avec son poème *De la nature des choses*, jugeait lui aussi inconcevable que notre Terre ait été le seul monde créé (et peuplé).

Aliens hérétiques

L'idée que nous ne soyons pas les seuls occupants du cosmos avait donc bien fait son chemin, mais l'avènement du christianisme lui marqua un coup d'arrêt. Il faut dire que celui-ci ne jurait que par Aristote, un des adversaires les plus acharnés de l'idée de pluralité des mondes habités. De plus la présence d'autres êtres intelligents dans l'Univers n'était pas sans poser d'épineux problèmes théologiques : avaient-ils été créés en même temps que nous ? Étaient-ils marqués eux aussi du sceau du péché originel ? Et comment auraient-ils pu recevoir le message du Christ ? Le dogme de la Terre centre du monde et siège unique de la vie évitait d'aborder ces points sensibles.

Mais à la Renaissance, cette pensée unique se fissura. La place centrale de la Terre et donc de l'Homme dans l'Univers fut balayée par les modèles héliocentriques (mettant le Soleil au centre) de Copernic (1473-1543), puis Galilée (1564-1642). Et la découverte du continent américain et de ses habitants à partir de 1492 contribua certainement à relativiser notre prétention à un monopole de la vie intelligente.

C'est avec Nicolas Krebs, dit Nicolas de Cues (1401-1464), cardinal et philosophe, que l'infinité du cosmos et la pluralité des mondes font leur retour sur la scène intellectuelle. Dans *La Docte ignorance* (1440), il déduit ce principe de la toute-puissance divine, qui selon lui n'aurait su s'épuiser dans la création d'un monde unique. Le bien plus sulfureux et controversé Giordano Bruno (1548-1600) va plus loin, déduisant qu'un univers infini n'a son centre nulle part (ou partout !), et qu'il n'est aucune raison que notre espèce et notre planète y occupent une place particulière, privilégiée. Ces idées – et quelques autres – le conduiront au bûcher, où il périra en 1600.

La rencontre de la foi chrétienne et de cette cosmologie renaissante suscita aussi des angoisses, comme celle exprimée par Blaise Pascal (1623-1662) dans ses *Pensées* :

« Quand je considère la petite durée de la vie, absorbée dans l'éternité précédente et suivante, le petit espace que je remplis, et même que je vois, abîmé dans l'infinie immensité des espaces que j'ignore et qui m'ignorent, je m'effraie et m'étonne de me voir ici plutôt que là, pourquoi à présent plutôt que lors. Qui m'y a mis ? Par l'ordre et la conduite de qui ce lieu et ce temps a-t-il été destiné à moi ? [...] Combien de royaumes nous ignorent !

Le silence éternel de ces espaces infinis m'effraie. »

Avec le Siècle des lumières, la pluralité des mondes perd peu à peu de son parfum de soufre et devient un sujet de dissertation et de méditation très prisé. Secrétaire perpétuel de l'Académie royale des sciences, Bernard Le Bouyer de Fontenelle (1657-1757) publie en 1686 ses *Entretiens sur la pluralité des mondes*. Présenté comme une série de conversations badines entre un « savant » et une belle marquise, cet ouvrage est considéré comme un des premiers textes de vulgarisation scientifique. S'il présente une cosmologie dépassée, inspirée de Descartes, il développe aussi l'idée que les innombrables mondes visibles dans le ciel sont peuplés d'êtres intelligents.

La philosophie des Lumières accueille donc volontiers l'idée de la vie, voire de l'intelligence extraterrestre. Dans sa très austère et néanmoins célèbre *Critique de la raison pure* (1781), Emmanuel Kant (1724-1804) déclarait sans ambages : « Je parierais bien toute ma fortune que quelques-unes au moins des planètes que nous voyons sont habitées. » Le philosophe allemand considérait d'ailleurs que les lois de l'entendement qu'il pensait avoir établies devaient être valables pour tout être doué de raison, donc partagées par des extraterrestres sous réserve que leur intellect soit assez développé. Et dans un texte de jeunesse, moins connu, mais fort intéressant, *Histoire naturelle générale et Théorie du ciel* (1755), il se risque à une classification hypothétique des races extraterrestres peuplant les planètes du système solaire, tablant, par analogie avec les « races » humaines, sur leur degré d'évolution en fonction de leur proximité à notre étoile commune – transposition de la vision du monde teintée de racisme d'un Occidental pour qui l'on est d'autant moins primitif que l'on vit dans un climat froid !

Peuples de la Lune

Mais avant de partir pour les étoiles lointaines, l'homme a d'abord peuplé par l'imagination les astres les plus proches de lui, à commencer par notre satellite, compagnon de nos méditations nocturnes. La Lune, dont la forme visible à l'œil nu nous renvoie comme une image en miniature de notre propre planète, ne pouvait pas n'être qu'un vaste désert argenté. Elle devait être peuplée et, dès l'Antiquité, l'on baptisa ses habitants les « Sélénites », ou « Séléniens » (à partir du nom grec de la déesse qui lui était associée, Séléné). Anaximandre (v. -610/v. -546), qui partageait avec les atomistes l'idée de la pluralité des mondes, pensait que la Lune était semblable à notre planète, et son disciple Xénophane (v. -570/v. -475) alla plus loin en imaginant ses vallées – dont certaines sont visibles à l'œil nu – peuplées d'habitants.

Après la longue parenthèse médiévale verrouillée par le dogme chrétien et aristotélicien, les spéculations sur l'apparence et les mœurs de ces indigènes lunaires vont bon train. D'autant plus que la lunette astronomique, dont Galilée avait montré les formidables possibilités, permet de contempler cratères et vallées lunaires avec plus de précision.

L'astronome Johannes Kepler (1571-1630), découvreur de la clé mathématique des orbites planétaires qui allait ouvrir la voie à la gravitation universelle newtonienne, laisse vagabonder son imagination dans son ouvrage posthume *Le Songe ou l'Astronomie lunaire* (1634). S'il fait de lui un des précurseurs de la science-fiction, l'ouvrage a aussi un but pédagogique : démontrer le bien-fondé de la théorie copernicienne en présentant ce que serait le cosmos – y compris le Soleil et la Terre – vu depuis la Lune.

Publié à titre posthume en 1638, *The Man in the Moone* de l'évêque anglais Francis Godwin (1562-1633) présente le récit imaginaire d'un voyage vers la Lune au moyen d'un attelage tiré par des oies, et la découverte du peuple des « Lunaires » et de sa société idéale.

Disciple de Gassendi, qui professait une philosophie inspirée d'Épicure, Cyrano de Bergerac (1619-1655) fut immortalisé trois siècles et demi plus tard (en 1897) dans la célébrissime pièce d'Edmond Rostand. Sans doute sous l'influence du livre de Godwin, il écrit vers 1650 son *Histoire comique des États et Empires de la Lune*, qui ne sera publiée qu'en 1667, deux ans après sa mort. Après le récit de son voyage, il y décrit dans le détail la civilisation et le mode de vie des Séléniens. Là encore, l'extraterrestre est un miroir tendu aux Terriens, qui leur renvoie leurs défauts en montrant par contraste une société parfaite, ou tout du moins meilleure. On retrouve ici, transposé dans les astres, le schéma de l'*Utopia* de Thomas More, et de toutes les utopies littéraires.

Les aventures rocambolesques attribuées au baron de Münchhausen (un personnage ayant réellement existé, Karl Friedrich Hieronymus, baron de Münchhausen [1720-1797], hâbleur et volontiers affabulateur) déclinent aussi le thème du voyage lunaire et de la découverte des Sélénites. Écrites d'abord en anglais par Rudolf Erich Raspe (1736-1794) en 1785, puis traduites en allemand – et sans doute largement augmentées et remaniées – l'année suivante par Gottfried August Bürger (1747-1794), ces aventures ont donné lieu à de nombreuses imitations et adaptations. Montés sur des vautours tricéphales, les Sélénites du Münchhausen de Bürger possèdent la faculté de séparer leur tête du reste de leur corps : ils la portent ordinairement sous leur bras droit, mais peuvent la laisser chez eux pendant que leur corps acéphale vaque à d'autres occupations, ou au contraire l'envoyer où bon leur semble pour glaner des informations. Et leurs yeux également sont ainsi amovibles à l'envi ! Ces natifs de la Lune y côtoient par ailleurs d'autres espèces extraterrestres, dont des « naturels de Sirius venus là pour affaires », des hommes à tête de bouledogue portant leurs yeux au bout de leur nez. Comme les Sélénites de Godwin et de Cyrano, tout ce beau monde affiche une taille gigantesque : 6 mètres pour les Siriens, plus de 10 pour les « habitants de la Lune », lesquels, ne connaissant pas la reproduction sexuée… poussent sur des arbres ! Nous sommes bien loin ici, on l'aura compris, d'une spéculation rationnelle ou plausible, même si le baron fictif conclut : « Je conviens, Messieurs, que tout cela doit vous paraître étrange ; mais je prie ceux qui douteraient de ma sincérité de se rendre eux-mêmes dans la Lune pour se convaincre que je suis resté plus fidèle à la vérité qu'aucun autre voyageur. »

L'avènement de la science-fiction moderne, dans la seconde moitié du XIXe siècle, va reprendre le thème du voyage vers la Lune, en imaginant cependant des moyens de locomotion parfois visionnaires, et des autochtones plus plausibles. Deux grands pionniers du genre s'emparèrent chacun à leur tour de ce sujet devenu classique. Jules Verne

(1828-1905), dans *De la Terre à la Lune* (1865) puis *Autour de la Lune* (1869), imagine le trajet à bord d'une fusée très proche des futurs lanceurs lunaires. Dans *Les Premiers Hommes dans la Lune* (1901), l'Anglais Herbert George Wells (1866-1946) fait preuve d'originalité dans l'imagination du procédé de propulsion : un matériau imaginaire, la « cavorite » (du nom de son inventeur Cavor, le héros du roman), métal fonctionnant comme un écran gravitationnel, donc capable d'annuler les effets de l'attraction terrestre. Les Sélénites y sont représentés comme une société de gros insectes vivant sous la surface de la Lune. L'année suivante, c'est le cinéma, invention encore toute fraîche, qui fait aux Sélénites l'honneur d'une première représentation animée, dans l'adaptation par Georges Méliès (1861-1938) du roman de Verne (où les Sélénites sont évoqués par les personnages comme une possibilité mais ne sont pas représentés), influencée aussi par celui de Wells. Dans ses croquis préparatoires, le père du cinéma de science-fiction les montre comme des êtres humanoïdes à tête d'oiseau et affublés de pinces, à l'aspect assez effrayant. À l'écran, incarnés par les acrobates des Folies Bergère costumés, il faut avouer qu'ils prêtent plutôt à rire (surtout à nos yeux blasés par des décennies d'effets spéciaux sans cesse plus spectaculaires et réalistes) !

Avant que le rêve ne devienne réalité en 1969, avec le premier alunissage humain lors de la mission Apollo 11, le thème du voyage lunaire connaîtra une de ses déclinaisons les plus populaires en bande dessinée, avec le doublé des aventures de Tintin du dessinateur et scénariste belge Hergé : *Objectif Lune* (1953) suivi d'*On a marché sur la Lune* (1954).

Si le voyage en fusée anticipe avec beaucoup de crédibilité les futures explorations spatiales, les héros ne rencontrent sur notre satellite aucune forme de vie – bien qu'ils découvrent dans une grotte de la glace et des stalactites, indice de la présence d'eau liquide par le passé. Hergé réservera toutefois la question extraterrestre à une autre aventure, *Vol 714 pour Sydney* (1968) : Tintin et ses compagnons y sont enlevés par une soucoupe volante, mais dans la noble intention de les sauver d'une éruption volcanique. Leurs ravisseurs-sauveurs venus d'ailleurs prennent néanmoins la précaution d'effacer de leur mémoire tout souvenir de cette péripétie, à l'exception de Milou, qui pense avec résignation : « Ah ! si je pouvais raconter tout ce que j'ai vu… Mais on ne me croirait pas. » Le fidèle chien de Tintin devient peut-être ici le porte-parole de bien des témoins anonymes qui n'osèrent jamais partager leur expérience !

En route pour Mars !

Après la Lune, le candidat privilégié aux spéculations sur l'existence d'une vie, voire d'une civilisation extraterrestre fut la planète Mars. Elle n'est pourtant pas la plus proche de la Terre, mais celle qui est notre voisine directe, Vénus, est trop proche du Soleil pour envisager qu'elle puisse abriter la vie. En 1877, Giovanni Schiaparelli (1835-1910), directeur de l'observatoire de Brera à Milan, dit avoir observé des canaux ou chenaux (*canali*) au tracé si régulier que certains y voient le témoignage d'une civilisation. L'existence et l'origine de ces canaux vont être le sujet de vives polémiques jusqu'au milieu du XXe siècle. Schiaparelli lui-même restera prudent quant à leur caractère naturel ou artificiel, et la traduction même de *canali* en « canaux » (ouvrages d'art) plutôt que « chenaux » (dépression, éléments de relief naturels) implique déjà une interprétation discutable en préjugeant l'existence d'une intelligence ayant présidé à leur construction.

L'astronome et vulgarisateur français Camille Flammarion (1842-1925), qui croyait fermement à la pluralité des mondes habités (il consacra un ouvrage à la question en 1862), ainsi que l'homme d'affaires américain et astronome amateur Percival Lowell (1855-1916), contribuèrent beaucoup à diffuser la théorie des canaux martiens, y voyant un système d'irrigation complexe construit par une civilisation dont les réserves en eau avaient fini par se tarir. Lowell fit même construire en 1894 un observatoire à Flagstaff (Arizona), entièrement consacré à l'observation de la planète rouge, ce qui lui permit d'obtenir en 1905 les premières photos de la surface martienne.

Les progrès de la télescopie puis de l'exploration planétaire montreront que ces canaux n'étaient que des artefacts, des illusions liées à l'observation et ne correspondant à aucune structure martienne réelle. Mais avant que les sondes lancées sur la planète et explorant son atmosphère puis son sol ne relèguent l'idée d'une vie martienne intelligente au rang de rêverie extravagante, les Martiens avaient détrôné les Sélénites dans les spéculations et les œuvres de fiction.

Grand admirateur de Jules Verne, Gustave Le Rouge (1867-1938) imagine dans *Le Prisonnier de la planète Mars* (1908) et sa suite *La Guerre des vampires* (1909) un voyage rocambolesque vers Mars. Le procédé choisi pour atteindre la planète rouge nous fait d'emblée comprendre que nous sommes loin ici de la science-fiction « sérieuse » basée sur des données scientifiques plausibles, sinon exactes (ce que l'on baptisera plus tard la « hard SF ») : le héros, Robert Darvel, y est envoyé par l'énergie psychique de milliers de fakirs rassemblés dans un monastère indien ! Il y découvre une société bien éloignée de celle des utopies lunaires de Godwin et Bergerac : les humains, semblables à leurs homologues terriens, y sont réduits en esclavage et relégués au rang de bétail par des vampires – des chauves-souris géantes à visage humain, elles-mêmes soumises à des pieuvres invisibles... On comprend que cet auteur injustement délaissé ait été salué par les surréalistes comme un « visionnaire scientifique » !

L'américain Edgar Rice Burroughs (1875-1950), plus connu pour être le « papa » de Tarzan, commence en 1912 à publier en feuilleton dans des revues *pulp* un roman qui paraîtra en 1917 sous le titre *Une princesse de Mars*. Il inaugura ainsi une série de onze romans dont la publication s'étala jusqu'en 1964, formant le *Cycle de Mars*. Ils mettent en scène plusieurs races martiennes, dont les deux principales sont les Martiens rouges, anthropomorphes, et les cruels Martiens verts, dotés de six membres et affublés de défenses. Bien qu'ils mesurent plus de 4 mètres (3 pour les femelles), ces grands Martiens verts sont peut-être à l'origine du mythe des « petits hommes verts » – bien qu'à notre connaissance aucun témoin ayant affirmé avoir rencontré des extraterrestres n'a mentionné cette couleur ! On retrouve aussi dans le cycle de Burroughs des Martiens blancs, jaunes et noirs, tous de forme plus ou moins humaine, et tous ovipares (dont les descendants se développent dans des œufs).

Explorateurs ou indigènes ?

On aura noté un fait marquant : jusqu'ici, les écrivains évoqués n'ont imaginé que le scénario où des visiteurs terriens rencontrent des extraterrestres en se rendant sur leur monde. Or c'est le schéma inverse qui nous intéresse ici, puisque c'est celui qui annoncerait ou anticiperait les visites d'ovnis. Si cette idée ne vient qu'assez tard aux auteurs de science-fiction, c'est sans doute qu'elle heurte plus encore le narcissisme des Terriens, qui préfèrent s'imaginer en conquistadores qu'en « sauvages » !

L'irruption de l'alien sur notre planète a été imaginée dès 1865, selon un scénario qui devance quelque peu l'incident de Roswell. Dans son roman d'anticipation, *Un habitant de la planète Mars*, Henri de Parville (nom de plume de François-Henri Peudefer [1838-1909] écrivain et journaliste de vulgarisation scientifique), décrit la dépouille d'un Martien momifié qui aurait été découvert dans un « aérolithe » (une météorite) tombé sur Terre « à une période géologiquement très ancienne » et déterré durant des fouilles destinées à rechercher du pétrole. Les vastes connaissances scientifiques de l'auteur et la présentation du roman comme une correspondance anonyme donnent à son récit un réalisme saisissant malgré le caractère extraordinaire des découvertes qu'il rapporte. Il imagine son Martien assez proche de nous, « haut d'à peine quatre pieds » (soit à peu près 1,20 mètre) mais avec un « cerveau triangulaire » (!), un « visage singulier en lame de couteau », « une sorte de trompe partant presque du front en guise de nez » et des « bras très longs, descendant jusqu'au-delà des cuisses ». Son origine martienne est trahie par un dessin gravé sur une plaque de métal ornant la capsule qui contenait sa dépouille et représentant les planètes du système solaire, avec la quatrième (Mars) d'une taille bien supérieure à la réalité (plus grosse même que le Soleil). L'auteur anonyme de la lettre en conclut : « que l'animal dont on venait de trouver si étrangement un spécimen, connaissait les planètes et était par conséquent un être pensant ; donc un homme. La grosseur honorifique accordée à la planète Mars au détriment des autres ne décèle-t-elle pas l'amour-propre de l'habitant, et en même temps les défauts moraux de l'espèce humaine interplanétaire ?

L'aérolithe, selon toute probabilité, provient donc bien de la planète Mars, notre voisine, du reste. Nous pouvons considérer comme hors de doute que les planètes sont réellement habitées et qu'elles le sont par des créatures qui peuvent se rapprocher beaucoup de celles qui sont sur Terre. »

Mais le récit de fiction décrivant l'arrivée des Martiens sur Terre qui frappa le plus les imaginations fut sans doute le roman d'H. G. Wells, *La Guerre des mondes* (1898 et traduit en français en 1917). Des Martiens affublés de tentacules y partent à la conquête de notre Terre aux commandes d'engins tripodes destructeurs, se nourrissant du sang des humains avant d'être vaincus par… les microbes terriens, contre lesquels leur système immunitaire n'était pas préparé ! Plusieurs fois adapté à l'écran, ce roman est devenu le modèle de toutes les histoires d'invasion qui ont foisonné par la suite dans la littérature et le cinéma de science-fiction. Il pose des questions qui préoccupent encore de nos jours certains ufologues et même un scientifique de renommée mondiale comme Stephen Hawking (1942-2018) : et si les extraterrestres étaient hostiles ? S'ils formaient le projet de nous coloniser, de nous asservir et de piller nos ressources ?

En 1938, l'adaptation en feuilleton radiophonique du roman d'H. G. Wells par son quasi-homonyme Orson Welles (1915-1985) défraya la chronique : on dit que de nombreux auditeurs crurent à l'annonce d'une réelle invasion martienne, au point de contraindre l'acteur-scénariste, qui n'était pas encore le célèbre réalisateur révélé trois ans plus tard par *Citizen Kane* (1941), à en arrêter la diffusion. On pense aujourd'hui que l'ampleur de ce phénomène de panique a été exagérée rétrospectivement, et pour une bonne partie par Welles lui-même !

À partir des années 1920, la science-fiction connaît un essor considérable, notamment aux États-Unis, où les nouvelles du genre fleurissent dans les *pulps*, ces revues populaires imprimées sur de la pulpe de papier bon marché. Plusieurs sont spécialisées dans le fantastique et la SF, comme *Amazing Stories* ou *Astounding Stories*. Les histoires d'extraterrestres y foisonnent, et passer en revue cette énorme production demanderait un travail considérable. Certains chercheurs n'ont pas manqué de noter parmi cette prose de qualité inégale et souvent médiocre l'apparition de thèmes qui allaient alimenter quelques années plus tard la chronique ufologique : les soucoupes et autres disques volants y sont décrits et même parfois représentés dans les illustrations de couverture, ainsi que les enlèvements d'humains par des E.T. qui se livrent sur eux à des expériences et des examens médicaux. Ainsi en 1929, dans *Amazing Stories Quarterly*, une nouvelle d'Edmond Hamilton (1904-1977), « L'autre côté de la Lune » (« *The Other Side of the Moon* »), dépeint l'attaque d'un groupe d'archéologues par des disques volants projetant des rayons verts. Les illustrations (couverture et intérieur) présentent une ressemblance frappante avec celles qui tenteront de représenter les soucoupes de la vague de 1947. Auteur de SF très prolifique (notamment avec sa série *Captain Future*, adaptée bien plus tard au Japon en dessins animés et diffusée en France sous le titre *Capitaine Flam*), Hamilton est même crédité par certains auteurs comme le premier, en 1927, à avoir désigné par le terme « soucoupes volantes » (*flying saucers*) des objets volants de forme ovoïde, mais nous n'avons pas retrouvé ce texte. Il faut préciser que, dès la fin du XIXe siècle, *flying saucer* était employé pour parler de cibles mouvantes d'entraînement au tir – nos « pigeons d'argile ».

On pourrait en conclure que les soucoupes volantes sont une pure création romanesque et que les témoins qui prétendent en avoir vu avaient trop lu de science-fiction. Il ne faut évidemment pas négliger l'influence de la culture populaire sur les observations supposées d'ovnis, qui ne fit que s'accentuer au fil des années, avec le développement du cinéma et la couverture médiatique autour des soucoupes volantes et autres petits hommes verts. Mais ce serait aller trop vite en besogne que de s'arrêter là. Les histoires d'extraterrestres, de soucoupes et d'invasion faisaient certes partie du paysage de la science-fiction avant d'apparaître dans les grands titres des journaux, mais cette thématique et cette imagerie étaient loin d'être massivement présentes : elles ne concernent que quelques nouvelles et illustrations dans un ensemble qui en compte des milliers. Il ne faut pas non plus exagérer l'influence d'un genre certes populaire, mais touchant un lectorat néanmoins assez marginal.

De plus les témoins de manifestations d'ovnis n'ont pas toujours le profil type du fan de SF, et les détails de leurs témoignages ne correspondant qu'assez rarement et partiellement aux descriptions des récits de SF.

Il reste que, même quand ils ne pilotent pas des soucoupes ou des vaisseaux aux formes étranges, les « aliens » alimentent volontiers dans la littérature de science-fiction une peur plus générale de l'inconnu, de l'Autre. L'exemple le plus emblématique est celui d'Howard Phillips Lovecraft (1890-1937). Ses récits sont en effet hantés par des entités venues d'une autre planète, voire d'une autre dimension, les *Great Old Ones* (les Grands Anciens). Annonçant ou anticipant la théorie des Anciens Astronautes, il fait de ces dieux-démons l'objet de cultes immémoriaux dont des survivances occultes cherchent à provoquer le retour. S'il ne se soucie guère de vraisemblance scientifique et n'affiche dans sa correspondance aucune croyance en l'existence des monstres qui composent sa mythologie littéraire, le style précis et réaliste de sa prose, qui se présente comme des articles de journaux ou des comptes rendus objectifs, donne à son œuvre une dimension de terreur cosmique qui, bien avant la vague paranoïaque qui marquera la production littéraire et cinématographique de la guerre froide, instille la peur de créatures venues d'ailleurs. Et, s'il ne dit rien de leurs moyens de locomotion, Lovecraft s'emploie à donner à ses *Great Old Ones* un aspect et une nature aussi peu terrestres que possible, bien loin des aliens plus ou moins humanoïdes qui peuplent la plupart des textes de science-fiction.

Quand le second conflit mondial toucha à sa fin, les extraterrestres de fiction avaient encore de beaux jours devant eux, et il serait fastidieux et souvent répétitif de continuer jusqu'à nos jours ce panorama des aliens imaginés (ce qui ne nous empêchera pas d'évoquer de nouveau quelques œuvres marquantes quand elles pourront illustrer ou clarifier notre propos). Il est temps de revenir à la question brûlante qui demeure au cœur du dossier ovnis : les phénomènes aériens inexpliqués observés un peu partout sur le globe depuis plus de soixante-dix ans sont-ils le signe que nos (lointains !) voisins galactiques nous ont bel et bien rendu visite ?

Et si c'était *eux* ?

Après ce tour d'horizon des aliens tels qu'ils sont apparus dans l'imagination et la réflexion des bipèdes terriens, revenons donc à cette année 1947 où tout a commencé – ou au moins où tout a basculé.

Comme nous l'avons dit, la possibilité d'une origine extraterrestre n'est pas envisagée d'emblée quand l'étrange rencontre de Kenneth Arnold fait les gros titres de la presse américaine. L'hypothèse qui vient d'abord à l'esprit est celle d'appareils soviétiques, ce qui n'est guère pour rassurer l'opinion : des aéroplanes communistes supersoniques aux performances inouïes qui survoleraient en toute impunité l'espace aérien des États-Unis ?

Quelle fut la réaction à cette éventualité dans les plus hautes sphères politiques et militaires américaines ? Ici la recherche de la vérité se heurte à l'inextricable lien entre le problème ovni et la chape de plomb du secret militaire. Malgré le *Freedom Of Information Act* (*FOIA*), qui contraint les administrations américaines à communiquer leurs documents à tout citoyen qui en fait la demande, le secret Défense peut toujours être invoqué pour contourner cette obligation. Mais pour demander la publication d'un document, faut-il encore en connaître l'existence !

De nombreuses pièces du dossier relatif aux observations d'ovnis qui se sont multipliées à partir de 1947 ont néanmoins été déclassifiées. Que nous apprennent-elles ? En premier lieu que l'armée et le gouvernement américains s'intéressaient de près à cette question. À cela on aurait pu aisément s'attendre, car on ne viole pas impunément l'espace aérien de la première puissance mondiale. Mais il apparaît surtout que l'armée semblait se trouver aussi désemparée que Monsieur Tout-le-Monde devant ces phénomènes inexpliqués. Le contre-espionnage n'ayant pu imputer à l'Union soviétique l'origine de ces appareils aux capacités inouïes, la piste extraterrestre s'est assez vite immiscée dans le vide laissé par l'incapacité à trouver une cause terrestre à ces phénomènes. Kenneth Arnold lui-même, interviewé à la radio en 1950, trois ans après son observation devenue historique, avait fini par se ranger à cette idée, résumant une position qui commençait à faire tache d'huile dans l'opinion : « En tant que citoyen américain, j'aurais tendance à penser que si ces objets n'ont pas été fabriqués par nos savants ou par notre armée de l'air, alors ils sont d'origine extraterrestre. »

Mais avant de se précipiter vers une conclusion aussi radicale, les autorités militaires américaines entendaient bien faire la lumière sur ces soucoupes qui pullulaient ainsi dans le ciel sans nuages de l'Amérique triomphante de l'après-guerre.

Cachez ces ovnis que je ne saurais voir ! Sign, Grudge et Blue Book, *quand l'armée américaine mène l'enquête*

Dès décembre 1947, l'USAF met sur pied le projet *Sign*, première mission d'étude scientifique du phénomène ovnis. Ce n'était pas la première fois que des militaires haut placés se penchaient sérieusement sur des manifestations aériennes mystérieuses : on se souvient que Winston Churchill avait commandité en 1912 une enquête sur les aéronefs fantômes. Et très peu de temps avant la déferlante des soucoupes volantes américaines, en 1946, le général américain Doolittle avait été envoyé en Scandinavie pour enquêter sur une série de « fusées fantômes » signalées en Suède et en Finlande (environ 2 000 entre mai et octobre de cette même année). Ces objets oblongs, comparés à des cigares ou des missiles, observés le plus souvent de nuit et parfois repérés par les radars, semblaient souvent se poser ou exploser en vol, sans laisser aucune trace, débris ou cratère d'impact au sol. Déjà, la piste privilégiée était celle de fusées ou de missiles expérimentaux russes, mais leur comportement étrange soulevait bien des questions.

Quoi qu'il en soit, le projet *Sign* représente la première prise en compte sérieuse et durable de la question ovni par les autorités militaires. Il ne s'agissait pas d'un projet secret, mais d'un projet d'accès restreint. Outre des ingénieurs et experts militaires, le projet, dirigé par le commandant Robert R. Sneider, fait appel à des consultants scientifiques civils. Parmi eux figure l'astronome Josef Allen Hynek, chargé de déterminer si les rapports d'ovnis n'étaient pas en réalité des phénomènes célestes bien connus (météorites, astres, etc.).

Les membres du projet se mirent au travail dès janvier 1948, et eurent très vite du pain sur la planche. Car la pluie d'ovnis ne semblait pas vouloir se tarir : le 7 janvier 1948, l'affaire prit même un nouveau tournant avec la première « victime » du phénomène ovnis, Thomas Mantell. Ce capitaine de l'USAF avait été envoyé, avec deux autres pilotes de son escadrille, à la poursuite d'un objet rond, lumineux et apparemment de grande taille, signalé en début d'après-midi (13 heures) au-dessus de Madisonville (Kentucky), puis repéré trois quarts d'heure plus tard survolant la base aérienne militaire de Godman, où Mantell était en poste. Celui-ci parvient à rattraper l'ovni, décrivant à la tour de contrôle un objet apparemment métallique et « terriblement grand » – il estime sa taille à « 170 mètres de circonférence » (le pilote a-t-il confondu avec le diamètre, plus facile à évaluer à l'œil nu ?) –, situé au-dessus de son avion et prenant de l'altitude. Il décide de le suivre jusqu'à 6 000 mètres, mais après une accélération foudroyante – qui sera la signature de nombreuses manifestations d'ovnis à travers le monde dans les années suivantes –, l'objet disparaît soudainement. Les deux autres membres de l'escadrille dont il a le commandement décident d'abandonner la chasse, mais Mantell continue. Cette persévérance lui sera fatale : la base perd très vite le contact radio avec son chasseur P-51 Mustang, dont les débris seront retrouvés plus tard dans la journée, éparpillés sur plusieurs kilomètres carrés, à près de 150 kilomètres de sa base. L'enquête établira que le capitaine, dont le corps fut retrouvé parmi les fragments de l'épave, avait perdu connaissance vers 7 500 mètres, suite à une défaillance de son système d'approvisionnement en oxygène, puis était tombé en piqué vers le sol, les instruments de bord indiquant une altitude maximale de 9 000 mètres.

Si cette version fut contestée par la suite par de nombreux ufologues, qui imputent le crash de l'appareil de Mantell à une attaque de l'ovni (ou d'un autre), rien ne permet d'y voir réellement autre chose qu'un drame de l'aéronautique parmi tant d'autres. Mais qu'en est-il de cet objet que l'aviateur avait poursuivi jusqu'à en perdre la vie, et qui fut de nouveau signalé par des témoins dans plusieurs villes voisines du Kentucky ? Les enquêteurs du projet *Sign* conclurent qu'il s'agissait de la planète Vénus, qui était effectivement visible en plein jour à cette date. Que penser alors des derniers propos de Mantell sur l'apparence et la taille de l'ovni ? Sa panne d'oxygène avait-elle déjà commencé, l'asphyxie altérant sa perception et provoquant des hallucinations ? Une autre explication fut présentée plus tard par l'armée : le chasseur P-51 aurait poursuivi, et peut-être percuté, un ballon-sonde stratosphérique lâché par la marine à Clinton (Ohio).

Le 10 décembre 1948, le Pentagone publie le rapport d'étape (*Estimate of the Situation*) du projet *Sign*, concluant que les cas d'ovnis rapportés étaient soit des illusions ou des confusions avec des phénomènes naturels, soit des appareils soviétiques employant une technologie inconnue. Mais derrière cette façade apparemment impassible et imperméable à l'HET, des tensions fissuraient la belle unité du projet. Plusieurs de ses membres se montraient de plus en plus convaincus que seule une origine extraterrestre pouvait expliquer nombre des observations d'ovnis. Un premier rapport, également intitulé *Estimate of the Situation*, aurait d'ailleurs été rédigé par les membres de *Sign*, présentant des conclusions diamétralement opposées à celles de la version officielle : les performances aéronautiques exhibées par plusieurs ovnis, qui par ailleurs n'avaient pas pu être confondus avec des phénomènes naturels, faisaient de l'origine extraterrestre l'hypothèse la plus probable ! Mais ce texte aurait été catégoriquement rejeté par l'État-Major de l'Air Force, et purement et simplement détruit. Toujours est-il que le 18 décembre, une semaine à peine après la publication du rapport officiel, le projet *Sign* est dissous, et remplacé par le projet *Grudge*.

Avec ce changement de nom s'annonce un changement de cap dans le traitement du dossier ovnis par l'armée. La tendance sceptique gagne nettement du terrain, et toute velléité de reconnaître une quelconque validité à l'HET est rejetée. Le personnel de la nouvelle commission d'enquête aurait d'ailleurs été sélectionné à cette fin, les membres de *Sign* trop favorables à l'idée d'une visite extraterrestre ayant été écartés. Lancé en février 1949, le projet *Grudge* publie dès le mois d'août de la même année un rapport encore plus radicalement « anti-ET » que le rapport officiel de *Sign*. Ses conclusions ne laissent même pas place à la reconnaissance de cas inexpliqués, qui selon les rapporteurs sont le fruit d'affabulations, d'hallucinations, de canulars ou de phénomènes d'hystérie collective. En un mot, c'est le triomphe de ce que l'on appellera plus tard la théorie sociopsychologique du phénomène ovnis, selon laquelle les ovnis ne sont que dans la tête de ceux qui prétendent les avoir vus.

Beaucoup accuseront par la suite l'armée américaine d'avoir voulu « enterrer » le dossier ovnis avec le projet

Grudge. Sans verser dans les excès conspirationnistes, on peut légitimement s'interroger sur les motivations d'une telle décision. Le Pentagone (et la Maison-Blanche ?) voulait-il éviter des mouvements de panique et limiter la psychose liée aux extraterrestres ? Se débarrasser d'une question gênante et insoluble ?

Quoi qu'il en soit, les choses n'en restèrent pas là. Alors qu'il semblait s'être assoupi sur ce *statu quo* (et en effet, pourquoi enquêter sur un phénomène dont on a affirmé clairement le caractère illusoire ?), le projet va connaître un nouveau changement de cap en septembre 1951, quand la direction en est confiée au capitaine Edward J. Ruppelt – oui, « l'inventeur » du sigle UFO, en tout cas celui qui entérina son usage dans les documents officiels !

Le projet fut de nouveau rebaptisé et devint *Project Blue Book*, et Ruppelt, qui se montra par la suite très critique vis-à-vis du parti pris sceptique de ses prédécesseurs de *Grudge*, employa son équipe fraîchement émoulue à reprendre les investigations sans *a priori*.

Après tant de péripéties et de revirements, *Blue Book* fut finalement la commission d'enquête la plus durable mise en place par le haut commandement américain sur la question des ovnis. Entamées en avril 1952, ses activités se poursuivirent jusqu'en 1969. Mais elle fut aussi la dernière…

De nouveau la question se pose des raisons de ce nouveau changement d'orientation dans le traitement du dossier ovnis par le Pentagone. La raison le plus souvent invoquée est la recrudescence des observations vers 1951. Visiblement, le rapport de *Grudge* n'avait pas convaincu les « ufonautes » – ainsi que l'on nomme parfois les supposés pilotes de ces engins inconnus et mystérieux –, qui persistaient à se manifester aux citoyens américains ! Et l'opinion attendait plus du gouvernement et de l'armée qu'une dénégation (pour ne pas dire déni) de principe : des enquêtes, et surtout… des réponses !

Or l'hypothèse de visites extraterrestres avait depuis longtemps dépassé le stade de la rumeur. Le président américain Harry Truman (1884-1972) n'avait-il pas lui-même déclaré le 4 avril 1950 dans une conférence de presse : « Je peux vous assurer que les soucoupes volantes, pour autant qu'elles existent, n'ont pas été construites par une quelconque puissance sur cette Terre. » Tout en cultivant le doute sur leur existence, Truman écartait ainsi tous les soupçons de projets militaires secrets, qu'ils soient soviétiques ou américains. Ce qui ne laissait clairement que deux alternatives : ou bien les « soucoupes » n'existaient tout simplement pas – ce qui était la position officielle exprimée par le rapport ou projet *Grudge* –, ou bien elles étaient réelles, et alors… elles venaient « d'ailleurs ».

Naissance de l'ufologie

Au début des années 1950, le débat qui opposait les « pélicanistes » sceptiques et les « soucoupistes » s'était donc figé autour d'une question centrale et simple : les ovnis existaient-ils vraiment, étaient-ils la manifestation d'objets réels ? Face à la position officielle de l'armée, clairement favorable à la réponse négative, un livre publié en 1950 fit l'effet d'une bombe : *The Flying Saucers are Real* (« Les soucoupes volantes sont réelles », traduit en français en 1954 sous le titre *Le dossier des soucoupes volantes*) de Donald Keyhoe (1897-1988). Pilote, major retraité de l'aviation américaine, il avait commencé une reconversion dans l'écriture en publiant, en 1928, un premier livre célébrant les exploits de l'aviateur Charles Lindbergh qu'il avait accompagné l'année précédente dans sa tournée de 48 États faisant suite à sa traversée de l'Atlantique. Il avait également signé de nombreux textes de fiction dans des *pulps* comme *Weird Tales* (dans une veine plutôt fantasy/SF) ou *Flying Aces* (qui était spécialisé dans les aventures aéronautiques, mais teintées aussi de fantastique ou de surnaturel), ainsi que des articles dans divers journaux plus « sérieux » comme *The Saturday Evening Post.* En 1949, espérant tirer profit des contacts qu'il avait gardés dans l'armée pour contourner le mur du silence qui s'était abattu autour du phénomène, le magazine populaire *True* confia à Keyhoe un article sur le sujet des ovnis. À mesure que son enquête progressait, l'ancien aviateur fut rapidement convaincu que les phénomènes rapportés étaient réels, et qu'ils témoignaient de la visite de notre planète par des entités étrangères. Développant l'article écrit pour *True*, paru en janvier 1950 (*Flying saucers are real*), son livre était le premier à énoncer aussi ouvertement l'HET. Si le passé de pilote de guerre et les relations de l'auteur dans les milieux militaires lui donnaient une crédibilité certaine, son autre casquette, celle d'auteur de fantasy-SF, prêtait le flanc aux sarcasmes de ses détracteurs. Pour eux la boucle était bouclée : les soucoupes volantes avaient été inventées par les romanciers de science-fiction, il était donc naturel que ce soit l'un d'eux qui prétende révéler leur existence !

Mais Keyhoe ne se contentait pas d'affirmer que les soucoupes volantes étaient des engins d'origine extraterrestre. Il ajoutait ce que nombre de ses contemporains commençaient sans doute à soupçonner sans pour autant l'avoir formulé aussi ouvertement, que l'USAF était parfaitement au courant de ces visites interplanétaires et qu'elle les dissimulait à l'opinion publique. En résumé, l'aviateur-écrivain venait de jeter un beau pavé dans la mare ! Il inaugura surtout la pratique d'une recherche alternative sur les phénomènes ovnis, privée, indépendante aussi bien des organismes étatiques et militaires que des institutions scientifiques, et qui sera désignée quelques années plus tard sous le terme « ufologie ».

Les observations continuent

L'HET fut d'autant plus facilement accueillie que l'attitude de dénégation, de dissimulation même adoptée par le Pentagone était devenue proprement intenable. Car les témoignages continuaient d'affluer de tout le territoire des États-Unis… avec une apparente prédilection pour les sites militaires, en particulier ceux liés aux installations nucléaires. Une conférence secrète fut même tenue le 16 février 1949 à Los Alamos (Nouveau-Mexique), la base qui avait hébergé le fameux projet *Manhattan* à l'origine de la première bombe atomique. Réunissant des militaires, des agents fédéraux et des scientifiques, cette rencontre visait à faire le point sur des phénomènes inexpliqués observés à plusieurs reprises, notamment à proximité d'installations « sensibles » (bases militaires, sites d'armement nucléaire). Déclassifié en 1975, le compte rendu de cette conférence écarte l'hypothèse de météorites, au moins pour certaines des nombreuses observations recensées jusqu'en 1951 – parfois des dizaines de boules vertes signalées dans la même soirée.

Des événements de ce type, rapportés par des témoins multiples et sérieux, et s'étendant parfois sur plusieurs jours, rendent de moins en moins crédible l'hypothèse de l'illusion ou de la confusion. Le 19 août 1949, un puissant projecteur allumé à l'occasion d'un carnaval à Norwood (Ohio) révèle un objet fortement réfléchissant, de forme discoïde, immobile et apparemment d'une taille gigantesque. Une centaine de témoins, dont des policiers, confirment la présence de cet ovni jusqu'au lendemain matin. Il va être de nouveau signalé à une dizaine de reprises jusqu'en mars 1950, et le 23 octobre 1949, des témoins affirmèrent avoir vu deux objets plus petits et triangulaires se détacher de l'ovni principal. La taille de celui-ci, estimé à une altitude de 6 à 8 kilomètres lors de sa première apparition, est évaluée par un physicien de l'université de Cincinnati (la grande ville la plus proche) à environ… 3 kilomètres ! Ballon-sonde, effet d'interférence avec le projecteur d'un théâtre : toutes ces hypothèses seront abandonnées devant la répétition et les caractéristiques du phénomène.

C'est sans doute le premier cas d'ovni « géant » de la chronologie ufologique qui suggérerait l'existence d'appareils volants aux dimensions dépassant l'entendement, et même l'imagination. Mais il faut préciser qu'en l'absence de repères, les erreurs d'appréciation peuvent être énormes quant à la taille des objets observés. Plutôt qu'en termes de taille, il faudrait l'exprimer ici en « taille angulaire », c'est-à-dire en taille apparente. Le Soleil et la Lune par exemple, de dimensions très différentes, nous apparaissent sur Terre avec des tailles semblables, du fait de leurs distances respectives à notre planète. Mais si l'objet de Norwood n'avait pas les dimensions gigantesques qu'on lui a prêtées, comment autant de personnes, pour beaucoup dignes de foi et sans doute pour la plupart saines d'esprit, ont-elles pu se tromper à ce point ? Et au demeurant, de quoi s'agissait-il ? Un phénomène naturel ou anodin (et, encore une fois : lequel ?), mal interprété et amplifié par l'effet d'entraînement du groupe ou l'influence des médias (qui, dans ce cas précis, semble s'être limité à la presse locale), a-t-il pu produire l'illusion de cet ovni monstrueux ?

On comprend qu'en ce début des années 1950, les regards anxieux des citoyens américains se soient tournés plus que de raison vers des cieux où, décidément, il semblait bien se passer quelque chose de peu ordinaire.

– 5 –

ÉCHANGES ?

« Vous qui trouvez ce message » : plaques à destination des ET

Bienvenue à vous…

En cette année 2019, nous commémorons les premiers pas de Neil Amstrong sur la Lune.

Pour célébrer le souvenir d'*Apollo 11* (21 juillet 1969), la NASA a décidé de lancer une mission baptisée *Sanctuary*.

Seront déposés, non loin du site où ont aluni en 1972 les astronautes du module de commande d'*Apollo 17*, dernière mission au cours de laquelle des hommes ont posés le pied sur la Lune, des disques de saphir.

De quoi s'agit-il ?

Grâce à ces 17 disques, les éventuels « visiteurs » pourront capter de plus près qui sont les véritables habitants de la planète Terre. Ces précieux objets contiendront des graphiques montrant l'Homme et la Femme, cependant la NASA ne s'arrêtera pas là !

Dans ces fameux disques, il y aura également tout ce qui touche aux sensations des humains sur Terre : le goût, l'odorat, la vue bien sûr, sans oublier les perceptions sonores.

Et là, les ingénieurs et autres « anticipateurs » de Houston et de Cap Kennedy ne s'y sont pas trompés.

Parmi toutes les musiques du monde, ils ont choisi le 23e concerto pour piano et orchestre de Wolfgang Amadeus Mozart… Juste retour des choses pour ce compositeur qui est descendu sur Terre sur les ailes d'un ange.

Nous revient en mémoire la phrase prononcée par Joseph Haydn à Léopold Mozart (père de Wolfgang) : « De vivant ou de réputation, je tiens votre fils Wolfgang pour le plus grand musicien de l'histoire passée, présente et à venir, et ce jusqu'à la fin des temps. »

Et c'est précisément ce message dans la durée que tient à souligner la NASA. Croyez-vous honnêtement que s'il n'y avait pas quelque chose ou quelqu'un, les plus grands scientifiques du monde perdraient leur temps dans de telles balivernes ?

En cette année anniversaire, il s'agit peut-être du plus beau témoignage qui soit.

Là où l'imagination et la poésie jouent également leur rôle.

N'est-ce pas là, l'essentiel du genre humain… ?

Et si… le comité d'accueil laissait à désirer ?

Bienvenue aux aliens… dans le bassin d'Arcachon ! L'ovniport d'Arès (Gironde)

Ah, le bassin d'Arcachon… Située sur la côte landaise, à une soixantaine de kilomètres de Bordeaux, cette vaste lagune est une des destinations les plus prisées des estivants et des touristes pour ses plages de sable fin, ses eaux protégées des caprices de l'Atlantique qui permettent de goûter les joies de la plaisance et des sports nautiques sans les inconvénients de la pleine mer, son doux climat, ses parcs à huîtres et… son ovniport ! Situé sur la petite commune d'Arès (Gironde), en bordure nord de la célèbre lagune landaise, c'est le premier site terrestre officiellement consacré à l'accueil des visiteurs en provenance d'une autre planète. Il est né de l'imagination de Robert Cotten, dit « Bob », alors ingénieur électronicien à l'aéroport de Bordeaux-Mérignac. Passionné de phénomènes célestes, il se fait la réflexion que si les ovnis se manifestent si rarement et si furtivement, c'est peut-être faute des infrastructures nécessaires pour les accueillir et assurer aux ufonautes un atterrissage dans des conditions optimales. Il propose donc au maire de sa commune d'Arès de remédier à cette lacune en construisant le site adéquat, le premier « ovniport » au monde. Le projet est validé par le conseil municipal et l'inauguration a lieu le 15 août 1976, à l'occasion de la célébration de la IIIe fête de l'Huître locale.

Il faut dire que cette première mondiale n'a pas dû alourdir outre mesure le modeste budget de la municipalité : il ne s'est agi, au départ, que d'une simple aire d'atterrissage, agrémentée plus tard d'une manche à air et de balises prêtées par l'aéroport de Mérignac (où travaillait Bob Cotten). Une plaque de marbre, dévoilée en 2006, a immortalisé l'événement, et des panneaux d'informations précisent que les touristes interstellaires sont exemptés de toute taxe d'atterrissage, et qu'ils sont cordialement invités à profiter des activités proposées par la commune, comme le tournoi de pétanque. En 2010, une sculpture représentant un engin spatial inspiré par les illustrations des romans de Jules Verne avait été inaugurée sur le site de l'ovniport. Dégradée par les assauts de l'air marin, elle a été remplacée en 2016 par une soucoupe volante digne de *La soupe aux choux*. Ornée de dessins de planètes et de soucoupes volantes, la stèle commémorative rappelle que « ce site a été réservé, par décision de M. le maire Christian Raymond, approuvée par le conseil municipal, pour accueillir sur notre planète les Voyageurs de l'Univers », et que « Bob Cotten et un honorable groupe d'Arésiens sont à l'origine de cette initiative reconnue du monde entier ». Mais elle exprime aussi, en majuscules et en occitan gascon s'il vous plaît, un regret qui sonne presque comme un reproche à l'endroit des ufonautes – et sans doute aussi une pique adressée aux ufologues défenseurs de l'HET : « QUE VOS ATTENDEM TOTJORN » (« Nous vous attendons toujours ») !

Cette initiative bon enfant ne se prenait évidemment pas au sérieux, et les édiles locaux avaient bien pressenti l'attrait touristique que pouvait représenter cette curiosité. Elle venait aussi à point nommé pour détourner l'attention des amateurs d'étrange d'une autre « attraction » arésienne bien plus dérangeante : l'implantation d'un groupe ésotérique, les « Pèlerins d'Arès », réunis autour du visionnaire mystique Michel Potay (né en 1929) et de sa maison d'Arès où il disait avoir reçu sa révélation de Jésus (*L'Évangile donné à Arès*, 1974), puis de Dieu lui-même (*Le Livre*, 1978 ; *La Révélation d'Arès*, 1983). En 2005, le groupe a été classé par la Mission interministérielle de vigilance et de lutte contre les dérives sectaires (MIVILUDES) comme « mouvement guérisseur d'inspiration religieuse », alors qu'une association qui en émanait avait été classée en 1995 par la Commission parlementaire sur les sectes parmi les sectes apocalyptiques potentiellement dangereuses, avant d'être dissoute en 2001. Secte ou mouvement spirituel, il demeure qu'à l'époque de la première « révélation », en 1974, quand les pèlerins commencèrent à affluer à la « Maison de la Sainte Parole », ils représentaient sans doute un voisinage dérangeant pour certains arésiens. L'implantation de l'ovniport n'éloigna pas les Pèlerins, qui continuent de se rendre à Arès tous les étés, mais il détourna peut-être la curiosité des touristes vers un site moins controversé.

Mais en dehors de cette hypothèse du « contre-feu paranormal », pourquoi cette première mondiale dans un lieu si improbable ? Le bassin d'Arcachon n'était pas, avant l'implantation de cet ovniport, particulièrement réputé comme « coin à ovnis », et c'est au contraire parce que les ufonautes s'y faisaient désirer que l'idée germa dans l'esprit original de Bob Cotten. Et depuis l'inauguration, le message est-il passé auprès des voyageurs du cosmos, faisant mentir le message d'espoir et de dépit inscrit sur la stèle ? On a pu le penser quand, le 19 juin 1978 à 1 h 30 du matin, deux jeunes gens de 17 et 18 ans se précipitèrent, paniqués, dans la boulangerie de Gujan-Mestras (Gironde), au sud du bassin d'Arcachon (donc sur la rive opposée à Arès et son ovniport). Ils expliquèrent au boulanger, qui préparait sa fournée et crut d'abord avoir affaire à deux plaisantins, qu'alors qu'ils étaient arrêtés au bord de la route pour réparer le clignotant de leur voiture, ils avaient soudain été plongés dans l'obscurité : l'éclairage public de la ville venait de se couper net autour d'eux ! Ils entendirent au même moment un vrombissement, un grondement sourd, mais puissant (qu'ils comparèrent, l'un à un tremblement de terre, l'autre à un choc d'avions), puis virent dans le ciel un objet lumineux, rouge orangé, entouré de flammes blanches et de forme ovale, volant dans leur direction à une altitude qu'ils estimèrent à 300 mètres. L'un des témoins dit avoir « perdu le souffle » et s'être presque évanoui sous le choc. Le PAN s'était éloigné en prenant de l'altitude et la lumière des lampadaires revint presque aussitôt. Les deux amis se ruèrent ensuite, visiblement bouleversés, vers la boulangerie, seule boutique éclairée des environs. Or les deux adolescents ne furent pas les seuls à voir ce surprenant phénomène : à peu près au même moment, non loin de là, un étudiant (qui déclara dans sa déposition à la gendarmerie connaître les deux autres témoins et reconnut par ailleurs s'intéresser aux ovnis) avait lui aussi été surpris par un phénomène semblable. Un automobiliste et sa famille virent aussi une boule orange alors qu'ils roulaient sur RN 113 en direction de Bordeaux et à la hauteur de La Réole, une commune située à plusieurs dizaines de kilomètres de Gujan-Mestras. La corrélation entre les deux observations n'a pas été établie avec certitude.

Cette observation *a priori* sans grand intérêt a cependant retenu l'attention de plusieurs ufologues et enquêteurs, à cause d'un détail intéressant : l'extinction de l'éclairage public et son rétablissement quasi instantané lorsque le phénomène lumineux s'est éloigné. Deux anciens directeurs du GEPAN (puis SERPA), Claude Poher et Jean-Jacques

Velasco, dans leurs ouvrages respectifs, ainsi que l'ufologue Jacques Vallée à la conférence de Pocantico sur les ovnis en 1997, présentèrent le cas comme une occasion de mesurer la puissance lumineuse rayonnée par un ovni. Mais la description du phénomène lui-même et le temps orageux qui régnait ce soir-là ont amené le GEIPAN à le classer finalement dans la catégorie B, soupçonnant sans pouvoir l'établir avec certitude un phénomène atmosphérique de type « foudre en boule » (une autre interprétation émanant du mouvement zététique, dont nous parlerons plus loin, penche plutôt pour la rentrée atmosphérique d'une météorite). Notons que, même s'il était avéré qu'il s'agissait bien d'un phénomène météorologique ou astronomique rare, les témoignages recueillis seraient des plus intéressants pour progresser dans sa connaissance. Pourquoi l'éclairage public s'est-il éteint ? Est-ce, comme le pensent les auteurs précités, la luminosité du phénomène – quel qu'il soit par ailleurs – qui a agi sur les cellules photoélectriques des réverbères, conçus pour s'éteindre quand la lumière ambiante atteint un certain seuil ? Ou s'agit-il d'une perturbation électromagnétique comme celles que l'on rencontre souvent dans les récits des observations d'ovnis ? Preuve supplémentaire, s'il en fallait, que le phénomène ovnis, quelles que soient par ailleurs les hypothèses que l'on échafaude à son propos et l'attitude, sceptique, ouverte ou naïve que l'on adopte à son égard, a beaucoup à nous apprendre – et pas forcément ce à quoi l'on s'attend…

Fait assez rare dans les annales ufologiques, surtout en France, une observation de PAN a de nouveau été rapportée dans la même ville de Gujan-Mestras, en 2015 !

Le cas a lui aussi été classé parmi les « PANs B » (probablement élucidés) et ne serait dû qu'à la conjonction des planètes Mercure et Vénus, particulièrement lumineuses à cette date. On en vient tout de même à se demander si l'ovniport arcachonnais ne finit pas par attirer les ovnis – ou à tourner vers le ciel plus que de raison les regards des riverains de la lagune…

Astroports sud-américains

Quoi qu'il en soit, l'idée farfelue, mais sympathique, de l'électronicien de Mérignac et du maire d'Arès est encore à ce jour une attraction touristique originale et fait partie du patrimoine culturel de la région – une association locale a même organisé en 2014 un festival « Ovni-rock » qui a connu au moins trois éditions successives. Et l'exemple arésien a fait des émules dans le monde entier, puisque deux villes sud-américaines lui ont emboîté le pas. En 2002, la petite ville brésilienne de Bocaiúva do Sul exprime son désir de se doter à son tour d'un ovniport. Son maire, Elcio Berti, déclarait alors le plus sérieusement du monde : « Cela fait quatre ans que je travaillais sur ce projet avec des ufologues et des extraterrestres et ils m'ont autorisé à le rendre public le jour où la commune fête ses 131 ans » ! Il affirmait en effet que le projet d'une aire d'atterrissage de 30 000 m^2, signé « MXT1L2W », lui avait été remis en main propre par un extraterrestre. Un représentant de l'État de Paraná, auquel appartient Bocaiúva, avait commenté : « Ou le maire est fou, ou bien il est fort en publicité. » Ce personnage haut en couleur et controversé – notamment pour ses mesures natalistes pour le moins drastiques (interdiction des préservatifs et distribution d'un « Viagra du maire » à base de cacahuètes !) et des déclarations homophobes – est mort en 2009 sans avoir pu réaliser son rêve – mais s'agissait-il d'un projet sincère ou d'une simple opération de communication ?

Un phare et un mémorial pour les aliens

Si le Brésil attend encore son ovniport, il s'est en revanche bel et bien doté du premier phare cosmique de l'histoire ! Depuis 2001, une tour coiffée d'une sculpture en forme de soucoupe volante surplombe la ville de Varginha. Illuminé toutes les nuits, cet étrange monument commémore un des événements les plus marquants de la chronologie ufologique, survenu en 1996 dans cette localité de quelque 120 000 habitants située au nord de Rio de Janeiro, connue depuis comme le « Roswell brésilien ». Dans la nuit du 19 janvier, un couple d'agriculteurs voit évoluer un objet volant en forme de sous-marin qui semble sur le point de s'écraser. Le lendemain matin, les pompiers sont avertis de la présence d'un animal étrange dans un parc de la ville. Ils se rendent sur place, où l'armée est déjà présente. Une créature est bien capturée, mais certains témoins présents sur place affirment qu'il ne s'agissait pas d'un animal terrestre connu. Plus tard dans la journée, trois jeunes femmes âgées de 14 à 22 ans, deux sœurs et leur amie, qui avaient pris un raccourci par une zone abandonnée en rentrant du travail tombent nez à nez avec un petit être d'aspect humanoïde, d'environ 1,50 mètre de haut, nu, à la peau brune et aux yeux rouges, doté d'une bouche très fine et de deux trous en guise de nez. Gisant le long d'un mur, il semble blessé, mais vivant. Son crâne chauve et nu présente trois protubérances, que les témoins effrayés interprètent comme les cornes du diable. Elles s'enfuient à toutes jambes et courent prévenir la mère des deux sœurs, qui se rend sur les lieux avec une voisine. La créature a disparu, mais à l'emplacement signalé par les jeunes filles, elles constatent des traces d'un sang noirâtre et malodorant.

La suite des événements défie l'imagination même des auteurs de science-fiction les plus féconds. D'autres témoins prétendent avoir vu ces aliens anthropomorphes, et c'est une véritable panique qui s'empare alors de la ville. Difficile dès lors de faire la part des rumeurs et des faits réels. Les pompiers auraient capturé un autre de ces naufragés de l'espace, et des militaires les auraient poursuivis jusque dans la forêt, où ils auraient ouvert le feu. Des témoins ont déclaré avoir vu des soldats ressortir avec des sacs, et les transporter vers l'hôpital local. Pendant plusieurs heures, celui-ci est fermé au public ainsi qu'aux employés, et une intense activité y règne, impliquant policiers, soldats, pompiers, médecins civils et militaires. Se sont-ils livrés à des autopsies sur les corps des extraterrestres, ont-ils cherché à sauver ceux qui avaient été blessés pendant les événements ? On parle d'un intense trafic de camions bâchés non immatriculés entre l'hôpital Humanitas, l'hôpital universitaire de Campinas et l'université de São Paolo. La présence de militaires américains est également rapportée. Enfin, un jeune policier qui aurait participé à la traque des aliens décède peu après d'une infection subite, que certains ufologues imputent au contact avec des microbes extraterrestres.

Malgré de nombreux témoignages et la concordance de faits si étranges et inquiétants, l'armée et le gouvernement brésiliens ont tout nié en bloc, déclarant que les trois jeunes femmes n'avaient vu qu'un SDF en détresse, et que tous les autres événements n'étaient nés que de la rumeur et de la psychose collective. Tous les éléments sont dès lors réunis pour construire une légende ufologique : intervention de l'armée – brésilienne, mais aussi américaine – qui « étouffe l'affaire », mise au secret et périmètres de sécurité, escamotage des indices – les débris de l'astronef recueillis et transférés vers un lieu tenu secret, comme à Roswell… Et comme dans la désormais célèbre ville du Nouveau-Mexique, une fois passés l'émoi et la psychose, c'est le potentiel touristique de « l'incident » qui est resté, décliné sous la forme de statues d'aliens éparpillées dans la ville et inspirées des descriptions des trois témoins principaux, d'arrêts de bus en forme de soucoupe, jusqu'à l'érection en 2001 du monument immortalisant les événements, la *Nave Espacial de Varginha* (« vaisseau spatial de Varginha »). Celui-ci présente une utilité toute terrienne, puisqu'il s'agit d'un château d'eau, dont la soucoupe qui le surmonte abrite le réservoir ! Mais ce fanal éclairant les nuits de Varginha est aussi censé prévenir tout nouveau crash d'ovnis dans la région. Sage précaution…

Projets cosmiques, budgets… astronomiques !

Un nouvel astronef est encore venu s'ajouter au patrimoine culturel de Varginha : un « Mémorial de l'Extraterrestre » (*Memorial do ET*), construction de 500 m^2 en forme de soucoupe géante flanquée d'une fusée. Mais ce projet, qui aurait dû mettre définitivement la ville brésilienne en concurrence avec Roswell comme capitale mondiale des ovnis, n'est pour le moment qu'un monumental… gaspillage ! Imaginé dès 2008 et mis en chantier en 2010, il avait été abandonné faute de fonds en 2011, puis relancé en 2015, avant d'être de nouveau gelé… Le site devait accueillir un observatoire astronomique, un musée de l'ufologie et un centre de documentation sur les événements de 1996. Après tous ces déboires et de nombreux retards de livraison de la part des entreprises mandatées, le bâtiment – dont la construction a coûté la bagatelle de 1,3 million de *reais* (375 000 dollars), et à peu près autant pour l'achat du terrain – a bien été achevé, mais sans aucun des équipements et aménagements prévus, il n'est à l'heure actuelle qu'une coquille vide laissée à l'abandon, vandalisée et souillée au point de faire fuir les rares touristes qui s'y aventurent. Les extraterrestres peuvent décidément nous coûter bien cher !

Un ovniport dans le triangle des Bermudes ?

La ville de Lajas, une commune de Porto Rico, a aussi été pressentie pour accueillir les engins venus d'ailleurs. L'initiative émanait d'un professeur de mathématiques nommé Reynaldo Rios, qui prétendait avoir été contacté par des ET, avec lesquels il disait communiquer depuis son enfance. En 2007, le maire de Lajas, Marcos Irizarry, déclarait avoir donné son feu vert pour la construction d'un ovniport, sans toutefois que la commune participe à son financement. Le site était pour ainsi dire idéal : Porto Rico occupe en effet un des sommets du fameux « triangle des Bermudes », que l'on soupçonne d'être le théâtre de nombreux phénomènes insolites, parmi lesquels on évoque presque inévitablement des visites de vaisseaux extraterrestres. Des observations d'ovnis sont fréquemment rapportées dans cette région, et en 2005 déjà, Irizarry avait signé une proclamation pour déclarer le 24 juin Journée nationale pour la recherche sur les ovnis. Nous ignorons où en est le projet à l'heure actuelle, mais il semble que pour le moment les équipements se limitent à… un panneau signalant la « Route extraterrestre 303 », installé dans le ranch de Francisco Negrón, un éleveur de chevaux qui a proposé d'accueillir le futur ovniport sur ses terres. Mais si ces braves gens souhaitent faire de leur ville le nouveau Roswell et attirer des touristes venus du monde entier, il leur faudra collecter dans les 100 000 dollars, coût estimé pour la construction de l'aire d'atterrissage !

Et après ?

L'ovniport d'Arès est donc non seulement le premier au monde et, à notre connaissance, le seul projet de ce type à avoir abouti, c'est également le seul dont l'initiative semble revenir en propre aux seuls Terriens. Cocorico !

Mais au-delà de ces opérations de communication teintées d'humour se profile un réel problème si l'on considère ne serait-ce que la possibilité de visites extraterrestres : comment les accueillir ? On pourrait certes continuer à ironiser sur les subtilités de l'étiquette cosmique : que leur servir à l'apéritif ? Quels sujets éviter pour ne pas commettre d'impairs ? Que prévoir pour leurs animaux de compagnie ? À vous de compléter…

Mais blague mise à part, très sérieusement et très concrètement : s'*ils* débarquent demain sur notre planète, ouvertement et ostensiblement… *que faisons-nous ?*

Quelle ambassade pour la Terre ?

Il est en effet assez frappant de constater qu'aucun protocole diplomatique, politique et militaire n'a encore été mis en place par les instances terriennes internationales pour recevoir des émissaires venus d'autres planètes. Le scénario a pourtant été ressassé à l'envi par les romanciers et les cinéastes, mais aucun texte sérieux n'a été produit pour orchestrer la marche à suivre en cas de débarquement d'aliens.

Dans un documentaire-fiction réalisé en 2015 et intitulé *The Visit – une rencontre extraterrestre*, le cinéaste danois Michael Madsen (né en 1971, à ne pas confondre avec son homonyme américain, acteur pour Tarantino et Ridley Scott) interroge plusieurs personnalités politiques et scientifiques sur les mesures prévues au cas où nos voisins galactiques décideraient de se montrer ouvertement – et de cesser ce jeu de cache-cache qui tourneboule nos pauvres cerveaux humains !

Les questions de sécurité sont le plus souvent évoquées, et elles rentrent dans le cadre général des mesures adoptées dans les cas d'urgence impliquant un danger pour les populations. Il faudrait envisager en premier lieu les risques biologiques et bactériologiques – des micro-organismes inoffensifs pour une espèce exogène pourraient s'avérer mortels pour les Terriens, et inversement. Pas question d'entamer les relations avec le reste de l'Univers habité par une cordiale poignée de main, en tout cas pas avant une bonne période de quarantaine et un contrôle drastique des microbes extraterrestres !

Une fois écartés les risques de contamination, une question de taille subsiste : qui parle en premier ? À ce jour, aucun organisme n'est officiellement habilité à se prononcer au nom de l'ensemble des humains de la Terre.

Les Nations unies sembleraient l'organisme le plus adéquat (et encore… tous les pays membres ou le seul Conseil de sécurité ?), mais sa représentativité serait-elle acceptée par tous ? Les divergences d'intérêt ne risqueraient-elles pas de miner à la base toute tentative d'ambassade planétaire ?

Cette question de politique planétaire en entraîne une autre, celle de l'attitude militaire à adopter. On imagine qu'une civilisation qui maîtriserait les déplacements interstellaires aurait également acquis une avance technologique générale sur la nôtre, qui la mettrait en possession d'armes redoutables et inaccessibles aux Terriens. L'attitude la plus sage serait d'être pacifique, mais que faire si une nation prenait unilatéralement l'initiative d'une attaque, exposant l'ensemble de la population mondiale à des représailles que l'on préfère ne pas imaginer ?

Sans même préjuger de la validité de l'HET, la conclusion à tirer de cette situation serait peut-être que, tant que nous n'aurons pas mis un brin d'harmonie, de concorde et d'organisation dans nos propres relations « intraterrestres », nous ne serons définitivement pas prêts pour accueillir nos visiteurs d'outre-espace.

Artefacts : *crop circles*, stigmates et autres signes

Bien modestement, avec maladresse et des moyens souvent dérisoires, nous essayons d'envoyer des signaux ou de laisser des messages à des intelligences venues d'ailleurs, par-delà les immensités cosmiques. Et s'ils nous en adressaient de leur côté, mais qui sont à nos yeux si énigmatiques, absurdes et parfois glaçants que nous ne saurions pas les interpréter ?

Les ET en ont-ils après les agriculteurs ? Cercles de culture et mutilations de bétail

Nous avons déjà parlé des géoglyphes pré-incas de Nazca qui trahissaient, selon certains auteurs qui s'étaient autoproclamés archéoastronomes, le passage de visiteurs ET à des époques reculées. D'autres signes, plus récents, mais tout aussi étranges et controversés, sont également interprétés comme la signature des aliens. À commencer par un phénomène qui rappelle beaucoup les vastes dessins sud-américains : les agroglyphes ou « cercles de culture » (en anglais *crop circles*).

Ce sujet constitue à lui seul plus qu'une sous-rubrique du grand dossier ovnis, un champ de recherche (sans mauvais jeu de mots !) à part entière, et est le théâtre de vives polémiques et des spéculations les plus hardies.

Apparus dans les années 1960 dans plusieurs pays anglo-saxons (Australie, Canada, Grande-Bretagne) avant de se « répandre » dans le monde entier, les cercles de culture sont de vastes motifs géométriques tracés dans un champ de céréales, et qui ne sont visibles dans leur intégralité que depuis le ciel. Les épis formant l'agroglyphe (on parle aussi parfois d'« agrogramme ») sont couchés ou flétris et se détachent ainsi des épis normaux qui les entourent. Différents motifs sont parfois répartis sur plusieurs hectares.

L'origine humaine de plusieurs de ces agroglyphes est avérée. Il s'agit parfois de canulars revendiqués, comme celui de deux fermiers anglais à partir de 1978. D'autres sont le fait de collectifs d'artistes, ou même des opérations publicitaires. Il n'en faut pas plus aux sceptiques opposés à l'HET pour conclure que tout le phénomène *crop circle* a ainsi été élucidé. Mais d'autres auteurs soutiennent qu'un certain nombre de ces agroglyphes ne sont pas imputables à l'activité humaine terrestre. Un film de science-fiction du réalisateur indo-américain M. Night Shyamalan, *Signes* (2002), a popularisé la thèse d'une origine extraterrestre des cercles de culture, très répandue dans les milieux ésotériques. Mais quel serait le message véhiculé par ces figures dessinées dans le blé ? Dans le film, ils annoncent une invasion extraterrestre, d'autres les interprètent comme une « blague », dans un style d'humour propre aux aliens et qui pour le moment nous échappe largement…

Un autre phénomène bien plus inquiétant, macabre et préoccupant que les *crop circles*, touche aussi le monde agricole, mais ici plutôt l'élevage. À partir de 1967 aux États-Unis, des événements étranges sont constatés par plusieurs éleveurs. Des bêtes – chevaux, moutons, bovins, chèvres – sont retrouvées mortes, atrocement mutilées, mais avec une apparente minutie qui semble écarter l'hypothèse d'une attaque de prédateurs. Des organes sont prélevés, parfois sélectivement, le plus souvent les organes génitaux, mais aussi d'autres viscères, les yeux, la langue… Les animaux sont le plus souvent vidés de leur sang, dont on ne trouve aucune trace sur les lieux du forfait, pas plus que de traces de lutte, et ils sont parfois retrouvés dans des lieux qui leur auraient été inaccessibles, en haut d'un arbre ou au sommet d'un pylône. Certaines plaies sont cautérisées, comme si les pauvres bêtes avaient été découpées… au laser !

Devant les inquiétudes bien compréhensibles des éleveurs – on estime que jusqu'à 10 000 têtes de bétail ont été ainsi perdues pour les seuls États-Unis –, diverses hypothèses ont été avancées : prédateurs mystérieux – en Amérique du Sud, la légende des *Chupacabras* (« suceurs de chèvres ») impute la mort de nombreux animaux (bétail, chats, chiens, oiseaux) à une créature inconnue, velue, aux yeux rouges et aux crocs acérés… –, actes de déséquilibrés, de groupes sectaires se livrant à des sacrifices rituels, expériences secrètes menées par des industriels ou des militaires… et évidemment l'intervention d'extraterrestres, bien que leurs motivations soient aussi obscures que celles des suspects terriens. Les détails relevés dans certains cas orientent les soupçons vers cette piste : traces de pas des animaux qui sont brusquement interrompues à distance de l'endroit où on les retrouve, fractures et positions étranges qui suggèrent une chute d'une certaine hauteur, marques au sol qui ne correspondent à aucun véhicule terrestre, etc. Et, comme dans le cas des « cercles de culture », certaines observations sont associées à des phénomènes ovnis signalés dans les alentours. S'agirait-il d'expériences menées sur la faune locale par des explorateurs venus d'autres mondes ? Des explorateurs particulièrement maladroits ou négligents, qui laisseraient tomber leurs « proies » et les abandonneraient derrière eux. Doit-on y voir des avertissements, des actes d'intimidation de la part de ces visiteurs exogènes ? Ou ces peuples des étoiles ont-ils aussi, comme nous, leurs sadiques, leurs déséquilibrés et leurs « savants fous » ?

Relier les points : orthoténie et isocélie

Des dessins dans le blé et des opérations de boucherie chirurgicale sur le cheptel : reconnaissons qu'on pourrait s'attendre à des messages plus riches et plus explicites de la part de créatures qui auraient bravé les immensités du vide interstellaire pour nous atteindre ! Et s'il fallait chercher leur signature dans leurs apparitions mêmes, si fugaces et incertaines soient-elles ? Dans les années 1950, quand les rapports d'observation ont commencé à affluer du monde entier, en particulier lors de la vague de 1954 dont nous reparlerons plus loin, certains ufologues ont cherché à discerner un schéma logique dans les trajectoires supposées des ovnis. C'est ainsi qu'en 1958, Aimé Michel (1919-1992), un des premiers auteurs à avoir abordé le sujet ovnis en France, présente sa théorie, qu'il baptise l'*orthoténie* (l'étymologie est obscure, mais on comprend au moins l'usage de la racine grecque *orthos*, « droit »). Il prétend en effet que certaines séries d'observations suivent des lignes droites – ou plus précisément les « grands cercles » qui épousent la courbure de la Terre sur toute sa circonférence –, ce qui pourrait laisser penser que les visiteurs ET se livrent à une vaste campagne de cartographie ou de quadrillage de notre planète. Cette théorie sera vivement contestée, ainsi qu'une autre semblable, l'*isocélie*, présentée en 1978 par Jean-Charles Fumoux (un ancien officier de l'armée de l'air), et qui prétendait que les ufonautes suivaient dans leurs plans de vol des triangles isocèles – la triangulation étant une méthode de cartographie bien connue des Terriens. Mais ces thèses sont contestées même parmi les ufologues les plus convaincus de l'origine extraterrestre des ovnis, qui y voient une tendance à surinterpréter des données par ailleurs très lacunaires et incertaines. Il est en effet apparu que le simple hasard pouvait parfaitement expliquer la répartition des manifestations d'ovnis, et que les alignements supposés étaient en outre basés en partie sur des dates erronées

– sans compter les observations sujettes à caution. Ce qui n'empêche pas ces théories de revenir périodiquement dans la littérature ufologique, surtout depuis qu'Internet offre de nouvelles possibilités dans le recueil et le traitement de données, accessibles même aux chercheurs indépendants – mais dont la fiabilité a tendance à diminuer à mesure que leur volume s'accroît…

Ajoutons pour conclure que si les ovnis ne semblent pas suivre des routes toutes tracées, ils paraissent attirés par certains lieux où ils sont signalés plus souvent qu'ailleurs – avec une apparence prédilection pour les sites militaires, et en particulier les installations d'armements nucléaires.

– 6 –

D'OÙ VIENNENT-ILS ?
(et… comment ?)

C'est donc une affaire entendue : le choix de destinations touristiques terriennes est assez restreint pour nos amis ET. Mais qu'en est-il de leur provenance ?

Dès lors que l'on envisage la possibilité de voyages spatiaux qui aboutiraient sur notre planète, une des premières questions qui se posent est celle de l'origine de nos visiteurs des étoiles. Il n'est, semble-t-il, venu à personne l'idée de demander leurs papiers à des EBE fraîchement débarqués sur notre sol, même si nous évoquerons plus loin quelques cas où les aliens eux-mêmes, ou des Terriens qui prétendent les avoir côtoyés de près, auraient révélé la localisation de leur monde d'origine. Mais avant de nous envoler vers Ummo ou le système de Zeta Reticuli (cf. chapitre 8), nous nous intéresserons ici aux recherches très sérieuses et scientifiquement étayées sur l'existence possible de planètes habitées hors de notre système stellaire, ce que l'on nomme les *exoplanètes*.

Les exoplanètes : une quête qui ne fait que commencer !

Recherche planète habitable (pas si ?) désespérément

Après les diverses spéculations et divagations sur les Sélénites, les Martiens ou autres Vénusiens, il fallut bien se rendre à l'évidence : hormis celle que nous habitons, aucune des planètes qui gravitent autour de notre bon vieux Soleil, ni des lunes (satellites naturels) qui tournent autour de celles-ci, n'est un candidat plausible pour le développement de la vie, ou au moins d'une forme de vie évoluée au point d'être parvenue à la maîtrise du vol interplanétaire. L'espoir (ou la crainte !) de rencontrer nos « voisins » les plus proches s'est en effet estompé à mesure que progressaient deux champs de recherche scientifique : d'une part les conditions – température, pression, présence et composition de l'atmosphère – qui régnaient sur ces astres, étudiées par la chimie, l'astronomie et l'astrophysique ; de l'autre, les conditions d'apparition de la vie sur Terre, ce que l'on appelle l'« archéobiologie », qui a bénéficié de l'avancement des connaissances en biochimie, paléontologie et biologie cellulaire.

Malgré les progrès considérables réalisés dans ces deux domaines jusqu'à aujourd'hui, les scientifiques restent partagés sur les chances de découvrir la vie ailleurs dans l'Univers. Car les recherches des astronomes sont nécessairement orientées par des critères biologiques : si on veut trouver une planète « vivable », qu'est-ce que cela signifie concrètement ? Et du côté des biologistes, si on en sait considérablement plus sur les origines de la vie qu'au XIXe siècle, où la question commença sérieusement à se poser avec l'essor de la théorie de l'évolution des espèces, on ne sait toujours pas précisément comment elle est apparue, et encore moins dans quelles conditions elle peut, a pu ou pourra apparaître sur une autre planète.

On en est donc réduit à quelques critères qui semblent indispensables pour qu'un astre soit certifié « habitable », ou au moins propice à la vie. Avec deux restrictions de taille : cette vie venue d'ailleurs pourrait s'avérer très éloignée de celle que nous connaissons et prendre des formes auxquelles nous n'aurions même pas songé ; et « habitable » ne signifie pas nécessairement « habitée ».

Si nous n'en sommes encore qu'au stade des hypothèses et des spéculations scientifiques, celles-ci vont bon train, à commencer par une question si répandue qu'elle avait inspiré à David Bowie (d'ailleurs interprète inoubliable d'un extraterrestre à forme humaine dans le film *L'homme qui venait d'ailleurs* en 1976) les paroles de son tube planétaire *Life on Mars ?* (1971) : « Y a-t-il de la vie sur Mars ? »

« Is there life on Mars? »

Car s'il ne s'agissait que de trouver des signes de *vie*, la recherche ne serait pas encore totalement perdue au sein même de notre cher système solaire. Que faut-il en effet pour accueillir la vie, telle que nous la connaissons sur Terre ? En premier lieu, de l'eau sous forme liquide dans des quantités suffisantes. Cette recherche à elle seule suffirait à allumer des étincelles dans les yeux de tout astronome, et l'espoir de prouver la présence d'eau liquide sur un corps céleste « proche » du nôtre (la notion de proximité étant toute relative aux échelles cosmiques…) apparaît comme le saint Graal de ces arpenteurs du ciel. La présence de réserves d'eau liquide à la surface de Mars à une certaine période de l'histoire de cette planète (entre 4 et 3,5 milliards d'années avant notre temps) est pratiquement avérée : les images des plus puissants télescopes, puis des deux sondes *Viking* dans les années 1970, et enfin celles des modules martiens téléguidés *Curiosity* et *Opportunity* ont montré un relief marqué par des lits de rivières, des deltas et des océans asséchés (mais aucun des canaux – ou chenaux – que Schiaparelli croyait avoir vu sillonner la surface de la planète).

La recherche de formes de vie, même microscopiques et même fossiles, reste l'une des obsessions de l'exploration martienne. Mais il ne faut pas compter trouver la moindre cellule vivante à la surface de la « planète rouge » : son éloignement du Soleil, plus important que celui de la Terre, et son atmosphère très ténue qui n'en retient pas suffisamment le rayonnement (le fameux effet de serre qui inquiète tant – à juste titre – sur notre planète) ne lui accordent qu'une température moyenne en surface de -55 °C (contre 15 °C sur Terre), inférieure à ce que même les formes de vie terrestre les plus coriaces peuvent supporter. En outre, l'atmosphère trop fine, ainsi que l'absence de magnétosphère (le champ magnétique qui entoure la planète et qui, sur Terre, fait pointer les boussoles vers le Nord géographique, qui est en réalité un pôle Sud magnétique, mais passons…) laissent Mars à la merci des bombardements de particules cosmiques plutôt agressives pour la plupart des êtres vivants, au moins ceux que nous connaissons. Pour couronner le tout, faute d'une pression atmosphérique suffisante, la surface de la planète a irrémédiablement perdu toute son eau sous forme liquide sans laquelle même les espèces monocellulaires les plus élémentaires ne peuvent survivre.

Et si nous étions tous des Martiens ?

Mais tout espoir de trouver des formes de vie martiennes n'est pas pour autant perdu. Car si la surface de la planète semble irrémédiablement invivable, des espèces qui seraient nées à l'époque où l'eau liquide abondait pourraient avoir survécu en profondeur, dans des cavernes ou au cœur même de certaines roches, de même qu'il existe sur Terre des organismes appelés « endolithes » – « à l'intérieur de la roche ». Même dans le très hostile continent antarctique, la roche accueille en son sein plusieurs micro-organismes à l'abri du froid et du vent.

C'est d'ailleurs là, en Antarctique, qu'on a aussi trouvé dans une météorite martienne découverte en 1996 une bactérie fossilisée. La découverte a fait grand bruit à l'époque, car on croyait tenir là la preuve irréfutable que Mars avait bien été un berceau de la vie il y a 4 milliards d'années, quand l'eau coulait à flots sur sa surface – peut-être même avant que la vie n'apparaisse sur Terre, où ses vestiges les plus anciens découverts à ce jour ont été datés de 3,8 milliards d'années. Ce fossile de bactérie ne pouvait venir que de Mars, pensa-t-on, car le climat régnant en Antarctique rendait peu probable une contamination par des microbes terriens « indigènes ». En 2013, le biochimiste Steven Benner (né en 1954), pionnier de la biologie de synthèse (la fabrication de molécules organiques en laboratoire – il fut le premier à synthétiser un gène en 1984… autant dire la version moderne et sérieuse du mythe de Frankenstein !)

et passionné par les origines de la vie, a même émis l'idée que la vie terrienne aurait pu se développer à partir de microbes importés par une ou plusieurs météorites martiennes. Selon lui, les conditions biochimiques régnant sur Mars pendant sa période « aquatique » étaient en effet plus propices à l'émergence de la vie que sur Terre à la même époque (celle qui a vu justement y apparaître la vie). Cette théorie dite « panspermie » ferait de nous tous des extraterrestres, ou au moins des descendants de Martiens ! Mais aujourd'hui qu'une faune microbienne abondante a été décelée dans les grès glacials de l'Antarctique, les scientifiques ne sont plus aussi sûrs que la fameuse bactérie pétrifiée provenait bien de Mars comme la météorite où on l'avait retrouvée. Celle-ci ayant percuté notre planète il y a quelque 13 000 ans, des micro-organismes auraient eu le temps de « coloniser » la roche martienne avant d'y être fossilisés. On le voit, la recherche scientifique des origines de la vie et de ses possibilités extraterrestres est une entreprise de longue haleine, riche en rebondissements !

Les rovers *en quête de vie*

La question demeure posée : Mars présente-t-elle des traces de vie, passée ou présente ? En effet, outre l'eau liquide – absente de la surface, mais peut-être maintenue en profondeur –, les deux « ingrédients » essentiels de la vie telle que nous la connaissons sont l'énergie (qui peut être solaire, thermique, chimique ou nucléaire) et un certain nombre d'éléments assez largement distribués dans l'Univers, mais dont des agencements moléculaires particuliers signalent la présence d'une possible activité vivante. Sur Terre, les molécules organiques, basées principalement sur le carbone, l'hydrogène, l'oxygène et quelques autres éléments, sont une des « signatures » du vivant. Le rover *Curiosity*, module téléguidé aux allures de fantastique « meccano », arpente depuis 2012 le fond d'un cratère martien nommé Gale, produit par l'impact d'une météorite qui a mis au jour des couches de roches sédimentaires. En 2018, après plusieurs espoirs avortés, des prélèvements réalisés par cet infatigable robot, dont la capacité de forage est pourtant limitée à quelques centimètres de profondeur, ont révélé la présence indiscutable de molécules organiques dans ce limon martien, déposé au fond d'un lac à l'époque où la planète était encore un paradis aquatique. *Curiosity* a également confirmé la présence de méthane dans l'atmosphère de la planète rouge, et le fait, déjà observé mais très intrigant, que la concentration de ce gaz y fluctue selon les saisons martiennes. Or le méthane est aussi un des composés qui peuvent trahir une activité bactérienne, et ces variations saisonnières plaident en faveur de cette hypothèse. Alors la vie sur Mars, une certitude ? Pas encore, car ces indices chimiques pourraient aussi s'expliquer par des phénomènes « abiotiques », indépendants de toute forme de vie. Projetée par l'ESA (l'Agence Spatiale Européenne), la mission *ExoMars 2020* devrait déposer sur notre « proche » voisine une nouvelle sonde de surface, rover de 300 kilogrammes capable d'effectuer des carottages jusqu'à 2 mètres sous la surface martienne. Sur les épaules métalliques de ce nouvel explorateur repose l'espoir de trancher un débat qui tient encore en haleine le monde scientifique et le grand public : y a-t-il eu, et y a-t-il encore, une activité biologique sur Mars ?

Europe et Encelade : sous la glace, un océan… de possibles !

Un autre corps du système solaire est en revanche soupçonné de contenir d'importantes réserves d'eau liquide. Il ne s'agit pas d'une planète, mais d'un satellite naturel : Europe, une des quatre lunes dites « galiléennes » (car découvertes par Galilée avec sa lunette astronomique en 1610) qui gravitent autour de Jupiter (qui en compte tout de même une bonne soixantaine !). Pratiquement dépourvue d'atmosphère, elle est entourée par une épaisse calotte glaciaire qui lui confère la surface la plus lisse de tout le système solaire. Mais les images envoyées par la sonde *Galileo* montrent des irrégularités en forme d'iceberg qui suggèrent que cet immense océan n'a pas toujours été gelé – car il faut bien que les icebergs flottent sur quelque chose, le capitaine du *Titanic* ne le sut que trop bien… Les capteurs de champs magnétiques de *Galileo* ont confirmé qu'il y aurait bien une étendue d'eau liquide sous cette banquise « européenne », et que les sillons zébrant sa surface pourraient être des fissures qui auraient permis sa remontée sporadique. Des organismes vivants auraient-ils pu se développer à l'abri de cette croûte gelée ? La NASA semble prêter assez de crédit à cette hypothèse pour y projeter l'envoi d'une nouvelle sonde dans le courant de la décennie 2020.

Encelade, sixième en taille des 62 lunes connues de Saturne, est également recouverte d'une épaisse couche de glace. Les données recueillies par la sonde *Cassini* lors de son survol en 2005 suggèrent aussi la présence, sous cette calotte, d'un océan d'eau liquide, peut-être salée et riche en composés carbonés. De plus, l'activité thermique et chimique de cette petite lune de 500 kilomètres de diamètre la rend encore plus prometteuse qu'Europe dans la quête d'une vie extraterrestre au sein du système solaire. *Cassini* (la sonde, pas un des représentants de cette dynastie d'astronomes des XVIIe et XVIIIe siècles, tellement longue que les historiens les numérotent !) a en effet surpris de véritables éruptions de cryovolcans (« volcans froids ») qui, au lieu d'expulser de la lave, de la cendre et des fragments rocheux comme nos volcans terrestres, éjectent à des centaines, voire des milliers de kilomètres de hauteur des geysers de glace et d'eau. Eau liquide, substances organiques et ammoniac, énergie thermique et chimique : voilà qui compose une « soupe prébiotique » (le mélange d'éléments chimiques et de conditions physiques dont on suppose qu'a émergé la vie terrienne) tout à fait convaincante !

Titan : la vie est-elle soluble dans le méthane ?

Mais l'eau est-elle vraiment indispensable à la vie ? Les exobiologistes, qui étudient les possibilités d'apparition et de maintien de la vie dans d'autres planètes, envisagent l'éventualité purement théorique que des organismes vivants puissent se former dans d'autres liquides.

Bienvenue sur Titan, la plus grosse lune de Saturne, avec ses… -180 °C de température en surface ! Elle semble assez peu accueillante de prime abord, enveloppée qu'elle est dans une épaisse atmosphère brumeuse composée principalement d'azote et de méthane, saturée de matières organiques au point de dissimuler presque entièrement sa surface. Mais si l'on passe cette épaisse couche opaque – comme le fit en 2005 le module atterrisseur *Huygens*, largué par la sonde *Cassini* –, les paysages qui s'offrent alors à vos yeux vous rappelleront étrangement ceux qui vous sont familiers : des montagnes, des rivières, des lacs, des dunes et des mers ! À ceci près que Titan ne regorge pas d'eau, comme notre bonne vieille Gaïa (la déesse grecque de la Terre, remise au goût du jour par une théorie qui la considère comme un organisme vivant) : à la température qui y règne, l'eau est instantanément gelée. Ce qui s'écoule si abondamment sur la lune saturnienne, c'est… du méthane et de l'éthane liquides ! Et, comme la photo d'un paysage en fausses couleurs ou un décor de carton-pâte, tout ce qui la compose et qui nous rappelle notre planète est d'une nature bien différente : les montagnes ne sont pas de roche, mais de glace, les dunes et la « terre » sont des agrégats d'hydrocarbures, et la lave qui s'écoule des volcans un mélange de glace et d'ammoniac.

Des cellules – ou d'autres structures vivantes que nous ne connaissons pas encore – peuvent-elles se former et survivre dans ce solvant si différent de l'eau ? Assurément pas des cellules comme celles que l'on connaît sur Terre, mais les exobiologistes n'excluent pas qu'une vie d'un tout autre type, basée sur une biochimie radicalement différente de la nôtre, ait pu se développer sur Titan, et puisse même y subsister encore. Reste le problème de l'énergie thermique : malgré leurs températures frigorifiques à la surface, les océans subglaciaires d'Europe et Encelade pourraient être assez tempérés pour accueillir la vie, la gangue de glace qui les entoure agissant alors comme une atmosphère… solide ! Mais dans les étendues de méthane et d'éthane liquides de Titan, la température verrait les réactions chimiques qui président au fonctionnement (et sans doute à l'émergence) du vivant considérablement ralenties. Il faut cependant envisager que des formes de vie extraterrestres aient également des cycles de vie propres et des métabolismes se déroulant dans des temporalités très différentes des nôtres. S'il y a de la vie sur Titan, elle risque fort de nous surprendre !

La vie d'accord… mais après ?

La découverte d'une quelconque forme de vie, même microscopique et primitive, sur un corps du système solaire, serait évidemment une découverte scientifique formidable, et une nouvelle bouleversante sur le plan philosophique. Elle serait riche de promesses sur la connaissance de l'origine de la vie, et sur la possibilité que celle-ci se soit développée ailleurs que sur la Terre.

Mais, avouons-le, une telle révélation aurait, dans le monde de l'ufologie, un arrière-goût de déception. Car ce n'est pas la vie en elle-même qui intéresse les passionnés d'ovnis, mais bien la vie intelligente, et suffisamment intelligente pour venir nous visiter bien avant que nous puissions lui rendre la politesse. Et là, il faut bien se faire une raison : ce n'est pas autour de notre soleil qu'il faut chercher, mais dans d'autres systèmes stellaires.

La recherche des exoplanètes : inflation cosmique !

Notre cosmos – il faudrait dire plus prudemment : l'Univers connu, observable, c'est-à-dire tout ce qui s'étend dans une sphère de plus de 46 millions d'années-lumière de rayon autour de nous, et au-delà de laquelle la lumière ne peut plus nous parvenir – se présente comme un grand manège-gigogne, un emboîtement de corps qui font la ronde les uns autour des autres. Avec ses 8 planètes (et non plus 9 comme beaucoup d'entre nous l'avaient appris à l'école, Pluton, découverte en 1930 par l'Américain Clyde William Tombaugh, ayant été reléguée au rang de « planète naine » en 2006) qui gravitent autour de lui, notre étoile, le Soleil, n'est qu'une parmi les 200 ou 400 milliards que compte, selon les estimations, notre galaxie spirale, la Voie lactée. Au centre de celle-ci trône le bulbe central, tel un moyeu autour duquel pivoteraient les « bras » de la Galaxie, comme autant de pales ou de rayons. Les astrophysiciens sont nombreux à penser qu'un trou noir supermassif pourrait se tenir tapi en son cœur.

Dans le sillage de la révolution instaurée par Copernic, qui détrôna la Terre de sa place supposée centrale dans l'Univers, le principe scientifique (et philosophique !) qui considère que le point où nous nous trouvons n'a rien d'exceptionnel par rapport au reste de l'Univers a été généralisé. Par analogie, on a donc depuis longtemps supposé qu'autour de chacune des étoiles de la Voie lactée – et même de chacune des étoiles présentes dans les autres galaxies –, des planètes devaient tourner comme autour de la nôtre. Ou à tout le moins autour de la plupart d'entre elles. C'est ce type de raisonnement qui a, par exemple, conduit Giordano Bruno à affirmer la pluralité des mondes (qui plus est *habités*, bon, ne précipitons pas les choses !). Mais, jusqu'à une date assez récente, aucune observation ne permettait de confirmer – ou d'infirmer – cette hypothèse. Car si l'on peut voir des étoiles même immensément lointaines, c'est justement que la lumière qu'elles produisent – ou plutôt qu'elles *ont* produit, il y a parfois des millions d'années – nous parvient.

Seulement voilà : les planètes, par définition, ne rayonnent pas, elles n'émettent pas de lumière. Elles réémettent certes celle de leur étoile par réflexion, mais la part du rayonnement stellaire ainsi renvoyé est bien trop faible pour traverser les espaces intersidéraux : elle permet tout juste d'observer ce rayonnement réfléchi pour les planètes du système solaire et leurs éventuels satellites. Comment voir les planètes plus lointaines, celles qui tournent autour d'autres étoiles, mais dont la lumière (réfléchie, et non propre) ne nous atteint pas ? Il fallut que les instruments d'observation et de mesure, ainsi que l'ingéniosité des astronomes, fassent bien des progrès pour réaliser cet exploit. Car pour prendre une « exoplanète » (planète extérieure au système solaire) sur le fait, il faut détecter soit son passage *devant* son étoile (en d'autres termes une éclipse, même si l'occultation de la lumière stellaire est dans ce cas souvent infime et à peine détectable), soit les perturbations gravitationnelles qu'elle peut provoquer sur celle-ci (en l'attirant si, un tant soit peu, sa masse « dévie » très légèrement la trajectoire de son étoile). Or ces deux méthodes nécessitent une précision extrême, car la taille – et donc l'attraction gravitationnelle, proportionnelle à la masse – des planètes est toujours infime par rapport à celle de leur étoile, et d'autant plus difficile à repérer que les distances s'accroissent. Et la gageure est encore plus grande pour déceler les éventuels satellites naturels qui tourneraient autour de ces exoplanètes – les « exolunes ».

Malgré toutes ces difficultés, et après que plusieurs découvertes annoncées dès le XIXe siècle se soient révélées par la suite erronées, les premières exoplanètes ont finalement été découvertes en 1990 par deux astronomes travaillant à l'observatoire radiotélescopique d'Arecibo (Porto Rico) – qui attendront 1992 pour annoncer leur trouvaille, afin d'éviter toute « fausse joie ». Mais ces quatre exoplanètes orbitaient autour d'un pulsar, un type d'étoile très particulier qui émet un signal périodique très court, comme une pulsation, d'où son nom (notons en passant que quand ces objets célestes furent découverts en 1967, on crut un temps avoir capté le premier signal émanant d'une civilisation extraterrestre, car sa régularité ne semblait pas naturelle). C'est en 1995 que deux chercheurs de l'observatoire de Genève (devenu depuis un centre international dans la « quête » aux exoplanètes), trouvèrent la première planète tournant autour d'une étoile « normale », semblable à notre Soleil, située dans la constellation de Pégase à « seulement » 40 années-lumière de nous.

C'est dès lors une véritable boîte de Pandore qui s'est ouverte, les annonces d'exoplanètes se succédant à un rythme effréné, au point qu'on en compte aujourd'hui plus de 3 800, et presque autant qui attendent encore confirmation pour être admises dans ce club de moins en moins fermé ! Et à l'heure actuelle, le nombre de planètes extérieures au système solaire considérées comme « habitables » – c'est-à-dire rocheuses, et non gazeuses, et présentant des températures favorables au développement de la vie – est estimé à une cinquantaine. Mais là encore, les candidats potentiels se bousculent au portillon ! Ainsi, en 2016, une planète probablement tellurique (rocheuse) et habitable a même été découverte en orbite autour de Proxima dans la constellation du Centaure, l'étoile la plus proche du système solaire, à un peu plus de 4 années-lumière.

Et l'inflation n'est pas seulement quantitative, mais aussi qualitative. Les astronomes glanent en effet des informations sans cesse plus précises sur ces planètes extrasolaires. Depuis 2005, on a même pu observer directement la faible lumière renvoyée par certaines d'entre elles – même si la plupart sont encore dénichées par des méthodes indirectes, principalement celle dite « du transit » (baisse de luminosité de l'étoile quand la planète passe devant elle). Mieux encore, depuis quelques années la spectroscopie permet d'avoir des informations sur la présence et la composition de l'atmosphère de ces exoplanètes. Le grand espoir qui se profile dans les années à venir est donc celui de déterminer, en analysant la composition de leur atmosphère, lesquelles des planètes extrasolaires pourraient présenter des conditions favorables à la vie. Une des missions prévues du télescope spatial James-Webb, dont le lancement initialement prévu en 2020 a été repoussé en mars 2022, sera de contribuer à l'étude des exoplanètes et des origines de la vie.

Il reste en outre un champ de recherches à peine défriché : les exolunes, ou exosatellites, ou satellites naturels extrasolaires. Aucune n'a encore été formellement identifiée, mais plusieurs candidates sont en attente de confirmation et les astronomes supposent qu'elles sont nombreuses, notamment autour des géantes gazeuses qui constituent la majorité des exoplanètes dénichées depuis près de trente ans. Or certaines de ces exolunes seraient susceptibles de réunir des conditions propices au développement de la vie, comme on pense que pourraient le faire plusieurs lunes des géantes gazeuses du système solaire (Jupiter, Saturne).

Le moins que l'on puisse dire est donc que l'espoir est encore permis de découvrir de la vie ailleurs que sur Terre – même si plusieurs scientifiques envisagent encore la possibilité que l'émergence de la vie sur notre planète puisse être un événement rarissime même à l'échelle du cosmos, si ce n'est unique. Mais si le potentiel est là, il faut bien se rendre à l'évidence : même si une « biosignature » (présence d'oxygène ou de méthane dans l'atmosphère, par exemple) était détectée sur une exoplanète ou une exolune, nous ne sommes pas près de pouvoir aller nous rendre compte sur place de la forme que cette vie a pu prendre, ni même d'envoyer des sondes ou des robots y faire des prélèvements !

Distances astronomiques : à la conquête des espaces infinis

Quand on commence à évoquer les distances entre corps célestes, les repères de notre petite géométrie terrienne commencent à s'effondrer. On a beau connaître théoriquement à quoi correspondent les unités et les chiffres mirobolants si allègrement manipulés par les astronomes, notre boussole s'affole. Il n'est peut-être pas inutile de rappeler les ordres de grandeur qui sont en jeu ici, ni d'essayer de donner une idée de l'ampleur de la tâche qui attend les navigateurs de l'espace – qu'ils soient de notre planète ou d'une autre.

Exploration du système solaire : des sauts de puce bien éreintants !

Jusqu'à ce jour, notre espèce n'est pas allée plus loin que l'unique satellite naturel qui circonvient sa planète d'origine. La distance moyenne de la Terre à la Lune, dite « distance lunaire », est d'environ 380 000 kilomètres. Notre planète ayant un diamètre de presque 13 000 kilomètres, il faut pour poser le pied sur la Lune parcourir l'équivalent de 30 fois cette distance. Cet exploit fut effectué pour la première fois le 20 juillet 1969, à l'issue d'un voyage de plus de quatre jours. Depuis, tous les espoirs sont tournés vers la prochaine « frontière », Mars. La « planète rouge » (ainsi surnommée en raison des oxydes ferreux qui caractérisent sa surface) n'est pas la plus proche de la nôtre, mais notre voisine immédiate, Vénus, est bien trop proche du Soleil pour offrir un port d'attache aux baroudeurs de l'espace : 460 °C de température au sol, plus élevée encore que Mercure, la planète la plus proche du Soleil, en raison de l'épaisse atmosphère vénusienne, riche en CO_2, et de l'effet de serre qu'elle produit. La NASA a bien projeté d'envoyer des humains vers Vénus, mais seulement en haute altitude où la chaleur serait encore supportable.

Pourquoi aucun pied humain ne s'est-il encore posé sur Mars ? Sa distance moyenne à la Terre est de 76 millions de kilomètres, soit 200 fois plus que la distance lunaire. Le périple aller-retour prendrait entre deux et trois ans, ce qui semble réalisable, mais les obstacles au « débarquement » (peut-on encore parler d'atterrissage ?) sont nombreux et ardus : résistance physique et psychologique au confinement de longue durée (testée par des expériences qui simulent sur Terre les conditions d'une expédition martienne : *Mars 500* en 2010-2011 pendant dix-sept mois), calcul de l'itinéraire (la distance à la Terre varie beaucoup au gré de la position des deux planètes sur leurs orbites respectives), descente périlleuse (le module martien ne serait presque pas freiné par l'atmosphère trop ténue de la planète), sans parler des problèmes logistiques posés par le transport de tout le matériel et des vivres nécessaires pour l'implantation de la première station martienne (le voyage ne pourrait pas être un simple aller-retour, il faudrait attendre, pour reprendre le chemin de la Terre, le retour des conditions d'alignement optimales, soit, selon les scénarios envisagés, 30 ou… 550 jours de séjour sur la planète rouge !)… Si toutes ces difficultés, et d'autres encore, font d'une expédition martienne une véritable course à handicap, les grandes agences spatiales, NASA en tête, n'ont pas encore abandonné le projet, reporté *sine die* avec l'espoir d'une réalisation à l'horizon 2035. Mais des associations, comme *Mars Society* avec son projet *Mars Direct* ou encore des entrepreneurs comme le milliardaire Elon Musk, fondateur de *Space X*, promettent des tickets pour Mars dès 2024 !

En route vers les étoiles

Mais nous l'avons vu, si la vie martienne n'est pas une chimère de science-fiction, il ne faut pas trop espérer y trouver de civilisation… Pas plus que sur les lunes des géantes gazeuses, autres candidates potentielles à la vie dans le système solaire. Mais si l'on compte s'éloigner de notre chère étoile, le voyage prend une tout autre tournure ! Nous avons en effet parlé de notre étoile « voisine », la plus proche de la nôtre, ce qui lui valut son nom de

Proxima du Centaure (le Centaure étant la constellation dont elle fait partie. Rappelons à cette occasion que les constellations, alignements d'étoiles que l'on observe dans le ciel nocturne, aussi appelées « astérismes », ne correspondent à aucune réalité physique et ne sont qu'un moyen pratique de se repérer dans la voûte céleste : une étoile très brillante et très lointaine peut nous sembler « voisine » d'une autre moins brillante et plus proche de nous, située dans la même direction, mais parfois à des distances considérables), et l'avons située à quelque 4 années-lumière (plus précisément 4,22). L'année-lumière n'est pas, comme son nom pourrait le faire penser, une unité de temps, mais bien de distance : celle parcourue par la lumière en une année (et *dans le vide*). Mais aucun d'entre nous n'a jamais eu le plaisir grisant de rattraper à la course un rayon de lumière, comme rêvait de le faire dans sa jeunesse un certain Albert Einstein. Difficile dès lors de se faire une idée ! Et si l'on précise que l'année-lumière correspond à un peu moins de 10 000 milliards de kilomètres, on n'est guère plus avancé.

Une autre unité de distance couramment utilisée en astronomie est – peut-on faire plus simple ? – l'Unité Astronomique (UA). Elle correspond à la distance moyenne Terre-Soleil (on notera que l'on parle toujours en termes de distance *moyenne* entre deux corps astraux, car leurs orbites ne sont pas circulaires, mais elliptiques : ils sont plus ou moins rapprochés selon que l'astre en orbite est à son périgée – le point le plus proche – ou à son apogée – le plus éloigné –, avec toutes les distances intermédiaires). Une UA est donc égale à un peu moins de 150 millions de kilomètres, et correspond à un peu plus de 8 « minutes lumière », autrement dit il faut déjà 8 minutes à la lumière du Soleil pour nous parvenir. Et une année-lumière correspond à environ 60 000 UA, c'est-à-dire qu'un photon parcourt en un an l'équivalent d'autant de distances Terre-Soleil. Pour prendre un point de comparaison, retournons un instant sur le plancher des vaches. Vous venez de parcourir 1 kilomètre à pied (enfin un défi surmontable !). La circonférence de la Terre étant d'environ 40 000 kilomètres, il vous faudrait réitérer autant de fois cet « exploit » pour faire le tour du Monde (en ligne droite). Eh bien, si ce kilomètre représentait la distance Terre-Soleil, une année-lumière serait ramenée non à un tour de Terre, mais à un tour et demi ! Autant dire que nous ne sommes pas rendus…

Vertiges intergalactiques

Et nous n'avons pour l'instant envisagé que des pérégrinations à l'intérieur de notre galaxie, la Voie lactée. Celle-ci s'étend déjà sur 200 000 années-lumière de diamètre, et avec les centaines de milliards de planètes que les astronomes pensent qu'elle contient, il n'est pas déraisonnable d'imaginer qu'au moins l'une d'elles (enfin deux, avec la nôtre !) ait pu ou puisse être « en ce moment » (la notion d'événements simultanés n'ayant plus tellement de sens quand de telles distances sont en jeu, relativité oblige…) le siège d'une forme de vie intelligente évoluée technologiquement. S'il fallait encore aller voir plus loin, dans d'autres galaxies, les estimations les chiffrent entre 100 et 200 milliards dans l'Univers connu (observable), et certaines pourraient compter plus d'étoiles encore que la nôtre. Mais plus on augmente les chances d'avoir affaire à une civilisation extraterrestre, plus les distances s'allongent : pour atteindre la galaxie spirale la plus proche, celle d'Andromède, il faudrait parcourir pas moins de 2,5 millions d'années-lumière, alors que la galaxie naine du Grand Chien se trouve « seulement » à 25 000 années-lumière – pas vraiment à portée de main tout de même…

Les obstacles au voyage

Jusqu'ici on peut nous reprocher de n'avoir raisonné que comme les Terriens que nous sommes, en partant de notre planète et en n'envisageant l'exploration spatiale qu'à la lumière de nos pauvres moyens. Mais tant que des visiteurs extraterrestres ne nous auront pas transmis leur « truc », nous en sommes réduits à cette vision « géocentriste ». Et de ce point de vue, il faut bien dire que l'exploit d'une race extraterrestre qui serait arrivée jusqu'à nous forcerait le respect (et, marchant sur ses talons, bien souvent la crainte !).

Toujours plus vite ?

Nous venons de le voir, la distance seule suffirait à nous décourager. On pourrait rétorquer que pour aller loin, il suffit d'aller plus vite. Mais si l'on peut imaginer des moyens de locomotion toujours plus rapides, ce progrès est confronté à de sérieux obstacles. Le premier est *énergétique*. Jusqu'à maintenant, l'exploration spatiale a utilisé presque exclusivement la propulsion par énergie chimique, sous forme d'un mélange appelé « propergol », mélangeant le combustible ou carburant (hydrogène) et le comburant (oxygène). Mais ce mode de propulsion, formidablement peu rentable en termes énergétiques, n'est pas loin d'avoir atteint ses limites. D'autres énergies peuvent être envisagées, qui se heurtent toutes au même problème qui constitue le second obstacle : celui de la masse à embarquer pour les utiliser. La propulsion nucléaire nécessite le transport de matières fissiles (avec tous les problèmes de sécurité qu'ils impliquent), et la captation de l'énergie solaire, voire des particules cosmiques, ne peut se faire que par de volumineux panneaux, comme ceux déployés par les satellites artificiels pour assurer leur fonctionnement (considérablement moins gourmand en énergie que le déplacement d'un vaisseau spatial). Ce problème, qui revient à optimiser la masse du véhicule par rapport à son autonomie énergétique, a tout d'un casse-tête chinois : plus l'astronef est lourd, plus il nécessite d'énergie, mais cette énergie demande à son tour un surcroît de poids. Et l'équation est compliquée par les autres charges embarquées : les membres d'équipage, les aliments et l'eau potable nécessaires à leur survie, les systèmes vitaux (approvisionnement en oxygène, traitement des déchets, etc.). Les fusées ou lanceurs orbitaux ont en partie réglé le problème en éjectant les réservoirs une fois vidés, étage après étage, mais cette solution n'est guère envisageable pour des voyages galactiques au long cours.

Le dernier obstacle de notre liste (qui est loin d'être exhaustive) découle en quelque sorte du précédent, mais à un niveau bien plus fondamental. Les deux premiers obstacles, pour insurmontables qu'ils semblent encore aux pauvres humains que nous sommes, peuvent encore être considérés comme provisoires : il suffit de trouver « le truc », et l'ingéniosité humaine a encore plus d'un tour dans son sac. Mais là, nous nous heurtons à un mur d'une tout autre ampleur, une limite fondamentale de la physique, autant dire une loi universelle : la vitesse de la lumière.

Car c'est un fait qui n'a jamais été démenti depuis plus d'un siècle qu'il a été démontré par Albert Einstein : *rien* dans l'Univers ne peut se déplacer plus vite que la lumière. Et il ne s'agit pas d'une limite arbitraire pour laquelle il suffirait, comme sur nos routes, de changer les panneaux. C'est une limite *mathématique*, ce que l'on appelle une singularité, lorsque certaines variables d'une équation prennent soudain des valeurs infinies, et qui perdent tout sens lorsqu'on essaie de les traduire dans le monde physique (c'est par exemple ce qui se passe quand on s'approche trop d'un trou noir – par le calcul seulement !). Ici cette limite est liée à un fait stupéfiant mis en évidence par la théorie einsteinienne de la relativité : plus un objet se déplace rapidement, plus sa masse s'accroît. Comme tout ce qui a trait à la relativité, les effets en sont imperceptibles à des vitesses « normales » (même si elles peuvent nous paraître très élevées). Ils ne se manifestent que lorsqu'on entre dans le domaine des vitesses relativistes, c'est-à-dire suffisamment proches de celle de la lumière. À mesure que l'on approche de celle-ci, la valeur de la masse s'envole littéralement, tendant vers l'infini lorsque l'on atteint la mythique constante « *c* » (pour *celeritas*, « vitesse » en latin, d'où l'on tire le terme peu courant de « célérité ») par laquelle Einstein désigne la vitesse de la lumière (notamment dans son équation-star $E = mc^2$ – et par pitié ne dites pas « mc *deux* » mais « mc *carré* », merci). Or, non seulement on s'imagine mal un corps possédant une masse infinie, mais même en admettant ce prodige, cette masse en croissance exponentielle s'opposerait d'autant au mouvement, selon le principe d'inertie. Nous voilà encore face à un cercle vicieux, comme pour le problème de la masse des astronefs, mais cette fois-ci à l'échelle cosmique : plus la vitesse d'un corps augmente jusqu'à approcher *c*, plus sa masse s'accroît et tend vers l'infini ; mais plus cette masse augmente, plus l'inertie connaît la même flambée d'inflation et ralentit le déplacement en proportion. Si quelqu'un a la solution à ce dilemme, il est sans nul doute extraterrestre !

La vitesse de la lumière est donc la limite absolue de tout déplacement de qui ou quoi que ce soit, où que ce soit dans le cosmos. Nous le verrons, cette donnée de base de la physique du XXe siècle est une des raisons majeures qui poussent l'écrasante majorité des scientifiques à rejeter purement et simplement l'hypothèse extraterrestre comme explication aux ovnis. Car pour venir d'où ils viendraient – forcément de très loin, c'est-à-dire au moins d'un autre système stellaire doté de planètes –, les extraterrestres qui nous auraient rendu visite auraient dû sinon se déplacer à la vitesse de la lumière, au moins l'approcher tant que les énergies mises en jeu et les problèmes qui en découleraient apparaissent insurmontables, même en imaginant une technologie alien extraordinairement avancée par rapport à la nôtre.

Car non seulement il faudrait employer des énergies qui dépassent l'entendement (ou seulement *notre* entendement ?), non seulement il faudrait contourner ou résoudre le problème de l'augmentation de masse, mais il faudrait aussi avoir réglé celui de la résistance à l'accélération – pour se mouvoir à des vitesses relativistes, il faut pouvoir les atteindre, donc accélérer assez drastiquement. Sans compter qu'il faut aussi, pour se poser sur notre planète (ou une autre), ou seulement traverser son atmosphère à une vitesse détectable par des yeux humains, avoir opéré le processus inverse, c'est-à-dire *ralenti* depuis les vitesses de croisière relativistes nécessaires au trajet. Et pour qu'accélération et ralentissement s'effectuent dans des temps raisonnables (mais là encore, quelles pourraient être les limites du raisonnable pour un extraterrestre superavancé et superévolué ?), il faut qu'ils atteignent des valeurs bien supérieures à celles que pourrait encaisser tout être vivant de notre connaissance.

Et les ennuis ne sont pas finis pour l'aspirant ufonaute : à de telles vitesses, la plus infime poussière cosmique aurait sur l'astronef l'effet d'un boulet de canon, risquant de le pulvériser. Sans compter un autre problème de taille, mis au jour lui aussi par le bon vieil Albert : la dilatation relativiste du temps, plus connue sous le nom de « paradoxe des jumeaux ». C'est le physicien français Paul Langevin (1872-1946) qui le présenta la première fois dans une conférence en 1911, mais pas encore sous la forme d'un paradoxe. Il ne fut qualifié ainsi qu'en 1922 par un autre savant français, Paul Painlevé (1863-1933), parce qu'il mettait selon lui au jour une contradiction dans la théorie d'Einstein. L'interprétation de cette expérience de pensée (elle n'a pas encore été mise à l'épreuve de la réalité) est encore discutée chez les physiciens, mais nous n'entrerons pas dans ces débats ardus en nous tenant à la « version » la plus largement admise. Selon la théorie de la relativité restreinte, élaborée et publiée par Einstein en 1905, le temps s'écoule plus lentement lorsqu'on atteint des vitesses relativistes (proches de celles de la lumière). Imaginons un astronaute parti faire une excursion spatiale à de telles vitesses (à partir de 80 % de la vitesse de la lumière). À son retour sur Terre, il se serait écoulé un siècle pour chaque année vécue par lui pendant son voyage (les chiffres ne sont qu'approximatifs, le rapport dépendant de la vitesse du déplacement). S'il avait laissé son frère jumeau au bercail, celui-ci serait alors devenu un vieillard quand lui n'aurait presque pas pris une ride (tout au plus un beau hâle de bronzage cosmique !). La conséquence sur la possibilité du voyage interstellaire n'est pas négligeable : même si le trajet vécu n'est que de quelques années, le routard cosmique est presque sûr de retrouver son monde d'origine radicalement changé, ou pire, disparu ! Il faudrait donc envisager un voyage sans billet retour.

Pour conclure, si un peuple venu d'une autre planète a pu parvenir jusqu'à nous, il faut (plusieurs options sont possibles, peut-être simultanément) :

Qu'il ait maîtrisé les nombreuses difficultés du voyage relativiste.

Qu'il soit devenu nomade à l'échelle spatiale (théorie du « vaisseau monde » développée par plusieurs auteurs de SF).

Qu'il ait trouvé un moyen de *dépasser la vitesse de la lumière* (voyage supraluminique), ce qui implique que la physique telle que nous la connaissons soit, elle aussi, dépassée !

Qu'il se soit d'une manière ou d'une autre affranchi des contraintes biologiques qui compliquent les déplacements spatiaux (durée de la vie, résistance aux différents dangers de l'espace et de la navigation stellaire, nécessité de s'alimenter, etc.) Et une variante de l'HET considère la possibilité que nos visiteurs ne soient pas des EBE, mais des… « IAE » (Intelligences Artificielles Extraterrestres) !

Dans tous les cas de figure, on ne peut s'empêcher d'éprouver un sentiment d'infériorité face à l'aisance dont feraient preuve ces voyageurs interstellaires s'ils étaient vraiment capables de tels déplacements. Malgré ses belles réalisations, l'espèce humaine devrait leur paraître bien empotée. Dans une des meilleures séries de science-fiction jamais écrite, et assurément une des plus drôles, *Le Guide du voyageur* (littéralement de « l'auto-stoppeur ») *intergalactique* (« *The Hitchhiker's Guide to the Galaxy* », abrégé en *H2G2*) de Douglas Adams (1952-2001) – d'abord diffusée à la radio en 1978, puis développée sous forme de romans l'année suivante et plusieurs fois adaptée à l'écran, dont la dernière fois au cinéma en 2005 par Garth Jennings – la Terre est pulvérisée dès le troisième chapitre par des extraterrestres, les Vogons. Ceux-ci ne sont pourtant pas des monstres cruels, mais seulement de froids technocrates, pragmatiques sans scrupule. Avant la démolition express de notre planète, ils ont la délicatesse de prévenir les indigènes :

« Comme vous le savez sans doute, les plans de développement des régions périphériques de la Galaxie requièrent la construction d'une voie expresse hyperspatiale à travers votre système solaire et, malencontreusement, votre planète fait partie de celles que l'on va devoir démolir. L'opération va prendre moins de deux de vos minutes. »

Et face à la panique qui s'empare des Terriens, ces ingénieurs des ponts et chaussées galactiques de préciser :

« Il est inutile de jouer la surprise : tous les plans du projet, ainsi que les avis de démolition sont placardés à votre délégation locale du Plan, sur Alpha du Centaure depuis cinquante de vos années, vous avez donc amplement eu le temps de formuler des plaintes en bonne et due forme et il est un peu tard pour vous aviser de faire du foin là-dessus. »

Enfin, incrédule face à l'incurie de cette « foutue planète apathique, pas sympa du tout » (selon ses propres termes), le porte-parole vogon coupe court aux pourparlers :

« Qu'est-ce que vous me chantez, vous n'êtes jamais allés à Alpha du Centaure ! Pour l'amour du ciel, Humains, ce n'est jamais qu'à quatre années-lumière, vous savez. Je suis désolé pour vous, mais si vous n'êtes pas capables de faire l'effort de vous intéresser un peu aux affaires locales, je n'y peux rien. Qu'on arme les faisceaux démolisseurs ! »

Il serait peut-être temps d'aller y faire un tour…

– 7 –

CONTACTS ?

Rencontres du troisième type

Pendant les premières années du phénomène ovnis, qui, on l'a vu, ne commence réellement qu'en 1947, les observations rapportées se limitaient justement à des objets *volants*. À l'exception du crash soupçonné à Roswell, qui ne sera médiatisé sous cet angle que des années plus tard, les premières rencontres avec des entités exogènes – si c'est bien de cela qu'il s'agit – se cantonnaient au premier type : pratiquement pas d'atterrissages ni de contact, même visuel, avec les pilotes présumés des mystérieux engins qui sillonnaient le ciel.

Parlez-vous martien ?

Avant même les premières observations d'ovnis, on connaît certes quelques cas documentés de Terriens qui prétendirent avoir été en contact avec les habitants d'autres planètes. En 1894 à Genève, la médium suisse Hélène Smith – de son vrai nom Catherine-Élise Müller (1861-1929) – prétendit lors d'une séance de spiritisme s'être transportée par l'esprit vers la planète Mars et se mit à parler et à écrire dans une langue censée être du martien authentique ! Les sonorités de cet idiome évoquent plutôt une sorte d'argot ou de patois français, et la faculté d'inventer des langues ne constitue en rien une preuve de contact extraterrestre. Dans le monde de l'art, on peut citer les langues inventées par le philologue (spécialiste de l'étude des textes) et romancier John Ronald Reuel Tolkien (1892-1973), qui constituent la trame de ses grandes sagas, *Le Seigneur des anneaux* et *Le Silmarillion* (inachevé). Savant linguiste, Tolkien s'était inspiré des nombreuses langues qu'il connaissait, en particulier les langues nordiques anciennes, pour élaborer non seulement un vocabulaire, mais des structures grammaticales solides. H. P. Lovecraft, dans ses textes évoqués plus haut, peuplés de créatures extra-, voire ultraterrestres, insérait des passages écrits dans des dialectes étranges aux phonèmes inquiétants, que ces dieux ou démons venus d'ailleurs étaient censés avoir inspiré aux humains qui les vénèrent. Sur un mode plus instinctif et à une époque plus récente, Christian Vander (né en 1948), batteur, compositeur et fondateur en 1969 du groupe Magma (encore actif aujourd'hui), a « inventé » le kobaïen, une langue basée sur des sonorités qui l'inspiraient musicalement, et qu'il organisa (ou qui s'auto-organisa ?) par la suite en un semblant de langage cohérent. Il développa au fil des albums de Magma toute une mythologie autour de cet idiome – qui évoque les langues germaniques ou slaves, parfois le sanscrit ou les langues africaines – et de son origine fictionnelle, la planète Kobaïa, où des humains ayant quitté une Terre en perdition auraient fondé une sorte d'utopie à l'échelle planétaire (dans une interview, Vander l'avait ainsi résumée avec une concision lapidaire : « Kobaïa, c'est la Terre sans les cons. ») Inspiré par son modèle absolu, le saxophoniste de jazz John Coltrane, Vander partage certainement, à sa manière, sa vision spirituelle de la musique, mais il n'a jamais prêté à Kobaïa, sa langue et ses habitants une existence réelle – même si son engagement total pour son art l'a parfois conduit aux frontières de la folie (selon son premier et illustre biographe Antoine de Caunes, rapportant les propos de sa femme et partenaire dans Magma, la chanteuse Stella Vander : « Christian était aux débuts de Magma complètement possédé, se levant le matin en hurlant des discours kobaïens, tout animé d'une haine inapaisable. »).

Ni Tolkien ni Lovecraft n'ont jamais non plus prétendu croire à la réalité des mondes et des êtres dont ils avaient créé la langue. Le « cas » Hélène Smith se rapproche plutôt de l'écriture automatique, prisée par les surréalistes – qui ne tarissaient pas d'éloges sur cette interprète francomartienne –, ou plus encore des glossolalies, trouble du langage lié à certaines pathologies mentales consistant à s'exprimer dans un langage inconnu ou à proférer une suite de syllabes apparemment incohérentes. Antonin Artaud (1896-1948), transfuge du mouvement surréaliste et écrivain tourmenté par des troubles psychiatriques indissociables de son œuvre, écrivit à la fin de sa vie des poèmes où apparaissaient ces suites de syllabes insensées, dont le charme incantatoire évoque les transes des chamanes. Le « cas » d'Hélène Smith n'était sans doute pas si éloigné de celui du poète et comédien « traité » aux électrochocs et à l'insulinothérapie à l'asile de Rodez. Le psychologue Théodore Flournoy (1854-1920), qui se passionna pour l'étude du spiritisme et du paranormal, alors très en vogue, contribua grandement à la diffusion des productions d'Hélène Smith (c'est lui qui l'affubla de ce pseudonyme pour respecter son anonymat) dans son livre *Des Indes à la planète Mars, étude sur un cas de somnambulisme avec glossolalie* (1900). S'il exprimait une sincère admiration pour ses créations, il concluait que la spirite était atteinte d'une dissociation de la personnalité avec hallucinations. Il faut dire qu'elle avait aussi écrit des romans, nourris par ses séances de spiritisme et répartis en trois cycles : outre celui où elle décrit ses révélations martiennes (le « cycle martien »), elle s'affirme dans un autre (le « cycle hindou », ou intervient le pseudo-sanskrit, une autre invention linguistique vaguement inspirée de la langue sacrée de l'hindouisme) la réincarnation d'une princesse indienne, et dans le troisième (le « cycle royal ») celle de la reine Marie-Antoinette.

À une époque où des astronomes et des vulgarisateurs illustres comme Camille Flammarion (*La Planète Mars*, 1892) ajoutaient foi à l'existence de Martiens trahis par leur réseau de canaux d'irrigation (cf. chapitre 5), la planète rouge n'était qu'un des ports d'attache de cette étonnante voyageuse intérieure. Son histoire nous apprend plus sur les extraordinaires capacités du cerveau humain, même considéré comme « malade », que sur de possibles civilisations extraterrestres. Car il faut bien reconnaître une remarquable créativité à ses inspirations délirantes.

Dans sa prétendue communication avec Mars, elle alla jusqu'à « inventer » un alphabet inconnu. Certes, Tolkien aussi avait parsemé ses romans d'alphabets de son invention, inspirés par les runes anciennes ou plus stylisés. Mais ce qui frappe là encore chez cette spirite, c'est sa capacité à écrire avec une apparente spontanéité dans ces dialectes venus d'ailleurs. Quelle était la part de mystification dans ces transes, qui lui assuraient un public conquis et lui permirent, par l'intermédiaire d'une rente versée par une admiratrice américaine, de vivre confortablement jusqu'à la fin de ses jours ? Difficile à dire, mais elle ne semble pas présenter le profil type de l'escroc cynique et sans scrupule – et le rôle du groupe de spirites qui l'entourait et l'encourageait dans ses visions est aussi à prendre en compte.

L'exemple d'Hélène Smith est intéressant, notamment en ce qu'il illustre le lien récurrent qui existe entre extraterrestres et paranormal ou mysticisme. Nombre de ceux que l'on appellera par la suite des « contactés » invoquèrent une communication télépathique ou spirituelle avec des entités extraterrestres, mais nous ne nous attarderons pas sur ces cas dans la mesure où ces expériences ne sont par définition pas communicables et où elles présupposent par ailleurs une adhésion préalable aux phénomènes paranormaux. Bien que l'interprétation avancée par certains ufologues des phénomènes ovnis fasse intervenir le surnaturel, nous nous concentrerons davantage sur une approche plus rationnelle (même si s'intéresser aux ovnis constitue pour certains une preuve suffisante d'antirationalisme, voire de déraison).

Or pour voir apparaître des récits de rencontres *physiques* avec des habitants d'autres planètes, il faut attendre le début des années 1950.

George Adamski et les Vénusiens

Le jeudi 20 novembre 1952, à midi et demi, George Adamski (1891-1965) prétend avoir rencontré un Vénusien nommé Orthon, au beau milieu d'un désert californien. Cet émigré polonais, arrivé aux États-Unis avec ses parents à l'âge d'un an, avait passé plusieurs années dans un monastère tibétain à la suite d'une révélation reçue par sa mère, médium, avant de retourner en Amérique pour donner des conférences de philosophie mystique. Installé depuis 1944 dans la région du mont Palomar en Californie pour se consacrer à l'observation des astres, il prétend avoir vu en 1946 (un an avant Kenneth Arnold) des soucoupes volantes à l'aide de son télescope. Il prétendit même avoir pris, de jour, des photos très nettes d'ovnis qui semblaient s'approcher de plus en plus de la Terre, et les diffusa à partir de 1948. Certaines montrent des escadrilles de soucoupes lâchées d'un vaisseau-mère en forme de cigare.

C'est alors qu'il se livrait à ses observations au télescope dans le désert californien près de la ville de Palomar Gardens, accompagné de six témoins, qu'il aurait vu un de ces engins atterrir, et en sortir un être d'aspect tout ce qu'il y a de plus humain, aux longs cheveux blonds ! Loin d'être hostile, cet extraterrestre dont Adamski vante la grande beauté et le visage avenant le prend dans ses bras ! Il lui explique – en le mimant, car il ne communique pas par la parole – ce qui nous vaut cette visite de bon voisinage (Vénus est après tout la planète la plus proche de la nôtre !) : les radiations émises par l'explosion des bombes nucléaires. C'est sans doute la première fois que ce lien, souvent souligné par les ufologues, entre arme atomique et visites d'ovnis extraterrestres est ainsi mis en évidence, même si les observations de soucoupes volantes rapportées les années précédentes se situaient souvent à proximité de sites militaires, en particulier liés au nucléaire, et que ce constat n'avait sans doute pas échappé à certains.

Lors de cette première entrevue, Adamski prétend même avoir réalisé le moulage des empreintes de pas du Vénusien. Certains commentateurs ont cru voir dessinée sur le talon du pied droit une esquisse de svastika (la croix hindoue, présente également dans tant de cultures qu'elle est considérée comme un symbole universel, mais qui est surtout reconnue aujourd'hui pour avoir inspiré la tristement célèbre croix gammée nazie) – il faut dire que le brave Orthon, tel que le décrit Adamski, a tout du parfait Aryen (hormis sa taille un peu courte !).

Toujours selon les dires du premier « contacté » autoproclamé, cette rencontre n'aurait pas été la seule : le 13 décembre 1952, de retour à Palomar Gardens, le Vénusien lui propose même… un petit tour en soucoupe volante, véhicule qu'il photographiera à cette occasion, mais seulement une fois posé au sol !

Ce récit constituerait le témoignage ultime de RR3, corroboré par des photos saisissantes… s'il ne s'agissait pas d'une des plus grandes mystifications de l'histoire de l'ufologie – qui n'en est pourtant pas avare ! Les clichés pris par Adamski ont été dénoncés depuis comme d'habiles montages, les prétendues soucoupes ayant été bricolées à partir d'une vieille lampe ou lanterne à pression (qui pouvait fonctionner à l'alcool, au pétrole ou à l'essence). Quant aux « témoins » de la rencontre avec Orthon, ils auraient surtout été témoins – et victimes – de ses talents de mystificateur et de manipulateur : aucun n'a vu ou prétendu voir directement le Vénusien ou sa soucoupe, Adamski se contentant de faire des allers-retours derrière une colline pour leur rapporter le déroulement des événements et arguant que l'extraterrestre ne voulait pas se révéler à eux. Nombre d'autres allégations de ce charlatan de génie ont été battues en brèche, notamment les audiences qu'il prétendait avoir obtenues avec le pape Jean XXIII, le président Kennedy ou la reine Juliana de Hollande.

Malgré ces grossières supercheries, certains adeptes, réunis autour d'une fondation à son nom créée par sa fille, le considèrent encore comme « le premier homme dans l'espace » – presque dix ans avant Youri Gagarine (1934-1968) en 1961 ! – et tiennent ses récits pour véridiques.

La vague de 1954 : des aliens jusqu'en France !

Jusqu'ici les cas que nous avons rencontrés ne plaident guère en faveur de la crédibilité des récits de RR3 : une médium somnambule et peut-être psychotique, un mystificateur et faussaire aux motivations obscures… On pourrait penser que la chronique ufologique, au moins dans la catégorie RR3, n'est qu'une suite de canulars et d'escroquerie, et refermer ce dossier. Mais ce serait aller un peu vite en besogne.

Les RR3 sont assez rares par rapport aux simples observations de phénomènes aériens (RR1), et présentent en général un moindre degré de fiabilité : elles sont le plus souvent relatées par un unique témoin, et présentent en général des circonstances étranges ou incongrues ou des incohérences. Cependant tous ces témoignages ne sont pas à ranger d'emblée aux oubliettes ou dans le bêtisier de l'ufologie. Ils n'émanent pas tous, tant s'en faut, de mythomanes, d'affabulateurs, d'alcooliques et de toxicomanes, ou encore de malades mentaux délirants. Et les témoins n'ont souvent pas le profil auquel on s'attendrait en pareil cas : intérêt préalable pour l'astronomie, voire le phénomène ovnis ; inclination pour le mystère, l'inconnu, l'inexpliqué, le paranormal ; passion pour la science-fiction ; personnalité de hâbleur, d'histrion, tendance à rechercher la notoriété, l'attention, etc. Au contraire, les témoins de ces RR3 sont souvent des gens simples, sans histoire comme on dit, et semblent plutôt embarrassés par le regard médiatique qui se tourne vers eux suite à leur récit.

Cette constatation s'applique particulièrement bien aux très rares cas de RR3 recensés en France. Les premiers enregistrés dans les archives du GEIPAN, mais bien antérieurs à la création de ce groupe de recherche rattaché au CNES, datent de 1954, une des années les plus marquantes de l'histoire du phénomène ovnis. Elle marque le déferlement, après celle de 1947, d'une nouvelle vague d'ovnis, mais cette fois d'une tout autre ampleur : ce ne sont plus les seuls États-Unis qui sont alors touchés, mais le monde entier. Et surtout les phénomènes rapportés changent eux aussi de nature, avec notamment deux traits marquants et récurrents : les observations d'ovnis « géants » (des objets dont la taille estimée par les témoins dépasse celle des aéronefs connus), et les RR3.

En France, si des observations d'ovnis ont été enregistrées sur des rapports de gendarmerie dès 1937, cette année 1954 marque sans aucun doute l'entrée en fanfare de ce phénomène dans le paysage médiatique. Avec trop souvent un sensationnalisme, un sens de l'exagération et une tendance à l'à-peu-près qui font de la recherche des faits « bruts » un véritable parcours du combattant. Reste qu'une fois retombés le brouhaha médiatique et son effet grossissant, les témoignages demeurent, parfois toujours aussi troublants soixante-cinq ans plus tard.

Ainsi le 10 septembre 1954 dans la nuit, à Quarouble, commune du département du Nord proche de la frontière belge, Marius Dewilde (1921-1996), un ouvrier métallurgiste habitant avec sa famille une maison de garde-barrière isolée, est alerté par les cris de son chien. Il aperçoit non loin de sa maison, sur la voie ferrée, un objet sombre qu'il pense être une charrette dételée et laissée là par un agriculteur. Alors qu'il pointe sa lampe électrique dans la direction où son chien regarde, le faisceau lumineux lui révèle deux êtres de petite taille (moins d'un mètre selon lui), de forme humaine, mais possédant des épaules carrées, et une énorme tête – à moins qu'il ne s'agisse des casques de leurs scaphandres. Dewilde tente alors de les approcher dans l'intention d'en intercepter un, mais il est comme paralysé par un rayon lumineux aveuglant provenant de l'appareil posé sur les rails, vers lequel les deux humanoïdes se replient alors, avant qu'il ne s'élève dans les airs à la verticale, en oscillant comme un hélicoptère, pour disparaître soudainement au bout d'une minute.

En état de choc, le témoin se rend à la gendarmerie, mais son agitation et ses propos décousus le font passer pour un fou, et il est prié de rentrer chez lui sans que sa déposition soit consignée. Il se rabat donc sur le commissariat de police, où il est cette fois pris au sérieux. C'est alors une véritable ruée qui déferle sur le terrain entourant sa petite maison de garde-barrière, perdue parmi les bois et les champs : outre les journalistes et les badauds qui y affluent, la police, la gendarmerie de l'air, la DST et l'armée investissent les lieux. Le secteur est bouclé, la zone et ses habitants sont contrôlés au compteur Geiger, qui ne révèle pas une dose de radiations anormale. Le terrain est passé au peigne fin. Pendant que tout ce monde s'affaire, un train passant par là – à vitesse réduite pour éviter de renverser quelqu'un parmi cette foule – est brusquement arrêté après avoir provoqué un affaissement de la voie, à l'endroit précis où Dewilde dit avoir vu l'engin avant son décollage. Le machiniste, qui veut utiliser le téléphone, constate qu'il ne fonctionne plus, et Dewilde prétend qu'il en est ainsi depuis son inquiétante rencontre ; les piles de tous ses appareils électriques se seraient déchargées d'un coup et sans raison.

Les investigations révélèrent des traces sur la voie ferrée : plusieurs traverses sont marquées de profonds trous – cinq enfoncements disposés de façon symétrique, qui auraient correspondu, selon les ingénieurs des chemins de fer consultés à ce sujet, à un engin de... 30 tonnes ! Le ballast sur la zone de l'atterrissage présumé est anormalement friable, comme s'il avait été soumis à de très hautes températures – ce qui expliquerait l'incident du train.

La piste d'un hélicoptère de contrebandiers (qui sévissaient fréquemment dans la région en raison de la proximité avec la frontière belge) est vite écartée en raison des fils télégraphiques, qui interdiraient tout atterrissage sur les lieux – mais qui apparemment n'ont pas posé problème aux ufonautes. Plusieurs témoins des environs confirment par ailleurs avoir aussi vu un ovni dans le ciel le même soir.

Bien des années plus tard, en 1980, Marius Dewilde publia avec la collaboration de Roger-Luc Mary (1930-2002) – un musicien devenu écrivain et journaliste spécialisé dans la parapsychologie, l'occultisme et l'ufologie – un livre intitulé *Ne résistez pas aux extraterrestres.* Il y relate son étrange rencontre de 1954, ainsi qu'une série d'événements ultérieurs qu'il aurait tenus secrets pendant des années : après le premier atterrissage, les ufonautes seraient revenus sur les lieux et, cette fois, il aurait pu les contempler et aurait même fait un tour en soucoupe avec son fils ; quelques jours plus tard, emmené par la police dans un hôpital où il est tenu au secret, il y aurait été interrogé par la DST, qui aurait cherché par divers moyens (drogues, électrochocs, hypnose) à le faire parler, pensant qu'il en savait plus que ce qu'il avait livré à la presse… Il aurait finalement été emmené devant un blockhaus où était entreposée une soucoupe de 10 mètres, pour lui demander d'identifier l'engin qu'il avait vu à Quarouble. Reconduit chez lui, il aurait de nouveau reçu la visite de militaires qui auraient emporté une mystérieuse boîte trouvée dans sa cave. Le livre relate aussi d'autres événements rattachés à l'observation de Quarouble, notamment des cas de mutilation de bétail survenus dans les environs le lendemain de la rencontre de Dewilde, qui attribue aussi la mort de son chien Kiki, six mois après la « visite » qu'il fut le premier à signaler par ses aboiements, aux suites de cet événement.

Tout ce récit rocambolesque, qui ne s'appuie que sur les propos du « contacté de Quarouble » et qui rappelle les mystifications d'Adamski et les pires pages de la paranoïa complotiste, laisse perplexe quant à la nature de toute cette affaire de RR3 : l'ouvrier métallurgiste avait-il perdu la raison à la suite de cette expérience ou même avant ? A-t-il été abusé par des ufologues peu scrupuleux, qui l'auraient encouragé dans ses divagations ? Son récit n'est-il que pure affabulation, destinée à alimenter un livre racoleur dans le genre paranormal ? A-t-il réellement vécu une partie des mésaventures qu'il décrit – une phase d'internement psychiatrique, des interrogatoires militaires –, qu'il aurait extrapolées ou exagérées par la suite ? Quoi qu'il en soit, il est difficile dès lors de faire la part des faits réels dans cette affaire à tiroirs et à rebondissements. Si elle avait été la seule, il aurait été d'autant plus tentant de la classer parmi les élucubrations ou les délires isolés. Mais la même année, d'autres témoins ont rapporté de semblables rencontres.

Le 26 septembre, un peu plus de deux semaines après les faits survenus à Quarouble, c'est Chabeuil (Drôme), petite localité proche de Valence bordant le massif du Vercors, qui reçoit la visite inattendue d'étranges ufonautes. Alors qu'elle se promène en bordure d'un champ de maïs, non loin du cimetière où elle vient avec son mari de fleurir le caveau familial, Lucette Lebœuf, elle aussi avertie par les cris de son chien, se retrouve nez à nez avec un petit être. Elle le décrira aux gendarmes comme « un gosse sous cellophane », car il « paraissait enveloppé dans un scaphandre transparent des pieds à la tête ». Elle estime sa taille entre 1,10 mètre et 1,15 mètre, et précise qu'elle ne lui a pas vu de bras. Cet individu qu'elle prit d'abord pour un « épouvantail à moineaux » – peut-être parce qu'elle le vit au milieu des épis de maïs – a-t-il lui aussi aperçu Mme Lebœuf, dont le témoignage présente ici quelques incohérences, puisqu'elle lui prête d'abord une figure humaine et dit avoir croisé son regard, avant de se raviser en prétendant que le casque du scaphandre était « brouillé » et ne laissait pas voir le visage ? Elle n'est pas sûre d'avoir vu ses yeux, car ils lui ont semblé bien plus grands que des yeux humains. Elle prétend qu'il ne se trouvait qu'à 2,5 mètres d'elle, mais ces inexactitudes dans sa description sont bien compréhensibles compte tenu de l'émotion qui s'empara d'elle.

Car la pauvre Lucette est terrifiée par cette rencontre inattendue : elle hurle et se réfugie dans une haie avec son cocker noir prénommé Dolly. Dans un premier temps, l'étrange créature semble se diriger vers elle « en sautillant », puis elle aperçoit une soucoupe volante s'élever dans les airs depuis un champ voisin avec « un léger ronronnement », s'incliner à la verticale et s'en aller « à une vitesse vertigineuse » avec « un sifflement bizarre ». Des paysans la retrouveront dans les buissons, paralysée par la peur – à moins qu'il ne s'agisse d'un des effets souvent décrits par les témoins d'ovnis, que l'on suppose provoqués, intentionnellement ou non, par les voyageurs extraterrestres ou leurs véhicules. Si Mme Lebœuf est la seule à avoir vu cette créature, les bruits qu'elle a décrits ont également été entendus par son mari, resté dans l'enceinte du cimetière pour nettoyer la pierre tombale du caveau de famille, ainsi que par les trois paysans venus à son aide et d'autres voisins. La malheureuse restera alitée pendant deux jours, fiévreuse et en état de choc, et sa fidèle Dolly pendant trois jours et trois nuits à trembler comme une feuille ! À l'endroit d'où aurait décollé l'ovni, les enquêteurs retrouvèrent une trace circulaire de 3 mètres de diamètre : à l'intérieur, les mûriers et autres buissons sont écrasés, et plusieurs branches d'acacia brisées sur le pourtour. Et le blé était couché dans ce qui semblait être le sillage de l'engin. Mais on n'a jamais su ce qui a pu terroriser ainsi Mme Lebœuf et son cocker.

Certains ufologues affirment que, de même qu'il existe des « coins à champignons », on trouve aussi des « coins à ovnis ». Si c'est le cas, ce petit coin de la Drôme en serait assurément un, puisque 24 ans après ce fait divers marquant, le 3 mars 1978, une autre observation d'ovni fut rapportée à 2,5 kilomètres du cimetière, sur la route reliant Chabeuil à Malissard. Il ne s'agissait cette fois-ci « que » d'une RR2 : un vaisseau en forme de « banane » aperçu dans un champ par une automobiliste et ses deux enfants, qui s'est ensuite envolé selon le scénario souvent décrit par les témoins d'ovnis : s'élevant d'abord à la verticale pour filer ensuite brusquement à une vitesse improbable. Hormis le « doublé » de Gujan-Mestras cité plus haut, avec ses deux observations bien moins spectaculaires (surtout pour la seconde), un tel rapprochement géographique entre deux rapports d'ovnis est unique dans les annales de l'ufologie française, et assez rare en général – hormis semble-t-il autour de certaines installations nucléaires militaires, mais nous y reviendrons.

Ces trois témoignages de RR3, survenus sur une période de temps assez courte, présentent des rapprochements frappants : l'apparence des aliens présumés est décrite de façon similaire, avec des détails récurrents – petite taille, grosse tête, absence de bras.

Quelques autres cas de RR3 furent rapportés en France dans les années qui suivirent, dont deux que nous avons mentionnées plus haut : à Valensole en 1965 et à Cussac en 1967. Malgré la présence de traces et d'indices, dont l'interprétation est sujette à polémiques, toutes ces observations ont été effectuées par des témoins uniques (sauf à Cussac, où les événements ont été décrits par deux enfants qui étaient frère et sœur). Les enquêteurs les plus sceptiques y voient une série de canulars, de confusions ou de mystifications, mais les éléments et les arguments en faveur de ces interprétations sont souvent aussi discutables que les témoignages eux-mêmes.

Les récits de ce type sont assez rares par rapport aux « simples » observations d'ovnis (premier et, surtout, second type), et ne vont pas sans poser de sérieux problèmes. Car même en envisageant qu'il puisse effectivement s'agir de visiteurs extraterrestres, leurs motivations et leur comportement sont pour le moins étranges : ils se laissent approcher, mais fuient le contact, semblent éviter les zones trop peuplées, mais se font facilement surprendre quand ils tombent sur un Terrien… Les manifestations de ce genre présentent pourtant un élément commun cohérent : les êtres rencontrés ne semblent pas du tout désireux d'établir le contact. Pour affiner la classification de Hynek, il faudrait donc distinguer ces « rencontres » de récits de « contactés » qui, comme Hélène Smith et George Adamski, affirment avoir communiqué avec des entités exogènes. Ces témoignages de contactés sont beaucoup plus nombreux que ceux de « simples » rencontres, mais nous ne nous y attarderons pas ici. D'une part parce qu'ils sont souvent sujets à caution, d'autre part parce qu'ils relèvent en général d'une interprétation paranormale du phénomène ovnis. Or si elle en vaut une autre, cette tentative d'explication échappe par définition (jusqu'à preuve du contraire) à l'examen scientifique et rationnel, enfermant pour ainsi dire le « contacté » dans sa conviction et son vécu intérieurs. Les « contactés » invoquent en effet souvent des communications psychiques (télépathie), des voyages extracorporels, des formes de langage non verbales et incommunicables, et l'adhésion à leur récit implique donc une croyance préalable à ces phénomènes. Libre à chacun d'aborder la question avec ses propres convictions, mais l'amalgame entre ovnis et « parasciences » ou paranormal est déjà trop souvent fait par les critiques rationalistes pour le réitérer ici : une polémique à la fois, s'il vous plaît !

Enlevés par des ET ? Les cas d'« abduction »

Mais qu'il s'agisse de rencontres apparemment fortuites ou de l'amorce d'un semblant de dialogue, ceux qui auraient croisé ou connu des aliens se sentent bien seuls avec leur expérience extraordinaire. Une solitude à laquelle peuvent s'ajouter l'angoisse et même une peur pour le coup très communicative, pour une troisième catégorie de contactés : ceux que l'on peut appeler les « abductés ». Ce terme est un anglicisme, transposition de *abducted.* En français, on parle plutôt d'« abduction » d'eau, par exemple, pour désigner l'irrigation. L'idée est la même dans l'« abduction » anglaise appliquée au cas des ovnis, et souvent traduite approximativement par « enlèvement » (ou encore « kidnapping » – un autre anglicisme !) : on prélève quelque chose quelque part pour l'apporter plus loin. Sauf qu'au lieu d'eau, il s'agit ici de… spécimens de primates terriens bipèdes de l'espèce *Homo sapiens* !

Principalement américain, ce phénomène des « abductions » est un des plus dérangeants de l'immense dossier ovnis, peut-être parce que, malgré la faible crédibilité de la plupart des cas, il implique une menace sourde sur notre espèce, et un statut peu gratifiant de cobayes interplanétaires.

Abduction ou séduction ?

Ici encore, l'histoire ne commence pas sous les meilleurs auspices : le premier cas rapporté (ou en tout cas mondialement médiatisé) serait celui d'un fermier brésilien, Antônio Vilas-Boas (1934-1991), qui prétendit en 1957 avoir été enlevé par des extraterrestres humanoïdes de petite taille, sortis d'une soucoupe qui s'était posée dans le champ où il travaillait de nuit pour échapper aux chaleurs de la journée. Emporté dans leur astronef, dénudé, soumis à divers traitements étranges, il dit ensuite avoir eu des rapports sexuels avec *une* alien des plus sexy, au visage triangulaire et au menton pointu, aux longs cheveux blond platine et aux yeux bleus de félin ! Il crut finalement comprendre (les ET s'exprimant dans un langage fait de cris, d'aboiements et de jappements) que toute l'opération avait pour but de produire un descendant hybride, destiné à être élevé dans le monde d'origine de sa mère. Après quoi, ses vêtements lui ayant été restitués, il fut relâché et put retourner chez lui – la soucoupe, qui semble être restée à terre pendant tout ce temps (4 heures selon lui), repartant vers une destination inconnue. Vilas-Boas devint par la suite avocat, mais il maintint jusqu'à sa mort cette version de son incroyable expérience. Âgé de 23 ans au moment des faits, il suivait alors des cours du soir en vue de cette reconversion. Pourquoi aurait-il inventé cette histoire abracadabrante, vraisemblablement inspirée d'un article paru quelques mois plus tôt dans un journal brésilien et relatant un récit similaire, mais passé aux oubliettes de la chronique ufologique ? En la matière, les motivations des humains impliqués sont souvent tout aussi obscures que celles prêtées aux ET présumés !

Le récit picaresque du Brésilien incite la plupart de ses commentateurs à n'y voir qu'une simple affabulation, mais on y trouve des traits qui reviendront dans beaucoup de cas d'abduction : expériences étranges, rapports sexuels forcés (même si Vilas-Boas avoua quant à lui avoir été très attiré par sa ravissante ravisseuse !), programmes présumés d'hybridation interplanétaires…

Mais c'est un autre cas, rapporté quelques années plus tard aux États-Unis, qui fit réellement entrer le phénomène de l'abduction extraterrestre dans le paysage déjà bien rempli de l'« ufosphère ». Et ici, les zoologues ufonautes avaient décidé de « prélever » non pas un spécimen, mais un *couple* de ces bien curieux bipèdes terriens !

L'étrange cas des époux Hill

Cette affaire, qui connut un retentissement mondial et reste aujourd'hui une des plus marquantes dans l'histoire des ovnis, éclate en 1961. Dans la nuit du 19 au 20 septembre,

Betty Hill (1919-2004) et son mari Barney (1922-1969) reviennent en voiture de leurs vacances au Canada et des chutes du Niagara, pour regagner leur domicile de Portsmouth dans le Maryland, sur la côte nord-est des États-Unis. La route est longue et monotone, et ils ont atteint l'État du New Hampshire quand, vers 22 h 30, au sud de Lancaster, ils aperçoivent ce qu'ils croient d'abord être une étoile filante. Quelques kilomètres plus loin, la lueur se précise et ne laisse plus place au doute : ils sont bien confrontés à une de ces soucoupes volantes dont on parle tant, et elle semble les avoir pris en chasse ! Barney stoppe son véhicule et regarde, à la jumelle, les occupants du vaisseau qui les observent par des hublots. Terrifié, il tente de repartir, mais dans leur voiture un son étrange, comme un « bip », retentit alors aux oreilles des deux époux, qui se retrouvent l'instant d'après – à ce qui leur semble – 50 kilomètres plus loin sur la même route ! Aucun des deux n'a le moindre souvenir de ce qui s'est déroulé pendant ce « trou » de deux heures. Leurs montres sont arrêtées, la voiture présente des rayures incompréhensibles et des taches brillantes qui affolent les boussoles qui s'en approchent, les bottes de Barney sont inexplicablement boueuses et elles aussi marquées de traces de griffures, la robe de Betty est déchirée et parsemée d'une étrange poudre rose…

Inquiétée par leur dernier souvenir avant le « blackout » – la vision d'une soucoupe volante visiblement occupée – Betty alerte la base militaire aérienne la plus proche, celle de Pease, pour signaler la présence d'un ovni, sans toutefois mentionner ses occupants par crainte du ridicule. Le major Henderson, qui enregistra le rapport, conclut donc à une simple confusion avec Jupiter. Dans les jours qui suivent leur glaçante expérience, le couple Hill souffre de troubles du sommeil, Betty fait des cauchemars récurrents et Barney est tenaillé par une anxiété persistante qui se traduit par un ulcère à l'estomac. Ils finissent par consulter le docteur Benjamin Simon, un psychiatre spécialisé dans les traumatismes de guerre, qui pratique le traitement par l'hypnose.

Les séances de « régression », censées raviver par la transe hypnotique des souvenirs enfouis oubliés, leur restituent le déroulement des événements pendant la partie manquante de leur incroyable nuit, qu'ils soupçonnaient déjà par le contenu des rêves qui les tourmentaient depuis et des bribes de souvenirs qu'ils avaient gardés de leur période de *missing time* (« temps manquant », ainsi que l'on désigne ces « trous » inexplicables dans la remémoration d'une période de temps) : après avoir tenté d'échapper à l'ovni en bifurquant vers un chemin forestier, ils sont rattrapés dans une clairière, leur véhicule immobilisé, et ils sont embarqués dans l'appareil par des petits êtres chauves à la peau grise et aux grands yeux en amande. Ils sont séparés, puis soumis à une batterie d'examens médicaux et de prélèvements en tous genres (cheveux, ongles, peau). Barney a le désagréable souvenir d'investigations plus invasives et intimes (il se plaignait après l'incident de démangeaisons persistantes à l'entrejambe), ainsi que de communications télépathiques avec ses ravisseurs. Betty quant à elle se serait entretenue avec ce qui lui sembla être un membre important du groupe, car il dirigeait les opérations lors de son « check-up ». Celui-ci parlait un anglais assez rudimentaire, mais parvint tout de même à lui expliquer qu'elle et son époux allaient être ramenés chez eux et qu'ils oublieraient tout de cette assez déplaisante expérience. L'alien en chef lui montra aussi une carte des étoiles, qu'elle parvint à reconstituer durant une séance d'hypnose. Quelques années plus tard, en 1969, Marjorie Fish, une institutrice passionnée d'astronomie, crut y reconnaître les deux étoiles du système stellaire Zeta Reticuli, situé à une quarantaine d'années-lumière du nôtre. Nombre de critiques eurent beau faire remarquer que le dessin, trop vague, aurait pu représenter à peu près n'importe quelle constellation, les « Petits Gris » réticuliens ont dès lors acquis une place de choix dans le trombinoscope des aliens venus sur Terre ! (Aux dernières nouvelles, les astronomes n'ont encore détecté aucune exoplanète gravitant autour de l'étoile binaire Zeta Reticuli…)

Le plus intrigant dans cette histoire est évidemment que les deux époux Hill ont donné, au cours de leurs séances d'hypnose respectives, des versions concordantes de l'incident – hormis pour le moment où ils ont été séparés, mais là aussi leurs récits sont au moins *cohérents*. S'il s'agit d'une hallucination, comment expliquer qu'ils aient eu la même en même temps ? On parle parfois d'hallucinations collectives, mais il s'agit plutôt d'une interprétation erronée d'événements réels qui se propagent dans une foule par une sorte de contagion sociale. S'il ne s'agit pas réellement d'un enlèvement par des extraterrestres, à des fins apparemment médico-scientifiques, qu'ont-ils bien pu vivre qui fassent naître en eux de telles idées ?

Un canular ou une affabulation en couple ? Cette hypothèse ne cadre pas avec la personnalité des témoins.

Betty Hill était assistante sociale, Barney employé des postes. Un seul trait les distingue du couple américain moyen, à une époque encore marquée par la ségrégation raciale : Betty est blanche et Barney noir – il est d'ailleurs impliqué dans le mouvement pour les droits civiques. Instruits et socialement intégrés, ils ne semblent pas être gens à inventer des histoires extravagantes pour le seul plaisir d'attirer l'attention. L'explication généralement donnée par les enquêteurs sceptiques est que Betty, à la personnalité imaginative, aurait en toute sincérité raconté ses rêves à Barney, et que tous deux auraient ainsi élaboré et partagé un « faux souvenir » que les séances d'hypnose n'auraient fait que consolider. Ils auraient été dès lors persuadés de la véracité des événements – ils maintiendront d'ailleurs leur version des faits jusqu'à leur mort. Mais comment expliquer alors leurs troubles partagés après leur retour du Canada, les traces inexpliquées, et leur perte de mémoire pendant près de deux heures (et 50 kilomètres !) ?

Largement médiatisée par un livre paru en 1966 (*Le Voyage interrompu*), la mésaventure du couple Hill fut la première d'une longue série, inaugurant une vague de récits d'enlèvements qui continuent d'alimenter les archives des associations ufologiques. On retrouve des éléments presque constants dans ces témoignages : mémoire des événements effacée et presque toujours retrouvée par l'hypnose ; examens médicaux et expériences, parfois invasives et douloureuses. D'autres aspects divergent selon les cas : il arrive que les ravisseurs communiquent avec les « abductés », leur délivrent des messages plus ou moins clairs ; on retrouve aussi souvent des expériences d'hybridation, impliquant viols ou relations sexuelles plus ou moins consenties, examens gynécologiques, etc.

Ces affaires d'abduction sont souvent relayées par la presse à sensation, car elles effraient et fascinent bien plus que de « simples » observations de lumières étranges. Si les propos des victimes supposées correspondaient à une réalité, ils suggéreraient des comportements bien inquiétants – et pour le moins cavaliers ! – de la part de nos hôtes venus de si loin.

Étonnamment, ces enlèvements par des races exogènes seraient pourtant parmi les plus explicables de tous les phénomènes associés aux ovnis. Ici la querelle entre « pro-HET » et ultra-sceptiques ne porte pas sur le terrain de la physique, mais sur celui de la psychologie et des neurosciences, un domaine qui ne cesse de nous dévoiler de nouveaux prodiges sur ce territoire encore largement inexploré : notre très terrestre cerveau !

Un phénomène maintenant bien connu, appelé « paralysie du sommeil », se trouverait au cœur des cas d'abduction – ou au moins de la plupart d'entre eux. Il intervient chez certains individus lorsqu'ils se réveillent brusquement pendant une phase du sommeil dit « paradoxal » – pendant laquelle nous rêvons –, alors que le mouvement est encore inhibé (ce qui nous permet d'éviter des gestes brusques, qui pourraient être dangereux, même pendant nos rêves les plus agités). Comme si son cerveau s'était réveillé alors que ses muscles ne lui répondent plus (ou en réalité pas encore), le sujet se sent comme paralysé. Chez la plupart d'entre nous, une telle impression est trop fugace pour être vraiment dérangeante. Mais si elle se prolonge trop, elle peut provoquer une angoisse intense chez certaines personnes, aggravée encore par l'état de demi-sommeil dans lequel elles se trouvent, où des éléments du rêve persistent au réveil et se mêlent à la réalité. Les patients atteints de cette paralysie du sommeil mentionnent souvent la sensation vague d'une présence malveillante dans la pièce au moment de leur réveil, qui pourrait s'expliquer par l'influence d'un cauchemar, associée à l'angoisse de l'immobilité.

À ce phénomène s'ajoute l'intervention d'un élément qui se situe au centre des débats entre sceptiques et « croyants » : l'hypnose elle-même. Car il faut être prudent face aux témoignages obtenus par ce moyen. La suggestion hypnotique a beau être connue et étudiée depuis plus d'un siècle, on en connaît encore mal les mécanismes. Mais on sait qu'il ne s'agit pas de l'élixir de vérité que certains enthousiastes s'empressent de prendre pour parole d'évangile – surtout quand ses « révélations » abondent dans le sens de leurs convictions. L'hypnose est notamment reconnue comme pouvant implanter des « faux souvenirs » chez le sujet qui s'y prête : alimentant sa transe de ses fantasmes, de ses centres d'intérêt et de ses obsessions, il finit par croire en toute candeur à la réalité de faits qui ne se sont jamais produits, à plus forte raison si l'hypnotiseur le « pousse » dans cette direction, quand il ne l'influence pas par ses propres suggestions – parfois inconsciemment, parfois volontairement. Ce n'est pas sans raison que les interrogatoires sous hypnose ne sont notamment pas recevables en justice : rien ne garantit que ce qui en émerge soit la vérité.

Reste que certains témoignages d'abduction présentent des éléments qui résistent à cette rationalisation du phénomène. Parfois les « abductés » ont disparu sous l'œil d'autres témoins ou présentent des marques physiques. Certains cas concordent aussi avec des observations d'ovnis par des témoins indépendants, ignorant tout de l'enlèvement supposé.

Des « abductés » en France ? L'affaire de Cergy

C'est surtout aux États-Unis que les cas d'enlèvements supposés par les extraterrestres sont devenus un véritable phénomène de société, au point que les « abductés » se réunissent au sein d'association dédiées, et qu'une série télévisée produite par Steven Spielberg a été consacrée à ce sujet angoissant. La psychose n'a pas vraiment « pris » en France, mais il faut dire que le seul cas important relayé par les médias a plutôt contribué à discréditer ce thème de l'enlèvement extraterrestre : il s'agit de l'affaire dite de l'enlèvement de Cergy.

Les événements se déroulèrent en 1979, dans cette ville nouvelle de Cergy-Pontoise (Val-d'Oise) qui venait à peine de « sortir de terre » et était entourée par des terrains vagues et des champs cultivés. Le 26 novembre au petit matin, trois jeunes gens qui vivotaient en vendant des vêtements sur les marchés s'apprêtaient à charger leur marchandise dans leur voiture pour se rendre à celui de Gisors, à 40 kilomètres de là. Alors que Franck Fontaine (19 ans) fait démarrer le véhicule, un vieux break plutôt récalcitrant, il aperçoit dans le ciel un objet lumineux en forme de cigare. Il le signale à ses deux amis, Jean-Pierre Prévost et Salomon N'Diaye, qui courent chercher un appareil photo pendant que Fontaine, déjà installé au volant, décide de suivre le phénomène en voiture. Ne trouvant pas de pellicule, Prévost et N'Diaye (25 ans tous les deux) redescendent et voient, 200 mètres plus loin, le break entouré d'un brouillard lumineux et, volant à côté, une sphère lumineuse de la taille d'une balle de tennis. Croyant à une panne, ils courent vers le véhicule, mais ne retrouvent plus trace de leur ami dans la voiture ni aux alentours ! C'est du moins ce que, apparemment inquiets, ils déclarent à la police lorsqu'ils signalent la disparition inexpliquée de leur ami. Malgré quelques incohérences de détail et une attitude étrange compte tenu des circonstances, leurs dépositions concordent.

L'affaire est confiée à la gendarmerie de Cergy qui entame une enquête, mais ne découvre aucune piste. Les hypothèses d'une fugue ou d'un meurtre déguisé sont vite abandonnées, mais celle de l'enlèvement par des extraterrestres n'est évidemment pas prise au sérieux. Le phénomène ovnis commençait pourtant à gagner en crédibilité dans les institutions françaises et internationales : deux ans auparavant, l'ONU avait inscrit le sujet à l'ordre du jour des débats de son Assemblée générale, et la même année 1977 avait été marquée, en France, par la création du GEPAN, dépendant du très respectable CNES (Centre National d'Études Spatiales). Ces timides avancées n'avaient certainement pas suffi à convaincre les gendarmes de Cergy, qui s'en tenaient aux grands titres de la presse et se montraient plutôt sceptiques, mais il ne s'agissait plus alors d'une histoire de soucoupe volante comme on pouvait en entendre parler aux informations : c'est une affaire de disparition inquiétante qui était entre leurs mains. Alors que leur enquête piétine, les médias s'emparent de l'affaire et les commentaires vont bon train, opposant déjà les convaincus et les sceptiques, qui soupçonnent un canular. Mais tout ce beau monde n'était pas au bout de ses surprises…

Le 3 décembre éclate un véritable coup de théâtre : un journaliste radio avertit la gendarmerie de l'appel d'un auditeur anonyme, qui déclare avoir vu le disparu de Cergy sortir d'une boule lumineuse au milieu d'un champ de choux ! Et Franck Fontaine est bien de retour chez lui, auprès de sa femme et de son bébé, en compagnie de ses deux amis. Il dit avoir bien vu les boules lumineuses décrites par ces derniers, mais n'a aucun souvenir des huit jours pendant lesquels il a été absent. Il s'est réveillé dans le champ aux alentours de 4 heures du matin et, croyant que sa voiture avait été volée, il s'est précipité chez ses deux amis et s'est étonné de retrouver Salomon en pyjama, alors qu'il était sûr de l'avoir quitté tout habillé quelques minutes avant !

Alors que les déclarations des trois amis portent l'effervescence médiatique à son comble, des zones d'ombre commencent à planer sur l'affaire. Le GEPAN, fraîchement inauguré, a été averti par la gendarmerie dès le jour de la disparition, et se trouve confronté à la première affaire d'envergure de son histoire. La crédibilité de ce groupe d'étude est en jeu, et cette enquête représente pour ses membres une épreuve : trop de crédulité nuirait à sa réputation de sérieux, mais il se doit d'être aux premières loges quand survient un événement de ce genre. Face aux premiers éléments apportés par l'enquête de gendarmerie, c'est la prudence qui prévaut parmi les enquêteurs du GEPAN (des professionnels de différentes branches officiant à titre bénévole). Mais quand leur parvient la nouvelle du retour du kidnappé interstellaire et qu'ils cherchent fort logiquement à entrer en contact avec lui pour recueillir son témoignage, ils se heurtent d'abord à des réticences, puis à un franc refus ! Fontaine tient alors des propos étranges : « Pour tout révéler, il me faut des garanties de l'État. Quand je serais sûr qu'on ne m'embêtera pas. Pour le moment, ce qui est dans ma mémoire, je le garde pour moi. »

Il prétend n'avoir aucune confiance dans le GEPAN, mais livre la primeur de ses révélations, en compagnie de Jean-Pierre Prévost, à l'ufologue français Jimmy Guieu (1926-2000), journaliste et romancier de science-fiction qui fut parmi les premiers en France à défendre l'hypothèse extraterrestre pour expliquer les observations d'ovnis (dans son livre *Les Soucoupes volantes viennent d'un autre monde* [1954]), et qui avait fondé à Marseille l'IMSA (Institut Mondial des Sciences Avancées : excusez du peu !), association évidemment non officielle destinée à étudier les phénomènes inexpliqués. Il parvient à approcher Fontaine au point de gagner sa confiance et de le convaincre de se soumettre à l'hypnose. Prévost, lui aussi sous hypnose, prétend à son tour être en contact par télépathie avec un extraterrestre nommé Haurrio. Dès 1980, moins d'un an après les faits, Guieu cosigna avec les trois protagonistes de l'affaire un livre qui présente Fontaine comme le premier « abducté » français. Le message délivré par ses « ravisseurs » est un de ceux que l'on retrouve dans les propos de nombreux « contactés » : ils sont venus pour avertir les Terriens des dangers qu'ils faisaient courir à leur planète et à leur avenir.

Malgré ce battage médiatique, les soupçons s'accumulent autour des trois témoins, sur lesquels pèse la menace d'une inculpation d'outrage à magistrat, encourue par quiconque se rend coupable d'un faux témoignage. Le délai de prescription au-delà duquel les coupables ne peuvent plus être traînés en justice étant de trois ans pour ce délit, Jean-Pierre Prévost attendit qu'il ait expiré pour faire son ultime aveu : toute l'affaire n'était qu'un coup monté par lui, avec la complicité des deux autres, et d'un quatrième comparse qui aurait caché Franck Fontaine pendant la durée de sa prétendue disparition. Mais dans quel but a-t-il agi ainsi ? Lui affirme avoir voulu transmettre par ce moyen un message de paix à l'humanité. Peut-être voulait-il aussi se moquer de son propre frère qui correspondait avec une association ufologique américaine. Le sujet des ovnis revenait souvent dans les journaux et à la télé à l'époque des faits – FR3 avait diffusé une émission intitulée *Les Mystères du ciel* la veille de la « disparition » –, et lui a peut-être inspiré ce scénario rocambolesque, mais aisé à mettre en place. Mais pourquoi avoir ainsi attiré l'attention des médias et, surtout, des forces de l'ordre, alors que les trois compères conduisaient tous sans permis de conduire ni assurance, et que leur commerce de jeans présentait quelques irrégularités vis-à-vis de la loi, mises au jour par l'enquête de gendarmerie ? Pour comble de la confusion, Fontaine continua, même après les aveux de Prévost, à soutenir la thèse de son enlèvement. Quant au troisième « témoin », Salomon N'Diaye, il ne donna plus signe de vie – immigré sénégalais, il cherchait sans doute à éviter des problèmes avec les autorités françaises.

Ces incohérences et ces interrogations ont poussé certains ufologues à imaginer une officine étatique secrète agissant dans l'ombre et manipulant les trois jeunes gens, peut-être pour tester les conséquences d'une révélation ufologique de grande ampleur et les mécanismes de contagion de la rumeur… Une chose est sûre : ils sont fous ces Terriens !

Déjà parmi nous ? L'affaire Ummo et l'hypothèse de l'infiltration

« Ils sont parmi nous ! » : cette exclamation, qui sonne comme une réplique fracassante au fameux « Où sont-ils ? » d'Enrico Fermi (cf. chapitre 11), nous évoque surtout la célèbre série télévisée *Les Envahisseurs* (dont chaque épisode s'ouvrait sur le même leitmotiv : « David Vincent les a vus ! »). Quelques années plus tard, un autre avatar télévisuel sur le même thème, *V* (*Les Visiteurs*) mettait en scène des aliens reptiliens capables de revêtir une forme humaine pour mieux nous envahir. Sur un mode plus amical, des films comme *L'Homme qui venait d'ailleurs* (« *The Man Who Fell to Earth* ») de Nicolas Roeg, avec David Bowie (1976), *Starman* de John Carpenter avec Jeff Bridges (1984) ou *Cocoon* de Ron Howard (1985) montrent des visiteurs extraterrestres présentant une forme humaine.

Pure science-fiction, me direz-vous ? Tout le monde n'en est pas si sûr ! Nous vous ferons grâce des détails des élucubrations d'un David Icke, ancien footballeur et journaliste sportif britannique qui a publié plusieurs ouvrages dénonçant le complot ourdi par des extraterrestres reptiliens *shapeshifters* (« changeurs de forme »), au nombre desquels il compte la reine Élisabeth II elle-même, et la plupart des dirigeants mondiaux et des magnats de la finance. L'homme a pourtant remporté l'adhésion d'un lectorat acquis à ses thèses : en 2014, en réponse à la plainte d'un citoyen, le Premier ministre néo-zélandais John Key dut même démentir publiquement à la télévision, certificat médical à l'appui, le soupçon qui pesait sur lui d'être un alien reptilien infiltré !

Mais c'est encore une autre affaire que nous évoquerons ici. Elle s'étend sur plus d'un demi-siècle maintenant – car elle n'est pas tout à fait finie ! – et fit grand bruit en France à la fin du siècle prédécent, mais se déroula surtout chez nos voisins espagnols : on l'appelle « l'affaire Ummo ». Non seulement ces extraterrestres-là étaient eux aussi censés être parmi nous, mais cette fois-ci on le tenait de source sûre : ils nous l'avaient dit eux-mêmes !

Les ET ont débarqué… en France !

L'affaire Ummo, dont les prolongements s'étendent encore à nos jours, commence au début des années 1960 (1962 ou 1966 selon les sources), à Madrid. Dans le café de *La Ballena Alegre* (« La Baleine Joyeuse »), un cercle ésotérique tient toutes les semaines sa réunion autour d'un fonctionnaire nommé Fernando Sesma, qui prétend, entre autres révélations, être en contact avec plusieurs espèces extraterrestres. Mais il reçoit un jour une lettre anonyme dactylographiée, écrite en bon espagnol quoique dans un style étrange, et dont les expéditeurs prétendent être les habitants anthropomorphes d'une planète qu'ils appellent Ummo (qu'ils transcrivent d'abord « UUMMO »), installés sur Terre où ils se sont mêlés à la population. De forme humanoïde, leur apparence correspond à celle de Terriens de type nordique, grands et blonds, et ils dissimulent sans peine les quelques détails qui les distinguent de nous. Cette lettre est la première d'une très longue série qui va constituer le « dossier Ummo », totalisant plusieurs milliers de pages (près de 4 000). D'abord adressées au seul Sesma, qui en lit des morceaux choisis mêlés à sa propre prose à l'assemblée de *La Ballena Alegre*, ces missives sont ensuite envoyées à un groupe croissant, mais toujours limité de « contactés », recrutés d'abord parmi les habitués du cercle de Sesma, puis incluant d'autres personnages.

Au fil de ces lettres, les « Ummites » distillent au compte-gouttes et en vrac des informations sur leur histoire, leurs mœurs, leur philosophie et leurs connaissances scientifiques. Ils affirment avoir « débarqué » sur Terre en 1950, quand trois de leurs aéronefs ont atterri en France (Cocorico !), aux environs de Digne (Alpes-de-Haute-Provence). Ils auraient vécu deux ans dans un abri souterrain creusé par leurs soins dans l'arrière-pays montagneux, avant de pouvoir se mêler à la population et de s'installer finalement en Espagne.

Ce n'était pas la première fois que des extraterrestres autoproclamés entraient ainsi en contact épistolaire avec un représentant de notre espèce. Le 16 mars 1964, l'écrivain français Robert Charroux – champion, on s'en souvient, de la théorie des Anciens Astronautes (cf. chapitre 4) – reçut une étrange lettre, signée d'un certain M. N. Y., qui commençait par ces mots :

« Monsieur,

Ce que je vous écris n'est pas un conte merveilleux, et pas davantage un récit de science-fiction… »

La précision n'était pas inutile, car ce mystérieux correspondant prétendait être le porte-parole des habitants de la planète Bâavi, une planète du système Proxima du Centaure – baptisée Bâalki par les Bâaviens. Charroux s'empressa de faire part de l'abondante documentation que lui avait communiquée « M. N. Y. » dans son *Livre des secrets trahis* (1965) : elle décrivait en détail la civilisation et la langue bâavienne, leur mode de locomotion interstellaire (des soucoupes appelées vaïdorges, carburant à l'antigravité), et certaines de leurs conceptions scientifiques. Comme les Ummites quelques années plus tard, les Bâaviens avaient installé des bases secrètes sur Terre, d'où ils surveillaient de près les activités des Terriens, en particulier leur course folle à l'armement nucléaire. Cette mythologie extraterrestre a fini par donner naissance à un réseau de contactés aux allures de secte, le « Baal-Contrat ».

Mais les « Ummites » avaient vu plus grand encore. Non seulement ils envoyaient régulièrement des lettres aux membres du cercle des « élus » madrilènes, mais ils auraient contacté Sesma par téléphone au début de leur « relation », d'une étrange voix monocorde aux sonorités artificielles.

Tout cela n'aurait été qu'une banale histoire de *contactees* (comme les désignent les Anglo-Saxons), et laissait soupçonner dès le départ une mystification. Si ce n'était que les autoproclamés ummites faisaient preuve dans leurs lettres d'une cohérence et d'une crédibilité dans les détails peu communes chez le plaisantin ou l'escroc ordinaire. On évoqua un canular d'étudiants en sciences, ou une manipulation à plus grande échelle, émanant de services secrets…

Plusieurs atterrissages d'ovnis sont rapportés par des témoins en relation avec le « cercle » des récipiendaires de lettres ummites : à Aluche en 1966, où des marques profondes sont laissées au sol, puis à San José de Valderas l'année suivante, avec photos de la soucoupe à l'appui.

L'affaire s'était cantonnée à ces quelques rodomontades et à des observations d'ovnis somme toute fort ordinaires, et ne dépassait guère le cercle madrilène quand, en 1975, une des lettres « ummites » atterrit entre les mains d'un physicien français, Jean-Pierre Petit, directeur de recherche au CNRS, en poste à l'observatoire de Marseille. Elle lui avait été communiquée par un ami astronome, lui-même témoin par le passé d'un phénomène ovnis et donc intéressé par le sujet, et qui la tenait de Claude Poher, ingénieur au CNES qui allait être à l'origine deux ans plus tard de la création du GEPAN, dont il serait le premier directeur. Jean-Pierre Petit, qui dit ne pas s'être penché particulièrement sur le dossier ovnis avant cette date, avait été formé à l'école Nationale Supérieure d'Aéronautique (dite « Supaéro »). Il est donc intrigué et intéressé de lire dans cette lettre des descriptions techniques de procédés qui lui paraissent certes irréalisables dans l'état actuel des connaissances terriennes, mais plausibles (notamment pour résoudre le problème de la résistance aux accélérations fulgurantes nécessaires au voyage interstellaire). Sans préjuger, dit-il, de leur provenance réelle, il décide de poursuivre des recherches sur cette bien curieuse affaire, avec son œil de scientifique – il se décrit lui-même comme rationaliste et rejette toutes les interprétations ésotériques et les théories ufologiques fantaisistes. Il entre en relation avec les contactés espagnols et finit par recevoir à son tour des lettres – en Français, les Ummites sachant s'adapter à leur lectorat !

En glanant parmi l'abondante littérature ummite des éléments scientifiques éparpillés – parfois de simples allusions en passant ou des affirmations sommaires –, il « creuse » la piste, se lance dans des calculs… et en tire plusieurs articles scientifiques sérieux, publiés dans des revues à comité de lecture (des spécialistes dans leur domaine, chargés, anonymement et impartialement, de valider la teneur scientifique des textes qui leur sont soumis), et pour certains présentés à l'Académie des sciences. Or les deux principaux sujets de ces recherches inspirées par les exilés d'Ummo sont en lien direct avec le phénomène ovnis : en premier lieu la propulsion dite « MHD » (pour « magnétohydrodynamique »), qui expliquerait les caractéristiques et performances de vol de certains ovnis, notamment l'absence de « bang » malgré des vitesses supersoniques ; puis un modèle cosmologique (expliquant la structure de l'Univers) dit des « Univers gémellaires » qui ouvriraient la possibilité de voyages entre systèmes stellaires. (Nous détaillerons longuement ces théories dans le chapitre 11.)

La fécondité scientifique des travaux « soufflés » à Petit par les Ummites le pousse à considérer l'hypothèse de leur réelle origine extraterrestre comme « la moins improbable ». Il affirme que les idées scientifiques contenues dans ces lettres sont trop novatrices et avancées pour être le fait d'un étudiant tout aussi brillant que désœuvré, ou même d'un ingénieur dilettante. Et quel scientifique de pointe perdrait ainsi son temps à abreuver pendant plus de trente ans un groupe d'Espagnols, pour la plupart incapables de comprendre ces questions (la plupart avaient des connaissances scientifiques vraiment sommaires), de données qu'il aurait pu exploiter et publier pour son propre compte (et qui, selon Petit et ceux qui suivent son raisonnement, lui aurait valu à l'heure qu'il est plusieurs prix Nobel !) ?

Reste la piste d'une « intox », une désinformation ou une « contamination » par des services secrets étrangers. Ici la piste pourrait être sérieuse, puisque Petit découvrit, après avoir lui-même développé la théorie des Univers jumeaux à partir des textes ummites, que le célèbre physicien soviétique Andreï Sakharov (1921-1989) avait exprimé des idées similaires en 1967. Mais quel intérêt le KGB aurait-il pu avoir à diffuser ainsi des théories astrophysiques avancées, et par ce canal pour le moins étrange ? Jean-Pierre Petit soupçonne pour sa part Sakharov d'avoir lui aussi fait partie des « contactés » choisis par les Ummites pour recevoir leurs révélations : il se base notamment sur des allusions à l'existence d'une intelligence extraterrestre dans le discours prononcé par le père de la bombe H soviétique lors de sa réception du prix Nobel de la paix, en 1975.

Car l'affaire espagnole ne serait que la partie émergée d'un immense iceberg, les Ummites affirmant avoir étendu leur réseau sur de nombreux pays. Seulement voilà : les Espagnols ont parlé, ils ont rendu publique une bonne partie de leur correspondance, malgré les avertissements exprès et réitérés des « infiltrés ». Ceux-ci ne menacent pas les éventuels « rapporteurs » des pires tortures, mais préviennent que leurs envois pourraient cesser à tout moment si leurs conditions n'étaient pas respectées.

De guerre lasse, et visiblement agacé de se sentir manipulé depuis près de vingt ans (et que ce fut par des extraterrestres ne changeait apparemment pas grand-chose pour lui), Jean-Pierre Petit finit lui aussi, au début des années 1990, par porter l'affaire sur la place publique en France. Il publie deux livres où il relate ses « aventures » en lien avec les Ummites, et les recherches scientifiques qu'il a pu entreprendre à partir du contenu de certaines lettres. Ces ouvrages, destinés à un large public (malgré des annexes remplies de calculs et de formules reprenant ses articles savants, incompréhensibles aux non-spécialistes) connaissent un grand succès en librairie et lui valent l'honneur douteux d'être invité dans plusieurs émissions télévisées, ou, tourné en ridicule ou invectivé par les « anti-ovnis », il perd une bonne partie de son crédit de savant. D'autant qu'un coup de théâtre l'attend au tournant.

Ummites, oummains, ummoristes ou fumistes ?

Car malgré l'enthousiasme de J.-P. Petit quant à la pertinence scientifique des connaissances affichées par les Ummites, nombre d'autres personnes intéressées par le sujet, y compris les ufologues les plus favorables à l'HET, dénonçaient depuis plusieurs années cette histoire comme un vaste canular. Dès 1977, Claude Poher – qui avait pourtant introduit l'affaire en France en communiquant des copies de lettres à Petit, via un ami commun – avait procédé avec ses collaborateurs du GEPAN fraîchement créé à l'expertise des clichés de l'atterrissage de Valderas en 1967. Il avait ainsi démasqué un faux grossier (la soucoupe était maintenue en l'air par du fil de pêche !), et conclu que toute l'affaire n'était qu'une mascarade.

Un autre point d'achoppement du dossier Ummo est la langue des Ummites, dont les lettres contenaient de nombreux échantillons, parfois transcrits en alphabet latin, parfois dans un semblant d'alphabet formé d'idéogrammes obscurs (on parle de « cryptoglyphes » pour ces symboles à la signification inconnue). Or des analyses linguistiques menées sur ce matériau (quelques centaines de phonèmes et autant de caractères ou « cryptoglyphes ») trahissent des structures empruntées aux langues indo-européennes, et des incohérences dans l'usage de la syntaxe ou de la grammaire supposée de cette langue. On s'approcherait donc plutôt des idiomes pseudo-martiens rêvés par Hélène Smith ! De leur côté les « pro-Ummo », qui soutiennent la thèse de leur origine extraterrestre, affirment que l'ummien est un système linguistique authentique et original, dit « idéophonémique », basé sur des « soncepts » (l'équivalent phonétique des idéogrammes)…

Enfin, les critiques de la thèse d'une origine réellement extraterrestre des Ummites ont relevé des erreurs dans la localisation de l'étoile-mère supposée de cette civilisation. Selon ses « ressortissants » en mission sur Terre, Ummo orbiterait autour du système stellaire Wolf 424, formé de deux étoiles de type « naine rouge » situées dans la constellation de la Vierge, à 14,3 années-lumière de la Terre. Mais quand ils cherchent à situer plus précisément cette étoile double qu'ils appellent IUMMA, les auteurs des lettres reproduisent des données caduques, rectifiées depuis 1952 par les observatoires terriens. De plus, les Ummites ne mentionnent nulle part la nature double de « leur » étoile, un détail qui doit pourtant marquer quand on contemple leurs cieux (mais il est vrai que ces aliens bien singuliers se distinguent par un manque total de fantaisie, de poésie et d'humour !). Pour couronner le tout, aucune exoplanète n'a été détectée autour du système Wolf 424, et les astronomes estiment que la probabilité d'y trouver une forme de vie quelconque est extrêmement faible, du fait de la nature éruptive d'une de ses deux étoiles.

Pour récapituler : des extraterrestres qui ne maîtrisent pas leur propre langue, ne savent pas situer leur étoile malgré leur maîtrise supposée du vol spatial, indispensable pour parvenir jusqu'à nous, et qui suspendent leur soucoupe à des fils ! Cela faisait un peu beaucoup.

Mais alors qui, sur Terre, pouvait être à l'origine de cette tentaculaire et endurante supercherie ? Les soupçons de plusieurs enquêteurs, dont Claude Poher, s'étaient depuis longtemps portés sur un certain José Luis Jordán Peña (1931-2014). Témoin direct des deux prétendus atterrissages liés à l'affaire Ummo, c'est un technicien en télécommunications qui a enseigné les sciences dans un collège technique, et qui a aussi un passé assez trouble de délateur sous le régime franquiste (rappelons que la plupart des événements du dossier Ummo se déroulent sous cette dictature, qui prit fin en 1977, deux ans après la mort de Franco, avec l'organisation des premières élections démocratiques).

Et en 1992, Peña passe aux aveux : dans une déposition en bonne et due forme auprès de la Guardia Civil, il déclare être l'auteur des lettres envoyées depuis vingt-cinq ans, ainsi que des appels téléphoniques pour lesquels il masquait sa voix au moyen d'un appareil électronique de sa conception. Il serait aussi, avec des complices, à l'origine des marques d'atterrissage retrouvées dans la terre à Aluche en 1966. Le nom de la planète imaginaire Ummo ? Une boutade cachée à l'intention des crédules qui donnèrent dans son piège : *humo* signifie « fumée » en espagnol ! Depuis lors, même parmi les ufologues, rares sont ceux qui prennent encore l'affaire au sérieux : un *debunker* (« déboulonneur », le terme anglais utilisé pour désigner ceux qui « démontent » théories et affaires supposées en en soulignant les erreurs, incohérences et points faibles) français de l'affaire, Dominique Caudron, pointe du doigt ceux qu'il appelle les « ummoristes » – on pourrait être plus méchant encore en les qualifiant de « fummistes », en référence à l'étymologie espagnole avouée !

L'affaire aurait dû en rester là, mais les « pro-Ummo » n'en démordent toujours pas : un homme seul aurait été l'auteur de toute cette prose ? Impossible selon eux ! En privé, Peña se serait d'ailleurs rétracté auprès des « initiés » – que l'on imagine passablement contrariés –, prétendant que cette déposition mensongère avait été demandée par les Ummites eux-mêmes, pour brouiller les pistes et détourner l'attention, de peur d'être démasqués !

Et qu'en est-il alors des données scientifiques relevées et exploitées par Jean-Pierre Petit ? Un coup de bluff – qui aurait été pour le coup aussi un sacré coup de chance ? Les connaissances scientifiques du plaisantin repentant étaient-elles suffisantes pour tromper ainsi un chercheur reconnu ?

La possibilité n'est pas exclue que Peña ait fait école, et que d'autres faussaires aient pris sa suite, notamment après un accident vasculaire cérébral qui le laissa diminué en 1988.

Alors, les aveux de Peña, un écran de fumée qui cacherait encore une autre réalité ? Il reste que ni cette démystification en 1992 ni sa mort en 2014 ne mirent fin à l'envoi de messages ummites (ou « oummiens », selon la nouvelle terminologie préconisée par ces persévérants épistoliers !) : ils continuent d'arriver, désormais sous forme de mails et même de tweets. Et leurs auteurs l'affirment : l'effondrement de la civilisation terrienne est proche ! Affaire à suivre ?

À l'écoute du cosmos : le projet SETI

Décidément, prendre contact avec ces extraterrestres n'est pas chose aisée. Si l'on s'en tient aux modes de rencontres qui ont fait leurs preuves dans les relations terrestres – rencontres en face à face, échanges épistolaires, relations intimes plus rapprochées –, on nage dans une mer de faux-semblants où il est bien difficile de démêler le canular de potache du fait authentique. Et si la solution était de revenir à l'origine du mystère, la voûte étoilée, et d'élever un peu le regard – à condition de l'augmenter de prothèses techniques assez volumineuses ?

Mais il ne s'agit pas ici, à proprement parler, de scruter ou d'écouter le cosmos, mais plus précisément de se brancher sur « fréquence-aliens ». En effet, pour la plupart des scientifiques, s'il nous arrivait d'avoir des nouvelles d'une intelligence extraterrestre, il ne faudrait pas chercher du côté des soucoupes volantes ou des contactés, mais plutôt espérer capter un signal radio.

La radiotélescopie est en effet le domaine privilégié des chercheurs d'ET. Le principe est d'étendre l'observation du ciel, limitée depuis l'Antiquité à la lumière visible, à l'ensemble de la plage des fréquences : la lumière n'est qu'une onde électromagnétique située dans les limites de perception de nos yeux humains, mais quand elle atteint d'autres fréquences, elle prend d'autres noms, sans changer pour autant de nature : rayons ultraviolets ou infrarouges, ondes hertziennes, micro-ondes… Grâce à des antennes suffisamment puissantes, nous pouvons désormais capter tous ces rayonnements en provenance de l'Univers observable.

Destiné à capter un signal électromagnétique émis par une civilisation extraterrestre, le programme SETI (*Search for Extraterrestrial Intelligence*) a été initié en 1960 par l'astronome Frank Drake (né en 1930) et soutenu par son célèbre collègue Carl Sagan (1934-1996). Il réunit plusieurs projets indépendants, aux financements incertains, mais dont beaucoup perdurent aujourd'hui. Le SETI est aujourd'hui représenté par un réseau international de chercheurs disposant de puissants radiotélescopes, comme la grande parabole de l'observatoire d'Arecibo (Porto Rico), rendue célèbre pour avoir servi de décor au dénouement d'une aventure cinématographique de James Bond, *GoldenEye* (Martin Campbell, 1995). Contrairement à la plupart des recherches sur les ovnis et la vie extraterrestre, il bénéficie d'un assez large capital de sympathie et de respectabilité auprès de la communauté scientifique internationale.

On crut à au moins deux reprises avoir enfin réussi à « pêcher » un signal « intelligent », but suprême du SETI. En 1967, la découverte du premier pulsar par Jocelyn Bell et Antony Hewish fit croire un temps à la manifestation d'une technologie extraterrestre, en raison de sa parfaite régularité. Le 15 août 1977, le radiotélescope de l'université de l'Ohio, surnommé *The Big Ear* (« La grande oreille ») capte un signal d'une durée de 72 secondes, en provenance de la constellation du Sagittaire, sur une bande de fréquence très étroite et à une longueur d'onde (21 centimètres) correspondant idéalement à celle où l'on s'attendrait à recevoir un message extraterrestre. Ces caractéristiques sont si frappantes que l'astrophysicien Jerry R. Ehman, le premier à le remarquer, entoure au stylo rouge la partie correspondante sur l'enregistrement imprimé, et note dans la marge ce simple, mais éloquent commentaire : « *Wow !* » (« Ouah ! ») Baptisé le « signal Wow ! », il n'a plus jamais été détecté depuis et n'a pas reçu d'explication satisfaisante, bien que les astronomes se montrent prudents quant à son interprétation comme message en provenance directe des aliens. En 2016, l'un d'eux prétendit qu'une comète aurait pu être à l'origine de cette signature électromagnétique, mais sa thèse ne fait pas l'unanimité parmi ses collègues.

À tout hasard, l'humanité a tout de même répondu à cette bien brève émission radio : en 2012, à l'occasion du 35e anniversaire du signal Wow, le radiotélescope d'Arecibo a envoyé en direction de sa zone d'émission supposée dans la constellation du Sagittaire un message codé contenant 10 000 messages Twitter triés sur le volet, et des vidéos de célébrités. Cette bouteille à la mer n'était pas la première lancée par le programme SETI. En 1974, c'est déjà du colossal radiotélescope portoricain qu'avait été émis le « message d'Arecibo », à destination de l'amas d'Hercule, distant de 22 000 années-lumière. Ce message radio de 1 697 bits qui, une fois décodé, forme une image contenant de nombreuses informations sur la planète Terre et ses habitants humains, a été écrit par Drake lui-même, avec la collaboration de Carl Sagan – à qui l'on devait déjà la plaque envoyée sur la sonde Pioneer, autre célèbre bouteille à la mer, ou plutôt au vide cosmique, abandonnée au « silence éternel des espaces infinis ».

Malgré sa clarté et son caractère scientifique, ce mode de communication intersidérale présente un inconvénient de taille : les ondes radio, comme toutes les ondes électromagnétiques dont la lumière fait partie, se déplacent justement, à la vitesse de la lumière. Pas moins – et ce n'est déjà pas mal, car la lumière détient toujours le record de sprint universel –, mais pas plus. Or il faut tenir compte des délais impliqués par cette limite en fonction des distances : pour chaque année-lumière, il faut, par définition, attendre un an pour que le message arrive à destination, et au moins autant avant d'espérer une réponse. Pour le signal d'Arecibo par exemple, nos descendants recevront peut-être un accusé de réception extraterrestre dans… 44 000 ans ! Mais faut-il être si pressé d'entrer en contact avec des intelligences exogènes ? On peut certes envisager le scénario idyllique imaginé par Sagan dans son roman *Contact* (1985), véritable déclaration d'amour au projet SETI où la réception d'un signal radio amorce un dialogue et même une rencontre avec des ET, et qui fut adapté au cinéma en 1997 avec

Jodie Foster dans le rôle de l'astronome contactée. Mais l'astrophysicien britannique superstar Stephen Hawking, qui s'intéressa particulièrement à la question de l'intelligence extraterrestre vers la fin de sa vie, émit un autre son de cloche : dans deux documentaires télévisés diffusés en 2010, il prévient que le contact avec des aliens ne nous serait pas forcément favorable, comparant la venue sur Terre d'une civilisation largement en avance sur la nôtre au débarquement de Christophe Colomb – avec, évidemment, l'humanité dans le rôle peu enviable des Amérindiens exterminés !

Ces réticences ne l'empêchèrent pas de soutenir le projet *Breakthrough Initiative* lancé par le milliardaire russe Iouri Milner, ou au moins deux de ses volets : *Breakthrough Listen* – qui recherche, dans la continuité du programme SETI auquel il est rattaché, d'éventuels signaux extraterrestres par la radiotélescopie – et le bien plus ambitieux *Breakthrough Starshot* – expédition de sondes envoyées en éclaireurs pour explorer les exoplanètes du système Proxima du Centaure, en vue d'une colonisation future. Mais ses mises en garde réitérées sur les dangers d'un contact avec des races extraterrestres visaient-elles une autre partie du projet, *Breakthrough Message*, un concours avec un prix d'un million d'euros à la clé pour le meilleur message à destination d'éventuels aliens ?

Avec ses 100 millions de dollars injectés dans le SETI sur dix ans, l'initiative pharaonique de Milner promet un bel avenir à la quête d'une intelligence ET. Mais la question soulevée par Hawking mérite d'être posée : et s'il valait mieux être seuls dans l'Univers que mal accompagnés ?

– 8 –

FAUT-IL EN AVOIR PEUR ?
(et d'ailleurs… que nous veulent-ils ?)

Amicaux ou hostiles ?

La mise en garde lancée peu avant sa mort par Stephen Hawking pousse à s'interroger sur les motivations et les intentions probables d'« exocivilisations » susceptibles d'entrer en contact avec l'humanité. Que l'on pense qu'une ou plusieurs d'entre elles nous aient déjà rendu visite ou que l'on n'envisage le scénario du contact qu'à titre purement spéculatif, on peut tout autant se poser la question, déjà abordée par de nombreuses œuvres de fiction. La seule différence – mais elle est de taille – est que les partisans de l'HET – et plus encore ceux pour qui la présence d'extraterrestres est plus qu'une simple hypothèse – pensent disposer d'indices qui permettraient de deviner ou d'interpréter les desseins des ET, alors que les sceptiques ou les prudents devraient s'en tenir à des suppositions basées sur ce que l'on sait de l'histoire terrienne et du comportement humain. Cette disparité se résorbe toutefois quand on voit combien les manifestations supposées d'entités exogènes sur notre planète sont contradictoires, obscures et incohérentes. Passons donc en revue quelques-unes de ces hypothèses, par ordre croissant de pessimisme !

Frères des étoiles, camarades ET !

Inspiré par une philosophie positive, parfois jusqu'à l'angélisme, ou par des observations liées aux phénomènes ovnis et aux Rencontres Rapprochées, un scénario de la rencontre entre les humains et une autre race intelligente venue de l'espace pourrait se résumer ainsi : tout va pour le mieux dans le meilleur des cosmos ! Cette vision idyllique n'est pas forcément absurde, elle s'appuie même sur des arguments philosophiques et scientifiques assez pertinents.

Pour commencer, on peut envisager qu'une civilisation qui aurait inventé un (ou plusieurs) moyen(s) de se déplacer jusqu'à d'autres systèmes sidéraux aurait aussi dépassé le stade de l'agressivité, de l'impérialisme et de l'appropriation violente des biens d'autrui, première cause d'inquiétude dans les scénarios pessimistes. Même en envisageant les choses sous un angle purement pragmatique, la cause première de la colonisation et des guerres d'invasion terriennes peut être ramenée à un accaparement des ressources énergétiques. Or le vol spatial au long cours impliquerait la maîtrise d'une telle quantité d'énergie (cf. chapitre 11 pour plus de détails) qu'il semblerait dérisoire de prêter une motivation de ce genre à ceux qui l'auraient acquise. Les civilisations les plus technologiquement avancées ne seraient donc pas nécessairement les plus belliqueuses et, malgré leur évidente supériorité militaire – ou en partie *grâce* à elle –, pourraient même être les plus pacifiques.

Parmi les ufologues, qu'ils soient d'ailleurs convaincus ou non du bien-fondé de l'HET, on trouve de nombreuses variantes de ce conte de fées quelque peu « disneyen », où humains et aliens se tomberaient dans les bras pour marcher ensemble vers un avenir radieux. Un courant de pensée émanant du marxisme trotskiste, le « posadisme », considère qu'une exocivilisation qui pourrait naviguer entre les étoiles aurait atteint le stade ultime de l'histoire, où la lutte des classes est abolie dans une société pacifiée. À l'origine de ce mouvement, le théoricien révolutionnaire argentin J. Posadas, de son vrai nom Homero Rómulo Cristalli Frasnelli (1912-1981), fondateur en 1947 du Parti ouvrier révolutionnaire dans son pays d'origine, avant d'être contraint à l'exil en Europe. Dans son livre de 1968, *Les Soucoupes volantes, le processus de la matière et de l'énergie, la science et le socialisme*, il affirme que « la conception dialectique de l'histoire » est parfaitement compatible avec « l'existence des soucoupes volantes et d'êtres vivants dans d'autres mondes ». Ni témoin, ni contacté, ni « abducté », Posadas, qui ne prétend pas avoir reçu une quelconque révélation ni même avoir jamais vu d'ovni, conclut des observations rapportées dont il a eu connaissance que les entités extraterrestres rencontrées seraient pacifiques, éclairées et animées par la seule curiosité, ainsi peut-être que par une solidarité de classe à l'échelle galactique qui pourrait les amener à venir en aide aux travailleurs terriens encore étouffés sous le joug de l'exploitation capitaliste. Inspirée par cette version marxiste de l'ufologie, la IVe Internationale posadiste, dont le siège se situe à Bruxelles, prône l'alliance avec les puissances extraterrestres en vue de supprimer la misère et d'atteindre le même stade d'une société pacifiée et sans classes, le socialisme réalisé. Dans son texte fondateur, J. Posadas restait rationnel et prudent, n'envisageant l'existence des ufonautes qu'à titre d'hypothèse, et invitant à se méfier de « toutes les fantaisies qu'il y a dans les communiqués, les narrations, les observations, les déclarations ». Le point essentiel de son argumentation était que *si* une telle civilisation existe et peut arriver jusqu'à nous, elle doit être parvenue au stade ultime du matérialisme dialectique, la « fin de l'Histoire ». Mais les plus jusqu'au-boutistes de ses disciples vont jusqu'à affirmer que les héros de la lutte révolutionnaire, Marx, Lénine et Trotsky auraient été eux-mêmes des extraterrestres mêlés aux Terriens pour leur montrer le chemin de la Terre promise socialiste ! (Gageons que, parmi les anticommunistes complotistes les plus fanatiques, on rencontre la contrepartie de cette thèse, qui verrait en eux de diaboliques aliens fomentant sous des masques humains leurs sombres projets de conquête de la Terre…)

Délivrez-nous du Mal !

La plupart des versions optimistes de la rencontre avec des extraterrestres ne se contentent pas de les imaginer amicaux, mais investissent les intelligences exogènes d'une mission de sauvetage de l'humanité. Nous avons déjà rencontré ce thème chez Adamski ou dans l'affaire Ummo, ainsi que, dans une version extrême, avec les partisans de la théorie des Anciens Astronautes – lesquels ne se contenteraient pas de vouloir nous sauver, mais nous auraient même créés ! C'est aussi ce que professe celui qui est sans doute un des « contactés » les plus célèbres dans le monde, Claude Vorilhon (né en 1946), plus connu sous le nom de « Raël ». Après avoir vu un premier ovni et rencontré un de ses occupants en 1973 sur un puy auvergnat, cet ancien chanteur, devenu journaliste spécialisé dans les sports automobiles, dit avoir été convié en 1975 à un voyage spatial vers la planète des Élohim. Ces extraterrestres auraient jadis créé les humains par la technique du clonage, que les disciples de Raël, réunis autour de sa « révélation » au sein de la secte des raëliens (initialement appelée MADECH, « Mouvement pour l'Accueil Des Élohim Créateurs de l'Humanité »), prétendirent un temps avoir eux aussi maîtrisé le clonage humain, puis annoncèrent en 2002 en avoir réalisé le premier, sans jamais en apporter la moindre preuve. Sur leur monde, que Raël situe à une année-lumière de la Terre, c'est-à-dire dans un système stellaire inconnu de tous les astronomes, le plus proche, *Proxima Centauri*, se trouvant plus de quatre fois plus loin, il dit avoir rencontré Moïse, Jésus, Bouddha et Mahomet, ou au moins leurs clones exacts. Depuis quelques années, le mouvement raëlien se fait plutôt discret, mais encore un peu de patience : ils annoncent le retour de nos « créateurs » d'outre-espace pour 2025 !

Toutes ces théories font des ALF (pour *Alien Life Form* – « forme de vie étrangère » –, en hommage au titre d'une série pour la jeunesse et à son héros, l'extraterrestre le plus drôle et attachant de toute l'histoire de la SF, venu tout droit de la planète Melmac pour le bonheur des enfants – et le tourment des chats !) autant d'anges gardiens veillant sur nous de loin sans se manifester au grand jour, omniscients et omnipotents, ou peu s'en faut. Mais pourquoi ne nous sauvent-ils pas à visage découvert, gagnant ainsi en efficacité ? Leurs adeptes – car on bascule ici clairement dans le domaine de la religion – ont un argument tout trouvé pour expliquer ce comportement étrange : nos bons anges de l'espace voudraient éviter les conséquences d'un choc culturel (idée sur laquelle nous revenons un peu plus loin).

Un ovni qui nous veut du bien

Quelques observations étranges ont été interprétées par certains ufologues comme des cas isolés d'interventionnisme extraterrestre, destiné à nous protéger de menaces extérieures ou à nous sauver de nous-mêmes. En septembre 1991, une caméra transportée par la navette *Discovery* durant la mission STS-48 (son 13e vol) capte l'image d'un objet qui se déplace dans l'espace au voisinage de la Terre, change brusquement de direction avec un angle improbable et à une vitesse vertigineuse, pour échapper semble-t-il à deux rayons lumineux en provenance de notre planète. Contre l'explication avancée par la NASA, impliquant des particules de glace éjectées avec les gaz d'échappement de la navette, un physicien américain, Jack Kushner, a publié en 1994 un rapport dont les conclusions laissent pantois : l'objet aurait accéléré quasi instantanément à une vitesse de 691 000 km/h, soit plus de 500 fois la vitesse du son, ce qui l'aurait soumis à une accélération de 18 000 g (1 g correspondant à la gravitation terrestre, les pilotes les plus résistants ne pouvant encaisser plus de 25 g, et ce pendant un temps très bref) ! Et un autre analyste estime que le bolide spatial aurait atteint jusqu'à 1 million de km/h avant d'être perdu de vue !

De tels chiffres poussent à penser qu'il ne peut s'agir que d'une illusion d'optique ou d'une erreur d'interprétation sur un objet astronomique connu (astéroïde, météorite...). Le véhicule habité le plus rapide à ce jour fut la navette *Apollo 8*, qui dépassa les 38 000 km/h en 1968, mais au terme d'une accélération bien plus progressive. Et le record de vitesse pour un objet construit par l'homme est détenu par la sonde *Helios 2*, avec plus de 250 000 km/h. Mais c'est surtout l'accélération qui est inconcevable, et ne laisse comme seule solution qu'à soupçonner une technologie extraterrestre derrière ces performances hors normes.

Que penser alors des « tirs » de rayons que l'engin aurait cherché à éviter ? Pour certains ufologues, c'est le signe qu'une puissance installée sur Terre veillerait à la sécurité de la planète, comme une DCA à l'échelle spatiale. Peut-il s'agir d'un programme militaire terrien secret, semblable au programme IDS (Initiative de Défense Stratégique), surnommé *Star Wars* par les journalistes, annoncé par le président américain Ronald Reagan en 1983 ? Visant à déployer un « bouclier spatial » qui aurait intercepté et détruit tout missile menaçant la sécurité des États-Unis, en envisageant notamment l'emploi de lasers à rayons X, le projet, rendu obsolète par la chute du bloc de l'Est, n'a (officiellement ?) jamais abouti.

S'agit-il plutôt d'un incident de la lutte entre « bons » et « mauvais » aliens, les premiers veillant au grain et éloignant les seconds – ou tout autre visiteur extraterrestre aux visées incertaines qui s'approcherait trop de la Terre ? On ne sait si cette perspective serait rassurante ou alarmante, car si une présence extraterrestre maintenue en secret sur notre sol mettait tant de soin à nous préserver des intrus, c'est que ces derniers pourraient de leur côté se montrer particulièrement menaçants.

Ajoutons un petit détail qui semble avoir échappé aux défenseurs de cette théorie des ET-anges gardiens : si les rayons tirés depuis le sol avaient été émis, par exemple, par des lasers superpuissants, comment le mystérieux objet aurait-il pu les éviter à temps, sachant qu'ils se seraient déplacés à la vitesse de la lumière (un peu moins compte tenu du léger ralentissement lors de la traversée de l'atmosphère terrestre) ? Ces aliens ont décidément plus d'un tour dans leur sac !

Nos bons ET seraient-ils aussi capables de nous éviter une collision avec des météorites dangereuses ? Parmi les observations récentes de rentrée atmosphérique d'un de ces bolides célestes, l'une des plus spectaculaires jamais enregistrée eut lieu le 15 février 2013 vers 9 h 20, dans la région de Tcheliabinsk, en Russie. Ce « superbolide », un astéroïde de 15 à 17 kilomètres de diamètre, d'une masse estimée entre 7 000 et 10 000 tonnes, a explosé en se fragmentant au contact de l'atmosphère entre 20 et 40 kilomètres d'altitude. Pénétrant à une vitesse de 18,6 km/s (66 960 km/h) dans le bouclier gazeux qui, en plus de nous permettre de respirer, évite à la plupart de ces chauffards cosmiques de percuter le sol de notre planète et d'y causer de graves dégâts, il y a libéré en se désagrégeant une énergie équivalente à près de 500 000 tonnes de TNT, soit trente fois la puissance de la bombe d'Hiroshima. L'onde de choc produite a pulvérisé des vitres dans une zone de près de 100 kilomètres de large, provoqué l'effondrement du mur et du toit d'une usine, et fait plus d'un millier de blessés.

Cet événement fut sans doute un des phénomènes de rentrée atmosphérique les mieux étudiés, car il fut filmé par de nombreux vidéastes amateurs, depuis plusieurs points de vue différents. Or, en visionnant certaines de ces prises de vue, des commentateurs prétendent avoir observé un objet qui l'aurait dépassé au moment de sa fragmentation. Le plan de protection de la Terre par nos amis aliens aurait-il été mis en branle, nous évitant la collision frontale avec l'aérolithe (seuls des fragments de taille réduite ont atteint le sol, créant tout de même des cratères d'impact) ? Là encore, on cherche à faire dire beaucoup à des images très floues et à surinterpréter ce qui n'est peut-être qu'un effet d'optique ou un artefact de prise de vue.

Ce qui n'empêche pas cette idée que nous sommes protégés par des extraterrestres aussi discrets que bienveillants d'être bien ancrée dans l'imaginaire ufologique. Le domaine dans lequel elle revient le plus est celui d'une veille exercée par des entités exogènes sur les sites nucléaires, militaires, mais également civils. Lors de la tristement célèbre explosion du réacteur n° 4 de la centrale de Tchernobyl le 26 avril 1986, plusieurs témoins affirment avoir vu un ovni en vol stationnaire au-dessus du site de la catastrophe, ce qui a conduit certains analystes, en particulier l'ufologue français Michel Ribardière, à en déduire que des extraterrestres nous auraient évité le pire en limitant la réaction en chaîne qui aurait selon eux pu conduire à un cataclysme bien plus grand encore, affectant une bonne partie de l'Europe. Certains faits troublants sont allégués à l'appui de cette thèse, comme la disparition inexpliquée de grandes quantités d'uranium enrichi et la présence tout aussi mystérieuse d'aluminium venu d'on ne sait où : les tenants d'une intervention extraterrestre en déduisent (un peu hâtivement, il faut l'avouer !) que nos sauveurs venus d'ailleurs, un peu alchimistes sur les bords, auraient transmué ces deux métaux l'un dans l'autre pour faire diminuer la masse de combustible nucléaire. Et, de nouveau, lors du second accident nucléaire mondial majeur, survenu à Fukushima au Japon le 11 mars 2011, des images montrent un objet en forme de cigare survolant la centrale.

En France, des survols massifs de sites nucléaires sensibles par des drones aux dimensions et aux performances inaccessibles aux modèles actuellement répertoriés ont été rapportés en 2014. Quant aux installations nucléaires militaires, elles sont associées à des apparitions d'ovnis depuis le tout début de l'histoire du phénomène. Pour se cantonner aux cas français, des observations répétées ont été rapportées sur le plateau d'Albion, dans le Vaucluse, une ancienne base de lancement de missiles nucléaires.

Quelle qu'en soit l'origine réelle et malgré le chœur des ufologues optimistes qui y voient la vigilance d'extraterrestres résolus à nous préserver de nos propres errements, il est difficile d'envisager sans une certaine inquiétude cette surveillance furtive, mais insistante, de l'industrie atomique, signalée un peu partout à travers le monde.

Indifférence cosmique

Et si les éventuels représentants d'une exocivilisation, sans nous aimer ni nous vouloir de mal, se souciaient de nous comme de leur premier propulseur à plasma ? Cette éventualité, qui n'est sans doute pas la plus flatteuse ni forcément, nous allons le voir, la plus rassurante parmi les variantes de l'HET, peut se décliner à son tour en plusieurs hypothèses. La moins inquiétante serait celle de savants extraterrestres, attirés vers notre planète par la simple curiosité scientifique. Ce qui pourrait expliquer certains phénomènes étranges, comme beaucoup de récits d'abduction et de cas de mutilation de bétail.

Toujours dans le registre de la neutralité curieuse, d'autres ufologues verraient dans notre planète un zoo galactique pour aliens désœuvrés. Se bornant à observer en voyeurs notre petit ballet terrestre, ils auraient cependant soin de préserver notre habitat comme une réserve à l'échelle planétaire, ce qui expliquerait leur tendance à rester en retrait et à éviter le contact avec les bêtes – en l'occurrence nous tous !

On peut imaginer une attitude plus détachée encore, et plus blessante pour notre orgueil d'espèce s'il était possible : et si nous n'étions d'absolument aucun intérêt pour les intelligences extraterrestres ? Si, de leur côté, ils ne nous considéraient pas comme une forme de vie intelligente ou évoluée ? Pis encore, s'ils ne percevaient même pas notre présence, ou s'il n'existait aucune base de communication possible entre nous ? Rien ne nous dit qu'ils partagent nos sens, nos perceptions et conceptions du monde, ou que nos langages soient compatibles ou traduisibles l'un à l'autre. Nous pourrions même nous croiser (voire nous être *déjà* croisés) sans même nous en rendre compte, ou en percevant seulement une suite de phénomènes étranges et incompréhensibles comme… des ovnis !

En poursuivant dans cet ordre d'idées, on pourrait même se demander si nous nous posons vraiment les bonnes questions. Avant de nous demander s'ils seraient (sont ?) animés de bonnes ou de mauvaises intentions, il faudrait peut-être d'abord envisager qu'ils ne partagent pas les notions de Bien et de Mal qui sont les nôtres, voire le concept même de jugement moral. Et puisque nous y sommes : la notion même d'*intention* a-t-elle seulement un sens pour eux ?

Ces interrogations philosophiques n'empêchent pas

d'avoir toujours derrière la tête le bon vieux schéma des nanars de SF dans la plus pure tradition de la guerre froide, celui où l'on tomberait sur de *vrais* méchants cosmiques.

La peur de l'Autre

Disons-le d'emblée : rien dans les annales de l'ufologie ne permettrait, s'il s'agissait bien de manifestations extraterrestres, de conclure à une attitude hostile de leur part – pas plus d'ailleurs qu'à d'éventuelles intentions bienveillantes. Quelques incidents pourraient éventuellement être interprétés comme des comportements agressifs : ovnis prenant en chasse des appareils terriens, fonçant dessus en les évitant au dernier moment – et, une fois encore, certains cas d'enlèvements ou de mutilations de bétail.

S'ils ne présentent aucun signe d'hostilité ou d'intention manifeste de nous nuire, quelques cas d'ovnis ont tendance à nous inquiéter par leurs caractéristiques mêmes, en particulier les observations d'ovnis géants, dont la taille estimée atteint parfois l'ordre de grandeur du kilomètre.

Sur le strict plan spéculatif, l'éventualité que l'entité extraterrestre avec laquelle nous pourrions entrer en contact s'avère malfaisante, cruelle ou destructrice (fût-ce de notre seul point de vue) n'est pas à exclure.

Mais sans même entrer dans des considérations morales ou métaphysiques sur le Mal extraterrestre, les buts et les motivations des ET que nous serions susceptibles de rencontrer pourraient, sans intention de nuire, nous être dommageables.

Plus fondamentalement encore, un contact avéré et « officiel » avec des aliens pourrait, indépendamment de leur nature même, être désastreuse pour l'humanité, voire lui être fatale !

Le choc des cultures

Ne pas toucher l'ovni !

Faut-il appliquer le principe de précaution aux ovnis et à leurs passagers ? Si l'idée nous venait d'accueillir d'éventuels visiteurs intersidéraux d'une chaleureuse poignée de main ou d'une accolade amicale, nous serions sans doute plus avisés d'observer une prudente réserve et de garder nos distances. Non pas tant de peur d'être vaporisé par leurs pistolets laser comme dans le *Mars Attacks !* de Tim Burton (1996), mais pour nous prémunir de deux dangers potentiels sérieux : la contamination microbienne et les ondes électromagnétiques émises par les appareils de conception exogène. Le premier aurait coûté la vie à un policier brésilien lors du « naufrage » supposé de Varginha, ainsi qu'à une infortunée victime des expériences ummites selon les lettres censément envoyées par ces aliens infiltrés (la fille d'une dame qui les hébergeait en ignorant leur origine aurait succombé en 1954 à un virus venu de leur planète, et ils auraient dû prélever sur son cadavre les parties atteintes – une main et les yeux – pour stopper la contamination). Deux faits parfaitement invérifiables, le premier relevant de la rumeur et le second ayant pu être « monté » par l'auteur ou les auteurs des courriers pseudo-ummites à partir d'un fait divers sordide, mais banalement terrien.

Il existe aussi des exemples où l'exposition à un ovni aurait entraîné des traces ou des séquelles, que l'on suppose liées à l'exposition à des champs électromagnétiques intenses ou à des radiations.

Le 19 mai 1967, dans la région du Manitoba au Canada, un mécanicien nommé Stephen Michalak s'est plaint de brûlures après s'être approché d'un ovni en forme de disque. Ses blessures furent constatées par un médecin et photographiées, et le lieu de la rencontre présentait des traces de radiation.

Et en 1980, c'est à deux reprises que des témoins d'ovni ont été victimes de symptômes apparemment liés à leur expérience, à quelques jours d'intervalle, mais de part et d'autre de l'Atlantique. Les 26 et 27 décembre, pendant deux nuits consécutives, des militaires américains en poste sur les bases de la Royal Air Force de Bentwaters et Woodbridge, situées dans la forêt anglaise de Rendlesham, mais utilisées alors par l'aviation américaine (USAF), signalent des phénomènes lumineux inexpliqués dans le ciel, ainsi que la présence au sol d'un objet triangulaire d'aspect métallique qui se serait ensuite envolé. Cet incident, surnommé le « Roswell britannique », qui n'a commencé à filtrer dans la presse que trois ans après les faits, a donné lieu à de vives polémiques et de nombreux rebondissements, et fait l'objet d'une attention particulière de la part des ufologues en raison du nombre de témoignages crédibles et enregistrés officiellement, parfois sous serment et par des officiers. Les mesures effectuées sur les lieux supposés de l'atterrissage, où des traces furent retrouvées, auraient permis de déceler des taux de radioactivité anormalement élevés à l'endroit où se serait déroulée cette « RR2 » (c'est-à-dire avec traces au sol). Et le lendemain (27 décembre) c'est un officier, le colonel Hart, qui rapporte à son tour une nouvelle observation d'ovni. La version officielle validée par l'armée américaine et les « ufosceptiques » a beau être celle d'une confusion provoquée par les lumières d'un phare, un des militaires présents sur les lieux à l'époque, le sergent John Burroughs, a obtenu en 2015 une indemnisation de l'Association des anciens combattants des États-Unis et du ministère américain de la Défense, en remboursement des frais médicaux avancés pour une opération cardiaque. Les troubles qui auraient nécessité cette intervention chirurgicale seraient, selon lui, la conséquence d'une exposition à de fortes radiations lors de son contact trop rapproché avec l'ovni. Son avocat considère cette décision comme une reconnaissance tacite de la dangerosité (donc de la réalité !) du phénomène observé.

Trois jours plus tard, le 29 décembre 1980 vers 21 heures, c'est au Texas, près de la ville de Dayton, que deux femmes, Betty Cash (50 ans) et Vickie Landrum (60 ans), ainsi que le jeune Colby Landrum (7 ans), petit-fils de Vickie, qui reviennent en voiture d'un dîner au restaurant, tombent nez à nez avec un ovni posé au beau milieu de la route et leur barrant le passage. Betty, qui conduisait, stoppe le véhicule. Tous les trois en sortent pour observer ce phénomène intensément lumineux de plusieurs mètres de haut, en forme de diamant, qui émet des flammes vers le bas par ce qui semble être une sorte de tuyère et se maintient en vol plus ou moins stationnaire à quelques mètres au-dessus de la route. Le trio ressent une vive chaleur, et le jeune garçon et sa grand-mère, effrayés, regagnent rapidement la voiture alors que Betty Cash s'approche de l'objet. Quand elle réintègre à son tour le véhicule, elle se brûle la main en saisissant la poignée de la portière et il règne dans l'habitacle une chaleur étouffante, malgré la climatisation. L'ovni finit par s'envoler et repartir, et les trois témoins voient passer dans son sillage une vingtaine d'hélicoptères qu'ils identifieront comme des engins militaires de modèle CH-47 Chinook de la marque Boeing. D'autres témoins rapporteront avoir vu aussi des lumières dans le ciel et le ballet des hélicoptères. Betty et les Landrum rentrent alors chez eux à Dayton, dans l'état de choc que l'on peut imaginer.

Dès le lendemain, tous les trois présentent des symptômes inquiétants : nausées et vomissements, maux de tête et douleurs oculaires intenses, fatigue et forte fièvre, brûlures… comme s'ils avaient été victimes de coups de soleil ou d'une insolation. Trois jours plus tard, l'état de santé de Betty Cash, la plus exposée des trois en raison de sa plus grande témérité (ou simplement de sa curiosité ?) devient alarmant : elle se plaint de vives brûlures (elle présente des cloques visibles), de diarrhée et commence à perdre ses cheveux… Admise aux urgences, on lui diagnostique une irradiation, dont elle présente de fait tous les signes. Elle déclara par la suite un cancer, maladie qu'il est difficile de ne pas imputer à sa RR2. Les Landrum étaient moins sérieusement atteints, mais présentaient tout de même eux aussi des signes d'irradiation. Les victimes intentèrent un procès au gouvernement américain, réclamant 20 millions de dollars de dommages et intérêts. Betty et Vickie estimaient avoir été confrontées accidentellement à une expérience militaire, comme le laissait supposer la présence d'hélicoptères de combat. Elles furent déboutées de leur requête en 1986, car si leur irradiation avait été constatée médicalement, l'armée avait nié toute implication. Betty Cash mourut le 29 décembre 1998 à 71 ans, des suites du cancer qu'elle affirma avoir contracté le jour de cette fatale rencontre, et Vickie Landrum en 2007, à 84 ans.

Cette affaire dite « Cash/Landrum » est un cas unique dans les annales ufologiques, car jamais des dommages physiques aussi importants n'avaient été si étroitement associés à une observation d'ovni, qui plus est avec des témoins multiples.

Le plus sérieusement du monde, il est donc recommandé de ne pas s'approcher trop près d'un « objet atterrissant non identifié » quand on en rencontre un.

Le spectre de l'ethnocide

Le cauchemar véhiculé par la littérature et le cinéma de science-fiction, par exemple dans *La Guerre des mondes* et *Independence day*, est celui d'un génocide perpétré sur notre espèce par de diaboliques aliens. C'est la transposition, à l'échelle d'une espèce (il faudrait peut-être parler d'un « spéciocide » !) et d'une planète entière, des atrocités perpétrées par les nazis pendant la Seconde Guerre mondiale, et auparavant des crimes commis par les nations colonialistes. C'est une tout autre menace que pointent certains analystes, comme les auteurs du rapport COMETA (cf. chapitre 10), ou encore l'ufologue Christel Seval : celle de l'« ethnocide ». Ce terme désigne non plus la destruction physique d'un peuple, mais celle d'une culture et d'une civilisation, à la suite d'un contact avec une autre qui, sans forcément l'anéantir violemment, la supplante.

Ainsi, même si les conquistadores espagnols, puis plus tard d'autres colons européens ont indéniablement perpétré des massacres de masse pour s'octroyer la jouissance des territoires américains, la disparition de la plupart des civilisations précolombiennes ne s'est pas produite par un simple mécanisme génocidaire. L'exposition à des nouvelles croyances, à de nouvelles valeurs, à de nouvelles technologies, à d'autres modes de vie, la remise en question des institutions et des dirigeants en place furent autant de facteurs de déstabilisation des bases socioculturelles des autochtones. S'ils procédaient parfois de la volonté délibérée des « envahisseurs » – par exemple par la conversion massive et souvent forcée au christianisme –, ces germes de décadence accélérée des civilisations ainsi assiégées étaient parfois le produit fortuit du simple contact entre des cultures trop éloignées, ou trop peu préparées à se rencontrer.

On peut donc tenter d'imaginer ce que produirait la nouvelle de l'existence d'un peuple exogène qui aurait pu atteindre notre monde. Outre les risques évoqués plus haut, on pourrait assister à une perte massive d'intérêt pour les affaires courantes et les préoccupations quotidiennes, une désaffection générale pour les problèmes trop « Terre à Terre » si l'on ose dire ! Sans compter que les transferts de technologies dont nous ne manquerions pas de bénéficier de la part de nos hôtes pourraient à terme nous rendre dépendants de ces nouveaux apports matériels, scientifiques et techniques.

On peut aussi imaginer des dissensions internes au genre humain, entre les pro-aliens et les « exo-phobes », les seconds traitant les premiers de « collabos galactiques » ou prônant la préférence planétaire… Plus sérieusement, ces deux attitudes, ces visions du monde antagonistes qui s'affronteraient ainsi pourraient aboutir à une « guerre civile mondiale » et à un véritable schisme social à l'échelle planétaire.

– 9 –

MAIS QUE FAIT LA POLICE ?

J'ai rencontré un ovni : à qui dois-je m'adresser ?

La question peut faire sourire, mais elle mérite d'être posée. Les ovnis, qui s'en occupe au juste ? À qui faut-il communiquer une observation dont on n'arrive pas à comprendre la nature ? Doit-on faire une déposition si l'on pense avoir « déniché » un ovni ? Et à quelle autorité ?

Un flou juridique

En réalité, rien n'oblige quiconque aperçoit un phénomène inhabituel dans le ciel à faire un rapport aux autorités. Tant qu'aucun dommage n'est constaté envers des biens ou des personnes, et que l'objet observé ne présente aucun danger manifeste, il n'est pas du ressort de la police, de la gendarmerie ou d'un autre corps d'armée. Mais comment évaluer ce danger potentiel ? Quelques ufologues et analystes mettent en garde contre divers risques potentiels liés aux ovnis, mais les comportements le plus souvent observés ne présentent pas un profil agressif.

La situation était différente au début du phénomène ovnis, durant la guerre froide. Toute observation d'un objet céleste non identifié pouvait laisser craindre la présence et l'intrusion d'appareils-espions, de technologies inconnues et potentiellement dangereuses pour la sécurité des nations concernées. C'est ainsi que, très vite, les ovnis sont devenus, aux États-Unis, une chasse gardée de l'armée, et les témoins presque systématiquement liés par le secret Défense. Cette situation explique en grande partie le climat de méfiance paranoïaque quasi généralisée qui règne dans les milieux ufologiques et les théories complotistes qui y foisonnent.

En France, la situation est différente. Jusqu'en 1977, la plupart des observations qui faisaient l'objet d'une déposition étaient confiées à la gendarmerie. Sa proximité avec la population, surtout dans les zones rurales où les ovnis étaient le plus souvent signalés, son statut militaire allié à une mission de sécurité civile prédestinaient ce corps à être aux premières lignes de la « chasse aux ovnis » en France, qui commença réellement en 1954, avec la première grande vague d'observations un peu partout en Europe et dans le monde. Dans l'ignorance de la nature des phénomènes observés et des menaces potentielles qu'ils pouvaient faire peser sur nos concitoyens, il était naturel de se tourner vers cette institution quand on était confronté à un ovni.

La déposition en gendarmerie présente l'avantage de consigner les détails et les circonstances de l'observation, et elle est aussi un gage de sérieux, décourageant les blagueurs et les affabulateurs. L'enquête de gendarmerie s'accompagnait en effet souvent d'interrogatoires de voisinage et de recherches auprès de l'entourage – ce que l'on appelle dans le monde judiciaire une « enquête de moralité » – pour déterminer la fiabilité du témoignage. Les faits étaient recoupés, et les faux témoignages pouvaient faire l'objet de poursuites. Mais cette garantie était aussi un objet de crainte pour les témoins qui pouvaient craindre des ennuis avec les autorités, ou tout simplement les moqueries des gendarmes. Rien n'obligeant un témoin d'ovni à signaler son observation à la gendarmerie – sauf les cas exceptionnels, impliquant par exemple des disparitions inexpliquées et inquiétantes dans les cas d'« abduction » supposée –, des alternatives s'offraient à celui qui souhaitait faire part de son expérience. La presse était parfois avertie avant les gendarmes, ce qui ne manquait pas de créer une confusion dommageable à la qualité des enquêtes, mais évitait aussi les soupçons liés au secret d'État et au secret Défense qui accompagnent souvent les affaires d'ovnis. Autre interlocuteur privilégié des témoins d'ovnis, les associations et groupes privés de recherche ufologique furent volontiers pointés du doigt par les autorités ou par les scientifiques pour avoir orienté et influencé les déclarations recueillies en faveur de l'hypothèse extraterrestre. Une accusation qui ne fut pas toujours dénuée de fondement, les enquêteurs ufologues amateurs ayant parfois recours à des méthodes discutables (hypnose, suggestions biaisant la neutralité du témoignage), et montant volontiers en épingle des faits non vérifiés ou abusivement interprétés, que les contre-enquêtes rationalistes ont eu beau jeu de « debunker » (« démonter »).

On le voit, il n'y a pas de canal ou de procédure officiels pour consigner les dépositions liées aux ovnis. Et, comme nous l'avons dit, rien n'oblige même les témoins… à témoigner !

Les témoins de l'ombre

Car avant toute chose il faut bien prendre conscience que tous les cas dont il a été question jusqu'ici, et les milliers d'autres (voire les dizaines de milliers) dont nous n'avons évidemment pas pu parler ne représentent sans doute que la partie visible d'un iceberg que l'on ne peut qu'imaginer énorme. Car il faut aussi compter avec les témoignages qui ne sont jamais enregistrés ni divulgués, souvent évoqués plus ou moins ouvertement dans le cadre privé, parfois totalement tus, même aux proches.

La crainte du ridicule arrive souvent en tête des causes de non-divulgation d'une observation. Vient ensuite le désir d'éviter l'exposition médiatique et la publicité de mauvais aloi. Cette réticence peut être accrue quand le témoin occupe un poste à responsabilité, ou que sa réputation pourrait être entachée par l'étiquette « témoin d'ovnis » qui lui serait alors attachée, jusqu'à compromettre son avenir professionnel.

Selon certaines associations consacrées à l'étude des ovnis, la part de ces témoignages laissés pour compte serait considérable. Elle est par définition difficile à évaluer, et on peut tout au plus l'estimer à l'aune du nombre de cas qui « filtrent » au fil des ans, de témoins qui relatent leur expérience ovnis des années après les faits.

On peut en revanche dénombrer et étudier les observations communiquées à ces nombreuses associations de recherche sur les ovnis. Mais elles posent un nouveau problème.

Les associations ufologiques : le pire et le meilleur

Ces associations et autres initiatives privées dont beaucoup sont aujourd'hui présentes sur la toile, permettent aux témoins de partager leur expérience sans craindre les moqueries et, les témoignages étant le plus souvent anonymes, sans dommages sur leur vie privée et professionnelle. On peut ainsi espérer réunir beaucoup plus de comptes rendus d'observation, mais cet élargissement présente deux contreparties. Tout d'abord la fiabilité des récits est beaucoup plus incertaine, surtout quand on dispose de peu d'informations sur leurs auteurs. Ici, le rôle de modération qui incombe aux responsables des sites Internet ufologiques est évidemment essentiel, et terriblement difficile. Comment juger de la crédibilité d'un témoignage ? Les moyens de vérification et de contre-enquête sont souvent limités pour ces enquêteurs privés, et les circonstances de l'observation d'autant plus obscures qu'ils ne peuvent pas toujours se rendre sur les lieux pour les déterminer. Au final, la crédibilité des témoignages va aussi dépendre de la réputation de sérieux du site ou de l'organisme qui l'héberge, mais va à son tour rejaillir sur ce pedigree ufologique. Un site qui présente la moindre élucubration de mythomane comme un fait avéré, qui extrapole des rapports d'observation sans les avoir passés au crible de la vérification et de l'analyse critique, qui met sur le même plan faits documentés et rumeurs colportées, se verra vite délaissé par les amateurs sérieux, ainsi que par les professionnels d'une presse qui ne s'en tient pas aux « coups » médiatiques sensationnels et par les rares scientifiques à s'intéresser au problème. Il existe en revanche nombre d'organismes qui proposent sur la toile des bases de données fournies d'observations, parfois à l'échelle mondiale, après avoir écrémé cette masse de données de ses scories irrationnelles, obscurantistes et paranoïdes. Sans cacher un *a priori* favorable à l'HET, certains de ces « collectionneurs » d'ovnis adoptent une approche ouverte au dialogue critique et raisonnable.

Mais même les ufologues les plus sérieux, soucieux d'exactitude factuelle et à la recherche de sources réellement fiables, ne sont pas à l'abri du second écueil de cette démarche privée et, le plus souvent menée par des amateurs (plus ou moins éclairés) : la précision et la richesse des faits rapportés. Même avec la meilleure volonté du monde, portée par un témoin de bonne foi, sain d'esprit et sans idées préconçues, il est difficile d'être suffisamment complet et technique dans sa déposition et de produire un témoignage exploitable scientifiquement.

Comment concilier dès lors ces deux impératifs apparemment contradictoires : recueillir le plus grand nombre possible de témoignages, ce qui oblige parfois à « ratisser large », tout en maintenant un niveau acceptable de fiabilité et d'exactitude qui permette un traitement statistique, critique et scientifique des données récoltées ?

Une réponse, qui est loin de faire l'unanimité et n'a rien de la solution miracle, mais a au moins le mérite d'exister, est née il y a plus de quarante ans maintenant, en France : le GE(I)PAN/SEPRA.

Le GEIPAN : une exception française à l'histoire mouvementée

Cet organisme est un groupe d'étude (et non de recherche, la nuance peut sembler subtile, mais revêt une grande importance), fondé en 1977 au sein du CNES, l'agence spatiale française créée en 1961 par le Président Charles de Gaulle. Sa position, celle d'une structure officielle dépendant d'un organisme public (le CNES est placé sous la tutelle de deux ministères : la Recherche et la Défense), mais jouissant d'une certaine indépendance, et qui la place en porte-à-faux entre les ufologues privés et les hautes sphères du pouvoir, est bien souvent délicate et inconfortable. Elle a été au centre de nombreuses péripéties, polémiques, fluctuation et crises qui ont plusieurs fois mis son existence en péril. Mais elle en fait une exception à l'échelle internationale qui, outre les nombreuses critiques essuyées de tous côtés, a aussi reçu du monde entier des commentaires élogieux jusqu'à être citée en exemple et à inspirer des initiatives similaires.

Il est difficile de comprendre l'importance, le statut et les difficultés de ce qui est désigné aujourd'hui par l'acronyme GEIPAN sans récapituler rapidement les circonstances de sa naissance et les étapes marquantes de son histoire à rebondissements, scandées en particulier par deux changements de nom.

Officiels et ufologues : le divorce consommé

Pour remonter aux sources du GEIPAN, il nous faut reprendre l'histoire de l'étude du phénomène ovnis là où nous l'avions laissée au chapitre 5.

Après avoir fait espérer un véritable effort de recherche sur le phénomène ovnis, le projet *Livre Bleu* (*Project Blue Book*, que nous désignerons désormais par son nom en v.o. !), inauguré en 1952 par l'armée américaine après d'autres tentatives avortées (*Sign* et *Grudge*), tend rapidement à être récupéré par les ufosceptiques et à minimiser l'ampleur et l'étrangeté du phénomène, comme l'ont fait ses prédécesseurs.

Les premières années de *Blue Book* avaient pourtant été marquées par une volonté d'ouverture et d'impartialité. Après sa prise en main par Edward Ruppelt, qui semblait désireux d'éviter l'erreur majeure des commissions d'études précédentes – le déni systématique de l'existence et du caractère inexplicable des observations d'ovnis allant parfois jusqu'au ridicule –, le capitaine Charles Hardin lui succède à la direction du projet en 1954. Dans un souci de transparence, il décide de déclassifier et de publier en 1955 un document, le « rapport spécial n° 14 ». Or celui-ci, comme le rapport émis auparavant par le projet *Grudge*, conclut à son tour à l'inexistence des ovnis. Ces histoires de soucoupes n'étaient-elles donc qu'un vaste canular qui aurait piégé des milliers d'Américains crédules ?

Tout le monde n'était pas de cet avis. De nouveau, la dissension se faisait sentir entre les sceptiques inflexibles qui refusaient d'admettre avoir affaire à autre chose qu'une série de confusions, d'illusions et d'hallucinations, et le nombre croissant d'enquêteurs qui envisageaient la possibilité d'une intervention exogène, relayée par un courant de pensée non négligeable dans l'opinion publique. La même année que le rapport officiel déclassifié, Ruppelt, ancien « patron » de *Blue Book*, publiait son propre livre qui consignait les observations les plus remarquables sur lesquelles il avait enquêté pendant sa courte mission. Le « rapport spécial n° 14 » incarnait à lui seul la contradiction qui, après *Sign* et *Grudge*, fissurait à son tour l'unité et la cohérence de *Blue Book*.

Au sein même de cette commission de recherche officielle de l'USAF, des voix se firent bientôt entendre pour dénoncer l'entreprise de désinformation croissante qu'elle représentait. Un homme incarne particulièrement cette dissidence, qui aboutit au développement de l'ufologie dont il est considéré comme un des plus importants pionniers : Josef Allen Hynek.

L'ufologie s'émancipe et s'organise

Le parcours intellectuel d'Hynek, marqué par un revirement spectaculaire que ses détracteurs n'hésitent pas à considérer comme une « conversion », n'a pas peu contribué à la popularité de ses écrits et à son rôle de figure tutélaire, voire de père fondateur de l'ufologie scientifique.

Collaborateur de longue date de l'enquête menée par l'USAF sur les cas d'ovnis, présent comme consultant scientifique dès le projet *Sign*, Hynek fit d'abord partie des sceptiques. Son rôle consistait d'ailleurs à « dégonfler » des rapports apparemment spectaculaires, mais qui ne trahissaient rien d'autre qu'une ignorance complète des phénomènes astronomiques : c'était celui de ce qu'on appellera plus tard un *debunker*. Mais, face à la multiplication de témoignages qui résistaient à toute tentative d'explication rationnelle par des causes naturelles connues, l'astronome finit par considérer leur origine extraterrestre comme une hypothèse recevable, voire la seule envisageable. L'attitude de ses collègues du *Project Blue Book*, qui tendait de plus en plus à « étouffer » les cas étranges et à rejeter *a priori* toute explication non conventionnelle, contribua sûrement à exacerber cette « dissidence ».

La rupture fut consommée en 1966, quand Hynek exprima publiquement ses critiques vis-à-vis de *Blue Book*. Convaincu dès lors que les dirigeants de son pays n'avaient pour objectif que de garder sous le boisseau la dérangeante vérité des incursions extraterrestres sur notre planète, il s'employa à poursuivre l'étude du phénomène en toute indépendance.

Conscient que cette recherche était dès lors jugée marginale, voire hérétique par l'*establishment*, il fonda une sorte de collectif d'ufologues, un réseau international au nom mystérieux, le « Collège invisible », en compagnie notamment d'une autre figure marquante de la « galaxie ovnis » : Jacques Vallée.

Né en 1939 à Pontoise, cet astronome et informaticien français, pionnier de ce qui allait devenir Internet et romancier de science-fiction à ses heures perdues, fut témoin, dans sa ville natale, du passage d'un ovni. Cette expérience devait bouleverser sa vie et le mettre en relation avec un des premiers ufologues français, Aimé Michel – qui fut, on s'en souvient, le théoricien malheureux de l'« orthoténie ». Poursuivant à partir de 1962 une carrière d'astronome et d'informaticien aux États-Unis, Vallée participa à la création de l'ARPANET, ancêtre d'Internet, et contribua à poser les bases d'une recherche ufologique rationnelle et méthodique, avec

Hynek et les autres membres du Collège invisible – dont Aimé Michel, mais aussi des scientifiques français de renom, comme le physicien Yves Rocard (1903-1992), « père » de la bombe atomique française (ainsi que, sans guillemets cette fois, du futur Premier ministre Michel Rocard), ou encore l'astrophysicien Pierre Guérin. Malgré sa formation scientifique, Jacques Vallée a orienté sa réflexion vers une interprétation du phénomène ovnis qui flirte avec le paranormal, s'attirant de nombreuses critiques de la part d'ufologues plus « matérialistes ». Il reste une des personnalités incontournables des recherches sur le phénomène ovnis, et contribua à faire le pont entre les ufologues des deux côtés de l'Atlantique. Mais son statut d'expatrié, sans attaches dans les institutions académiques et gouvernementales françaises, n'en faisait pas le candidat idéal pour promouvoir en France la démarche qu'il avait initiée avec Hynek sur le territoire américain.

La fièvre des ovnis passe l'Atlantique

Hynek ne se contenta pas de donner à l'ufologie et à l'HET, jusqu'alors cantonnées aux cercles occultistes et aux amateurs de paranormal plus ou moins « allumés », une relative crédibilité scientifique. Il exporta un peu partout dans le monde cette approche, à la fois rationnelle et ouverte, du phénomène ovnis à travers la diffusion de ses écrits. Mais il la promut plus directement encore outre-Atlantique que dans notre bonne vieille Gaule qui jusqu'alors résistait toujours et encore à l'envahisseur extraterrestre (« encore une invention américaine ! » devait-on se dire jusqu'à la première vague massive d'observations dans l'Hexagone en 1954). Son rôle dans ce qui allait devenir le GEIPAN fut en effet décisif et fondateur, à travers la rencontre qu'il fit en 1969 avec le « père » du groupe d'étude français sur les ovnis (pardon : les « PANs » !) : Claude Poher (né en 1936).

Alors ingénieur au CNES, Poher s'était rendu aux États-Unis pour la mise au point d'un projet en collaboration avec la NASA. L'année même où la publication du rapport Condon (cf. chapitre suivant) avait mis un coup d'arrêt aux recherches officielles sur les ovnis par le gouvernement et l'armée américaine, il rencontra un Hynek plus remonté que jamais et décidé à faire éclater la vérité (celle à tout le moins qu'il pensait avoir mise au jour) en dépit de la désinformation et des dissimulations de l'enquête officielle. Au cours d'un week-end, il donna à lire à Poher les rapports d'observations accumulés au long de ses années d'expertise pour les projets *Sign*, *Grudge* et *Blue Book*. Impressionné par ce volumineux dossier, par le nombre de témoignages dignes de foi présentant de nombreux points communs, et par les performances de vol affichées par ces engins inconnus, hors de portée des appareils fabriqués par l'homme, Poher rentra en France avec la conviction que ces histoires de soucoupes volantes et autres cigares lumineux valaient plus que le battage médiatique qui les entourait, et trahissaient une réalité inouïe dans l'histoire humaine. Il fut intronisé dans le « Collège invisible », dont il devint en quelque sorte le principal représentant en France – Jacques Vallée ayant déjà émigré aux USA, et Aimé Michel n'ayant pas une position institutionnelle et un « pedigree » suffisamment respectables et influents.

La « préhistoire » du GEPAN : une lente incubation

De retour en France, en marge de son activité habituelle au sein du CNES – il était alors directeur de la division « Fusées-Sondes » –, Claude Poher s'employa à constituer à son tour une base de données solide des observations rapportées de par le monde, et en particulier dans son propre pays. À cette fin, il entra en contact avec un groupe de recherche privé, constitué d'amateurs mais qu'il jugea « fort compétents » : le GEPA, Groupe d'Étude des Phénomènes Aériens. Cette association, fondée en 1962 par René et Francine Fouéré, était parvenue, par une approche sérieuse et rigoureuse, à attirer à elle des scientifiques et des militaires haut placés. Elle fut à la pointe de la recherche ufologique et mena nombre d'enquêtes sur les observations d'ovnis pendant les années 1960, parallèlement à celles diligentées par les gendarmes, publiant de nombreux articles et études de cas dans sa revue *Phénomènes spatiaux*. Elle mit fin à ses activités en 1972, soit cinq ans après la création du GEPAN, dont non seulement l'acronyme, mais la démarche – des enquêtes objectives, à prétention scientifique et sans idées préconçues – s'inspira de son exemple.

Claude Poher commença alors à consigner les observations et parvint à accéder à des rapports de gendarmerie et des documents de l'armée de l'air classés confidentiels. Il employa l'outil informatique pour réaliser des analyses statistiques sur la base des données qu'il avait compilées.

Une première mondiale

La pugnacité et la passion communicative de Claude Poher finirent par payer. Le 1er mai 1977, sous l'égide d'Yves Sillard, alors président du CNES, fut créée au sein de l'agence spatiale la première commission d'étude officielle consacrée en France aux manifestations aériennes inexpliquées : le GEPAN (Groupe d'Étude des Phénomènes Aérospatiaux Non identifiés).

Ses débuts sont pourtant plutôt modestes : limité à son seul directeur et à une secrétaire, l'organisme n'a guère les moyens de réaliser des enquêtes de terrain poussées. Poher finit par obtenir de la direction du CNES l'autorisation de faire appel, à titre bénévole, à des ingénieurs et techniciens du CNES. Aidée également par des enquêteurs indépendants extérieurs, eux aussi bénévoles, dont un magistrat et plusieurs scientifiques, cette équipe met en place des protocoles et une méthodologie d'enquête et commence à sillonner l'Hexagone sur les traces des ovnis signalés, le plus souvent, à la gendarmerie.

Par la signature d'accords et de partenariats, le GEPAN s'assure la collaboration de l'armée de l'air, de la météorologie nationale, et de la gendarmerie – son interlocuteur privilégié, en première ligne dans les cas d'ovnis, car chargé de l'enregistrement des dépositions et de l'enquête préliminaire, mais tenu de transmettre ensuite le dossier au GEPAN.

Si la création de cette commission d'étude est un événement fondateur dans l'histoire de l'étude des ovnis et un cas unique au monde d'organisme étatique chargé officiellement de cette question, la suite de son existence n'allait pas être un long fleuve tranquille.

Premières difficultés

Les relations avec le monde de la science académique furent notamment tendues dès les premières années d'existence du GEPAN. Même si elle avait désormais pignon sur rue et sous l'enseigne prestigieuse du CNES, l'ufologie – car c'est bien de cela qu'il s'agissait ! – n'était pas pour autant en odeur de sainteté dans le monde scientifique.

À la requête de Claude Poher, un conseil scientifique avait pourtant été nommé en septembre 1977. Formé de personnalités toutes extérieures au GEPAN afin de garantir son indépendance, il était composé de représentants de la direction du CNES, de la météorologie nationale, de la gendarmerie et de l'armée de l'air, ainsi que de trois scientifiques : un physicien, un astronome et un psychologue. Sa mission, purement consultative, consistait à se réunir régulièrement pour suivre l'avancée des travaux du GEPAN et à émettre des avis sur son bon fonctionnement, ainsi que des recommandations quant aux améliorations à y apporter. Si son premier rapport, remis en décembre 1977, concluait à l'utilité du GEPAN et préconisait de lui allouer davantage de moyens, il conseillait aussi un strict contrôle des publications, ce qui revenait pour Poher à museler la commission d'étude dont il avait la charge. De plus, le conseil scientifique manquait selon lui à la mission première qui aurait dû être la sienne : faire le lien entre le GEPAN et la communauté scientifique. Si l'astronome qui y siégeait faisait preuve d'une certaine bienveillance, le seul physicien nommé, un spécialiste des plasmas, ne participa à aucune réunion et ne semblait pas vouloir entendre parler d'ovnis. Emblématique en cela de la position de beaucoup de scientifiques issus des sciences « dures » (mathématiques, physique, chimie, biologie), il considérait que les histoires de « soucoupes » relevaient des seules sciences humaines (psychologie, sociologie, histoire, etc.). Autant dire que tous ces phénomènes n'étaient pas réels, mais le résultat d'une suite d'erreurs de perception, ou d'égarements de la raison, relayée et amplifiée par des phénomènes de rumeur et d'entraînement de masse – ce que l'on appelle le modèle de la « contagion psychosociale ». Et, de fait, des trois savants siégeant au comité scientifique du GEPAN, seul le psychosociologue se montra enthousiaste, proposant les services d'un chercheur de son laboratoire pour participer aux enquêtes de terrain. Si cette collaboration permit au groupe d'affiner sa pratique de l'entretien des témoins, elle confirmait le jugement des scientifiques « durs » : les ovnis n'intéressaient que les sciences humaines, car ils étaient un phénomène purement humain.

Déçu par la tournure que prenaient la situation et l'isolement dans lequel il voyait enfermé son « bébé », Claude Poher démissionna de la direction du GEPAN en novembre 1978, soit à peine plus d'un an après son inauguration. Alain Esterle, ingénieur lui aussi, reprit le flambeau jusqu'en 1983. Mais la situation délicate du GEPAN n'alla pas en s'améliorant.

Les années SEPRA : les ovnis au purgatoire

Les années 1980-1990 sont celles d'une traversée du désert pour la recherche sur les ovnis au sein du CNES. Même le terme « PAN », qui sonnait déjà comme un euphémisme destiné à éloigner l'odeur de soufre que traînait dans son sillage le plus populaire « ovni », disparaît du nouveau sigle, dont la signification en dit long : SEPRA, pour Service d'Expertise des Phénomènes de Rentrée Atmosphérique. Car l'image que l'on a alors en tête n'est plus celle d'une soucoupe pilotée par des petits êtres verts ou gris, mais la traînée incandescente d'une météorite, de l'étage d'un lanceur ou d'un satellite (re)tombant vers le sol dans une gerbe de feu. Avec ce nouveau baptême, c'est comme si le CNES faisait passer le message suivant : « Ces histoires d'ovnis, ce ne sont que des objets spatiaux très bien connus, naturels ou artificiels, qui se consument en pénétrant dans l'atmosphère. » Déjà suspecte aux yeux de bien des ufologues, la commission d'enquête du CNES devient comme un emblème de la dénégation du phénomène ovnis par les représentants du pouvoir. Pour couronner le tout, les moyens financiers et matériels alloués à ce rejeton bâtard et inavoué du GEPAN, déjà limités du temps de ce dernier, sont devenus franchement dérisoires. Pour le dire vite, le SEPRA se composait en tout et pour tout d'un directeur et… d'une secrétaire. Mais il faut dire que la personnalité du directeur en question joua un rôle important et, malgré les polémiques qui se déchaînèrent sur lui – et continuent aujourd'hui –, contribua sans doute pour une bonne part à maintenir à flot la barque SEPRA/GEPAN pendant ces années sombres.

Alors qu'il était encore technicien supérieur en instrumentation optique au CNES – dans la hiérarchie duquel il s'éleva plus tard au rang de cadre par concours interne –, Jean-Jacques Velasco (né en 1946) collabora avec Claude Poher dès la création du GEPAN. Il était notamment chargé de mettre au point un outil de simulation reproduisant les phénomènes visuels rapportés par les témoins d'ovnis, nommé « SIMOVNI ».

Un peu comme Josef Allen Hynek aux États-Unis, Velasco incarne la figure du « converti » – ce qui ne l'empêche pas de s'attirer la foudre des critiques « antiovnis », bien au contraire ! : très sceptique dans un premier temps, il finit par se convaincre, et employa dès lors toute son énergie à convaincre le public, que les phénomènes étranges et inexplicables signalés dans le ciel étaient bien le fait d'intelligences extraterrestres. Là réside sans doute tout le paradoxe de la position qu'il a assumée pendant près de vingt ans (de 1983 à 1988 au GEPAN, puis au sein du SEPRA jusqu'à 2004) : à la tête d'un service dont la dénomination même niait implicitement la réalité du phénomène ovnis (on n'y trouve plus aucune mention d'un quelconque défaut d'identification), il fut un des avocats les plus véhéments – mais pas toujours pertinent… – de l'HET en France – dans sa version *hard science*, qui évite le recours à des explications paranormales, spiritualistes ou *new age*. Il participa également au colloque de Pocantico (État de New York), organisé en 1997 par le physicien britannique Peter A. Sturrock (né en 1924) à l'initiative du mécène Lawrence Rockefeller, et qui réunit ufologues et scientifiques reconnus autour de la question des traces physiques laissées par les ovnis.

Malgré la ténacité de son directeur, le SEPRA est délaissé par la direction du CNES, plus que jamais isolé du monde scientifique et sans réelle visibilité médiatique.

La renaissance : le GEIPAN, nouvelle formule

La situation était devenue intenable, tant pour le SEPRA, réduit à l'impuissance par un cruel manque de moyens, que du côté du CNES, dont certains dirigeants semblaient vouloir se débarrasser de cette cellule décriée et inefficace que l'agence spatiale hébergeait en son sein. On aurait pu s'acheminer vers un scénario à l'américaine, avec un calque du rapport Condon (cf. chapitre 10), qui aurait conclu à l'inutilité de toute recherche officielle sérieuse sur le phénomène ovnis.

Mais en 2000, Gérard Brachet, président du CNES, commande à François Louange, qui avait travaillé à l'ESA (*European Space Agency*/Agence Spatiale Européenne) et dirigeait la société Fleximage, spécialisée dans le traitement et l'analyse des images spatiales, un audit sur le SEPRA et la nécessité de poursuivre sa mission. Après avoir auditionné une trentaine de personnalités venues de tous les horizons (politiques, militaires, ingénieurs, scientifiques, journalistes), il rédige un rapport qu'il remet en 2001, et qui préconise la poursuite des enquêtes et le maintien d'une structure hébergée par le CNES, dédiée à la collecte et à l'analyse des observations de « PAN ». Même un scientifique comme l'astrophysicien et historien des sciences Jacques Blamont se déclarait favorable à une poursuite de la recherche sur les phénomènes célestes inexpliqués qui ait pignon sur rue.

Il fallut attendre 2005 pour voir le GEPAN renaître de ses cendres, avec un léger changement de nom : il devient GEIPAN, la lettre supplémentaire ayant son importance, puisqu'elle signifiait « informations ». Une des nouvelles missions de la commission d'enquête sur les PANs est en effet la communication et les relations avec le public. Il s'agit de répondre aux questionnements qui agitent la société autour du thème des ovnis, pour s'élever au-dessus du traitement racoleur et sensationnaliste pratiqué par certains médias, mais aussi de jouer la carte de la transparence afin de prévenir les soupçons complotistes autour d'une mise sous le boisseau d'une partie des informations, d'une cellule secrète, pendant occulte de la façade publique que serait le GEPAN.

En droite ligne de cette politique d'ouverture et de transparence, le GEIPAN fraîchement inauguré entame en 2007 la mise à disposition, sur son site Internet, de la base de données des observations et témoignages recueillis depuis sa création – et même avant, les premiers rapports communiqués par la gendarmerie datant de 1937. Cet archivage représente une source documentaire pour tous les chercheurs, professionnels ou amateurs, intéressés par le sujet, ou simplement les passionnés curieux. Il permet en outre d'avoir un aperçu de la physionomie générale du phénomène ovnis en France, à travers le traitement statistique. Mais cette vitrine de l'ufologie sérieuse est une arme à double tranchant.

Le GEIPAN aujourd'hui : une exception française prise entre deux feux

Plus de quarante ans après sa création, le GEIPAN continue de recueillir des louanges à l'étranger, au point de faire des émules. Mais il est toujours l'objet de vives critiques, et ce des deux côtés du spectre ufologique. Par le versant sceptique (ultra?)rationaliste, il est notamment critiqué par des auteurs rattachés au mouvement zététique. Autour de ce terme issu du grec, qui signifie « qui aime chercher » (ou « rechercher »), un groupe d'auteurs et de chercheurs, pour la plupart issus du monde scientifique, tentent de dévoiler les causes naturelles ou humaines derrière les phénomènes classés étranges ou paranormaux. Leur démarche, qui vise à combattre l'obscurantisme et la manipulation d'un public crédule ou mal informé par des charlatans sans scrupule, est en elle-même des plus louables. Or parmi les pseudo-mystères que ces sceptiques des temps modernes s'emploient ainsi à déconstruire, les ovnis, soucoupes volantes et autres petits hommes verts ou gris figurent en bonne place. On comprend cette condamnation lorsqu'elle est dirigée contre les délires conspirationnistes et les récits extravagants de prétendus « contactés », mais elle prend aussi pour cible le travail du GE(I)PAN/SEPRA. Dans un livre cosigné par trois « zététiciens » (David Rossoni, Éric Maillot et Éric Déguillaume, *Les OVNI du CNES : 30 ans d'études officielles 1977-2007*), la commission de recherche du CNES en prend pour son grade, accusée, en résumé, de « gonfler » des cas d'observation que les trois contre-enquêteurs jugent douteux ou insignifiants, et de mener des investigations discutables dans leur méthodologie et leurs conclusions. Sont particulièrement visés Claude Poher et Jean-Jacques Velasco, directeurs respectifs du GEPAN et du SEPRA, et parmi les plus favorables à l'HET.

La critique rationnelle est saine, et même nécessaire, car les enquêtes du GEIPAN et de ses prédécesseurs ne sont en rien irréprochables. Ces organismes ont certes été successivement mandatés pour enquêter sur les observations de phénomènes atmosphériques inexpliqués, mais ne détiennent pas pour autant la vérité ni même le dernier mot sur ces phénomènes. La volée de bois vert que leur administrent les zététiciens n'est cependant pas toujours juste, et les auteurs de cette mouvance se posent parfois en inquisiteurs ultra-rationalistes, rejetant *a priori* toute explication qui sortirait de l'ordinaire et du connu, quitte à instruire des procès à charge et à échafauder des scénarios parfois aussi invraisemblables que ceux des soucoupistes – à ceci près qu'ils ne font intervenir que des causes connues, naturelles ou humaines. Le risque de cette démarche est aussi de décourager toute recherche scientifique et raisonnable sur le phénomène ovnis dont on nie la réalité – laissant ainsi le champ libre à son interprétation paranormale et irrationnelle – et dont les partisans sont de toute façon sourds à ce genre d'arguments.

Mais à l'autre extrême, celui des ufologues « soucoupistes », voire des théoriciens du complot planétaire, le GEIPAN est accusé de minimiser le phénomène ovnis et de faire le jeu des « *debunkers* ».

La statistique la plus simple délivrée régulièrement par le groupe d'étude, et qui apparaît comme un baromètre du climat ovnis en France, est la proportion des différentes catégories d'observations. Depuis la création du GEIPAN, les « PANs » (Phénomènes Aérospatiaux Non identifiés) dont il centralise et comptabilise les témoignages sont répartis en quatre groupes :

A - Phénomènes non identifiés par l'observateur, mais élucidés avec certitude par les experts après enquête.

Il peut s'agir d'objets astronomiques courants, mais présentant parfois une apparence étrange ou inhabituelle (l'étoile du Berger, alias Vénus, étant l'usurpatrice la plus multirécidiviste dans ce jeu de dupes), d'autres plus rares (comètes, étoiles filantes), de rentrées atmosphériques (météorites, satellites, étages de fusée-lanceur...), de ballons-sondes, ou encore des fameuses lanternes thaïes – lesquelles ont fait exploser la proportion de ces « PANs A » à partir des années 2000.

B - Proches des précédents, à ceci près que les PANs B n'ont pas pu être élucidés avec certitude, mais avec une forte probabilité, les éléments de preuve étant manquants ou incomplets.

C - Regroupe les observations qui ne sont pas exploitables, faute de précision dans le compte rendu des faits. Pour ces témoignages, le GEIPAN considère somme toute que l'on ne peut rien en dire ni rien en faire, ils sont enregistrés, mais ne donnent pas lieu à une enquête. On y trouve beaucoup de récits sujets à caution qui n'ont pu être démasqués comme canulars ou affabulations.

D - Les PANs D nous font enfin entrer dans le vif du sujet : ce sont les « vrais » PANs, les ovnis à proprement parler, ceux qui, malgré des rapports précis et circonstanciés – et concordants en cas de témoignages multiples –, suivis d'une enquête approfondie, n'ont pu être expliqués par des causes connues.

C'est donc surtout la proportion des « PANs D » par rapport à l'ensemble des cas qui est citée par les commentateurs, mais pour en tirer des conclusions, là encore, diamétralement opposées. Malgré la défiance des milieux ufologiques, le pourcentage représenté par la catégorie D est volontiers mis en avant comme une preuve que, malgré les efforts des institutions pour « enterrer » le dossier ovnis, sa réalité est reconnue officiellement. Quant aux sceptiques dits « réductionnistes » – car ils réduisent les ovnis à des phénomènes connus et bien expliqués –, ils le minimisent volontiers, ajoutant plus ou moins explicitement que le GEIPAN est une machine à fabriquer des ovnis (entendez des « PANs D ») à partir de rien.

Récemment, le GEIPAN a cru devoir introduire une nouvelle classification au sein de la catégorie D, les distinguant selon leur « degré d'étrangeté et de fiabilité ». Les « D1 » sont les cas peu étranges (de « simples » lumières dans le ciel) ou moins solides (témoignage unique, absence de traces au sol…). Seuls les « D2 » mériteraient la dénomination d'ovnis, seulement voilà : il n'y en a pour l'instant aucun, car les cas étranges sont jugés insuffisamment fiables, et les cas les plus « sérieux » pas assez étranges ! Cette distinction ressemble donc à un signal envoyé aux critiques sceptiques ou destiné à éviter la « récupération » par les ufologues extrémistes, mais elle a toutes les chances d'exacerber encore le fossé d'incompréhension et de rejet mutuel qui se creuse entre les deux « camps », et entre chacun d'eux et le GEIPAN.

Ainsi, la part des PANs D, qui avait dépassé un temps les 20 % pour la plus grande jubilation des partisans de l'HET, est aujourd'hui descendue à environ 5 %, et composée exclusivement de cas D1 – peu « étranges » ! Pour les ufosceptiques, pas de doute : les ovnis étant un phénomène sociologique de masse, ils désertent le ciel quand les médias les boudent – comme c'est le cas depuis quelques années, le nombre de témoignages sensationnels et suffisamment étranges à se mettre sous la dent étant en chute libre. Ce à quoi les « croyants » et autres tenants de l'explication extraterrestre rétorquent que les visites ne sont pas permanentes, ce qui explique que les observations soient cycliques ou regroupées par « vagues » plus ou moins aléatoires. Et les responsables du GEIPAN eux-mêmes précisent que le nombre croissant de « faux ovnis » (PAN A et B), notamment les lanternes thaïes, fait baisser la part des PANs D sans forcément que ces cas soient moins nombreux en eux-mêmes.

Fidèle à ce qui tend à devenir sa mission essentielle, celle de l'information et de la communication avec le public, le GEIPAN a cependant pris des initiatives destinées à réduire cette fracture ufologique et à rétablir les échanges entre « soucoupistes » et « pélicanistes », qui tournent depuis bien longtemps au dialogue de sourds. En 2014, son président en exercice, Xavier Passot, a en effet organisé l'atelier CAIPAN (Collecte et Analyse des Informations sur les Phénomènes Aérospatiaux Non identifiés). Cette rencontre, qui faisait aussi intervenir des militaires de l'armée de l'air et de la gendarmerie, fut surtout l'occasion de renouer le dialogue entre ufologues et scientifiques autour de questions techniques comme la méthodologie des enquêtes de terrain (audition des témoins, recueil d'indices, etc.), les standards de description d'observation, visant à permettre l'échange de données au niveau international, ou encore la psychologie des témoignages. Dix-sept ans après le symposium de Pocantico, cette nouvelle main tendue entre les deux camps « ennemis » laisse espérer sinon une réconciliation, au moins des échanges plus pacifiés et constructifs que les invectives habituelles…

Ovnis et Défense : secrets et menaces

Une relation à double tranchant

Et si les ovnis étaient du ressort de l'armée ? Nous avons pu voir au long de cet ouvrage combien l'histoire du phénomène était intimement liée au monde militaire, et pas uniquement aux États-Unis. Lors de l'audit qui a conduit à la transition entre le SEPRA et le GEIPAN en 2005, la question fut ouvertement posée aux personnes interrogées : devait-on remettre le dossier ovnis (ou PAN) entre les mains de la « grande muette » ?

Cette idée est loin d'être saugrenue, dans la mesure où les manifestations d'ovnis intéressent de près la question de la sécurité aérienne et territoriale. L'armée de l'air en particulier est fréquemment confrontée à des phénomènes inhabituels et étranges. Beaucoup pensent d'ailleurs, en France, mais surtout aux États-Unis, que c'est bel et bien l'armée qui, sous le sceau du secret, est en charge du dossier ovnis. Mais c'est justement cette méfiance, pour ne pas dire cette défiance envers la sphère militaire qui pose ici problème. Même si cette prise en main était officielle et de notoriété publique, aurait-on pour autant la garantie que le public serait convenablement informé sur les événements étranges rapportés par des témoins depuis plus de soixante-dix ans ?

Car l'attitude des militaires depuis le début de cette histoire a beaucoup contribué au climat de paranoïa généralisée qui règne dans le monde ufologique, et a fait le terreau des théories complotistes qui envahissent les sites Internet spécialisés et se propagent par les réseaux sociaux, jusqu'à se diffuser dans certains médias grand public. Pourquoi tant de dissimulations, de dénégations ? Pourquoi des commissions d'enquête américaines qui se sont avérées n'être que des écrans de fumée et des machines à désinformer ? Pourquoi le sceau du secret Défense systématiquement apposé sur les rapports et procès-verbaux d'observation ?

Nous ne nous égarerons pas ici dans les dédales complotistes, où l'on n'hésite pas à accuser l'armée et les gouvernements de cacher aux populations la vérité sur les intrusions extraterrestres, quand on ne les stigmatise pas carrément comme complices des aliens, ou infiltrés en leur sein même par des « agents doubles » d'un autre monde. On peut, sans s'aventurer jusqu'à ces extrémités, envisager des raisons plausibles à l'attitude pour le moins ambigue des militaires sur la question ovni. Nous n'en citerons ici que deux. Tout d'abord, si les militaires, même haut placés et bien informés, n'en savent pas plus (ou à peine plus) que tout un chacun, cette ignorance pourrait être assimilée à un constat d'échec et d'impuissance. Si des objets sillonnent les espaces aériens nationaux en toute impunité, montrent des performances en vol qui laissent loin derrière nos réalisations techniques les plus achevées, et semblent narguer nos faibles moyens, à quoi peut bien nous servir une armée incapable de nous en protéger ?

Mais une autre cause tout ce qu'il y a de plus raisonnable peut être avancée pour expliquer le *cover up* (la dissimulation) presque systématique des armées sur les cas d'ovnis : parmi les hypothèses sérieusement envisagées pour expliquer ces phénomènes, celle d'expériences ou de prototypes militaires secrets n'est pas la moins plausible, à tout le moins dans certains cas.

Des militaires derrière les ovnis ?

De nombreux témoins d'ovnis au fil des ans ont en effet mentionné des faits troublants attachés à leur observation, comme la présence d'appareils militaires (hélicoptères le plus souvent) qui semblaient escorter les objets inconnus. Beaucoup de cas ont été rapportés à proximité de bases ou de complexes militaires, souvent liés à l'armement nucléaire et appartenant en général à l'armée de l'air. Et si certains comptes rendus présentent des caractéristiques (vitesse, accélération, manœuvrabilité, taille entre autres) qui rendent cette hypothèse difficile à admettre, même dans le cadre d'un programme top secret, d'autres pourraient très vraisemblablement correspondre à des vols d'essai d'engins expérimentaux.

Les militaires « étoufferaient » donc l'information sur les ovnis pour maintenir le secret sur leurs technologies de pointe ? Dans cette éventualité, leur position n'en deviendrait pas pour autant plus claire. Que ce soit à Roswell, où les autorités ont finalement préféré divulguer le projet de ballons-espions Mogul que de laisser se répandre les rumeurs d'un crash de soucoupe, ou lors de la vague belge de 1990, où les commentateurs réfractaires à l'HET ont invoqué le survol par des bombardiers furtifs comme le Lockheed Martin F-117 Nighthawk ou le Northrop B-2 Spirit, malgré les performances de vol qui ne correspondaient pas avec celles de ces appareils, la divulgation d'armes et de programmes secrets semble pour le moins rapide. Pourquoi serait-il jugé préférable de « griller » ce genre d'informations que de laisser le public croire à des visites d'extraterrestres ?

Reste une hypothèse encore plus tortueuse, qui a le mérite de concilier HET et secret militaire : celle dite du « transfert de technologie ».

L'armée complice des aliens ?

Selon ce scénario, l'armée américaine aurait eu accès à des technologies extraterrestres, qu'elle aurait par la suite développées pour mettre au point des armes et appareils secrets, laissant loin derrière le modeste savoir-faire terrien. Roswell est souvent cité comme lieu privilégié de cet espionnage militaro-industriel à l'échelle galactique, mais d'autres auteurs vont jusqu'à invoquer des rencontres directes entre des extraterrestres et le président Eisenhower, avec signature de traités !

Nous pénétrons ici dans une foisonnante mythologie moderne, où l'on rencontre aussi le M12 (pour « Majestic », le plus haut degré de secret dans l'armée américaine), une officine occulte censée chapeauter tous les services secrets, qui serait chargée, selon les versions, de veiller au grain du dossier ovnis en évitant les fuites et divulgations, ou de préparer la prise de pouvoir par des puissances exogènes. Agents de cette police secrète des aliens – conçue, là encore selon les auteurs, *pour* eux ou *par* eux – les *Men in Black*, popularisés par une suite de films de SF humoristique, ne sont pas qu'une invention cinématographique, mais une figure récurrente de nombreux témoignages et, plus encore, des rumeurs qui les accompagnent : des individus vêtus de noir et chaussés de lunettes de soleil, signalés dans le sillage des observations d'ovnis, qui viendraient intimider les témoins pour les réduire au silence. Agents gouvernementaux chargés d'assurer le *cover up* du phénomène ovnis ? On les décrit souvent de teint mat, avec une physionomie austère, des gestes empruntés, lents et maladroits… il n'en faut guère plus pour certains : ils seraient eux-mêmes des extraterrestres infiltrés !

Enfin, figure incontournable de ce folklore ufologique conspirationniste, la zone 51, la plus célèbre des bases militaires secrètes au monde, qui abriterait dans son mythique hangar 18 les restes de l'appareil naufragé de Roswell – voire de ses occupants –, et qui, pour les théoriciens du complot les plus jusqu'au-boutistes, hébergerait le quartier général d'extraterrestres implantés sur notre planète, où ils se livreraient à d'inavouables expériences génétiques sur nos semblables en échange du secret de leurs vaisseaux intersidéraux – et peut-être sous la menace d'une démonstration de leur puissance de feu ?

Quand la grande muette devient bavarde

La meilleure réponse à cette frénésie conspirationniste ne serait-elle pas la transparence et l'ouverture ? La déclassification de nombreux documents confidentiels, opérée au compte-gouttes depuis les années 1970 par l'armée américaine et un peu partout dans le monde, y compris dans l'ancien bloc soviétique, semble aller dans ce sens.

En France, certains militaires sont allés plus loin, prenant les devants dans la recherche sur le phénomène ovnis. En 1999, un groupe d'experts, composé d'anciens auditeurs de l'IHEDN (Institut des Hautes Études de Défense Nationale), hauts gradés et ingénieurs militaires et civils, dont l'ancien directeur du GEPAN/SEPRA Jean-Jacques Velasco, réunis au sein du COMETA (pour COMité d'Études Approfondies), rédige un rapport intitulé : *Les Ovnis et la Défense : à quoi se préparer ?* Bien qu'il n'ait nullement été commandité par le gouvernement, des exemplaires sont remis au président de la République et au Premier ministre d'alors, Jacques Chirac et Lionel Jospin. Reprenant quelques cas marquants de l'histoire de l'ufologie, ainsi que des observations alors inédites, l'ouvrage aboutit à cette conclusion pour le moins fracassante que l'hypothèse d'engins extraterrestres, sans être démontrée, serait la plus plausible pour expliquer les faits rapportés ! Publié à l'époque par le magazine grand public *VSD* – très friand des sujets ovnis –, puis sous forme de livre, le « rapport COMETA » n'eut qu'un retentissement très limité en France, où les rares articles de presse qui en font mention adoptent un ton volontiers ironique, mais il est régulièrement salué à l'étranger comme un modèle d'analyse objective et d'exactitude factuelle.

Jamais, en tout cas, l'HET n'avait été ainsi mise en avant par des personnalités militaires haut placées et respectées, s'inscrivant de plus dans une démarche collective et non dans une initiative isolée. Les préconisations sur lesquelles débouche le rapport n'ont rien de délirant, se contentant pour l'essentiel d'encourager l'étude et la recherche sur les ovnis, et de prôner une action concertée au niveau international.

Aux États-Unis aussi, les langues des militaires se délient de plus en plus : le 27 septembre 2010, lors d'une conférence au National Press Club de Washington, plusieurs anciens membres de l'USAF révélèrent avoir été témoins du survol de sites militaires par des ovnis. Doit-on s'attendre à des révélations de plus grande ampleur ? À quand une totale transparence des armées sur le dossier ovnis ?

– 10 –

ET LA SCIENCE DANS TOUT ÇA ?

Les ovnis ne semblent donc relever d'aucune « juridiction », n'être le domaine réservé ou la chasse gardée d'aucune organisation, corporation ou caste. C'est d'ailleurs peut-être leur nature profonde que d'être ainsi insaisissables et inappropriables : l'ovni, c'est ce qui vole sous les radars (au sens figuré, car au sens propre les radars les ont souvent enregistrés !), ce qui échappe aux schémas connus et par conséquent au contrôle.

Il reste tout de même une catégorie socioprofessionnelle qui devrait être particulièrement qualifiée pour parler des ovnis, les étudier, les caractériser, les traquer et les élucider : les scientifiques. Qu'en disent-ils, les « savants », de ces ovnis qui nous font tourner en bourrique depuis plus de soixante-dix ans (au moins, dans le meilleur des cas) ?

On serait en droit d'attendre un éclaircissement sur cette question de la part de la sphère scientifique, et pourquoi pas le dernier mot de l'énigme ? Mais le mystère ne fait peut-être que commencer…

Ovnis et sciences : un sujet tabou ?

La première réponse que l'on pourrait avancer à cette question – « Que dit la science à propos des ovnis ? » – serait aussi péremptoire et lapidaire que décevante : « Rien ! » Mais elle serait aussi trop ambiguë, car on pourrait la prendre selon deux sens : soit elle n'a rien à en dire parce qu'elle ne sait rien, soit elle n'a rien à en dire… parce qu'il n'y a rien à en dire ! Les deux options sont vraies à leur manière, à condition de préciser un peu la situation.

Commençons donc par une précision essentielle : *« LA science », ça n'existe pas !* Il n'y a pas quelque part une « voix de la science » qui énoncerait *la* vérité de *la* science, la seule et l'unique, indiscutable et irrévocable. Il y a *des* sciences, des domaines de recherche distincts, unis par une approche rationnelle des phénomènes et un recours à la preuve et à l'expérimentation, et il y a surtout des scientifiques, que l'on appelle trop souvent des « savants », comme s'ils *savaient*… quoi, tout ce qu'il y a à savoir ?

Il y a donc des scientifiques, qui appartiennent à un « monde scientifique » plus ou moins homogène défini par des positions académiques, des titres, et surtout un principe sain (en principe…) : le jugement des pairs, le fait que toute assertion scientifique doit pouvoir être soumise à l'examen critique des autres scientifiques dans le monde entier.

Quelle est donc la position de ce monde savant sur la question des ovnis ? Un point de vue sinon unanime, au moins majoritaire ? On pourrait la résumer en quelques mots, car justement la plupart n'en accordent guère plus au sujet : *ils ne veulent pas en entendre parler !*

Sans tomber dans les travers complotistes et antiscientifiques de certains ufologues, il faut en effet se rendre à l'évidence : à quelques rares exceptions près, les ovnis sont un sujet tabou pour les scientifiques. Sujet de raillerie, parfois d'irritation ou de franche colère, la thématique ovnis provoque chez la plupart des « savants » des réactions de rejet catégorique.

Il existe évidemment des raisons, des arguments scientifiques sérieux expliquant cette attitude. Nous y reviendrons plus en détail dans la suite de ce chapitre, mais là encore on peut résumer en quelques mots le raisonnement central de cette fin de non-recevoir : les ovnis n'existent pas, parce que le voyage intersidéral est pratiquement impossible.

Désintérêt, rejet, mépris, tabou : cette attitude du monde scientifique vis-à-vis des ovnis ne date pas d'hier et a connu des épisodes marquants. Le plus emblématique marqua la fin de toute recherche officielle sur la question des ovnis aux États-Unis.

L'acte de divorce entre science et ufologie ? 1969 : le rapport Condon

Souvenez-vous du projet *Blue Book*, cette ultime commission d'enquête mise sur pied par l'USAF pour tirer au clair les affaires de soucoupes et d'extraterrestres. Après avoir promis d'apporter enfin une expertise impartiale sur la question, il retomba dans les travers de ses prédécesseurs, *Sign* et *Grudge*, devenant à son tour une machine à nier et à enterrer le phénomène – selon l'accusation de certains de ses collaborateurs, Josef Allen Hynek en tête. Mais les observations continuaient à affluer, appelant des enquêtes dont les conclusions ne satisfaisaient pas une opinion publique de plus en plus méfiante vis-à-vis de l'armée sur la question des ovnis. De plus, si *Blue Book* s'était adjoint les services de nombreux scientifiques, il restait sous tutelle militaire, ce qui lui attirait des soupçons de dissimulation et de désinformation.

En 1966, l'USAF prit donc la décision de commander une étude scientifique à une université américaine chargée de statuer sur le phénomène ovnis après avoir enquêté sur les cas d'observations enregistrés pendant près de vingt ans. Les établissements de recherche ne se bousculant apparemment pas pour hériter de ce dossier brûlant et sulfureux, ce fut finalement l'université du Colorado qui hérita de la patate chaude. Pendant deux ans, un groupe de chercheurs dirigé par le physicien Edward Condon (1902-1974) étudia plus de 90 cas. Mais plusieurs scientifiques ayant participé à cette étude dénonceront plus tard l'attitude de son maître d'œuvre, convaincu de l'inexistence des ovnis et imposant ce préjugé défavorable à son équipe.

En 1968, la commission publia les résultats de ses travaux dans un document de près de 1 000 pages connu depuis sous le surnom de « rapport Condon ». Ce texte trahit l'incohérence du projet lui-même, une étude scientifique objective dont les conclusions étaient courues d'avance. On y trouve quelques-unes des observations les plus solides et les plus intrigantes de la chronologie ufologique, au point qu'il est devenu une source de choix où les mordus d'ovnis viennent volontiers puiser des cas à l'appui de leurs diverses théories. Mais cette riche matière, dont les commentaires ne cachent pas à l'occasion l'étrangeté et l'absence d'explication triviale ou connue, est désamorcée dès l'introduction du rapport, où sont présentées, déjà, les conclusions à tirer de sa lecture. Celles-ci sont sans appel et peuvent se condenser en deux affirmations péremptoires, à savoir que les phénomènes présentés :

– ne constituent en aucun cas une menace pour la sécurité nationale, et ne justifient donc pas une vigilance de la part de l'armée américaine ;

– ne présentent aucun intérêt sur le plan scientifique, et n'appellent donc la création d'aucune structure ni organisme de recherche qui lui soit spécialement dédié.

La publication du rapport Condon provoqua certes un tollé de la part de plusieurs scientifiques – dont l'astronome Frank Drake dont nous reparlerons plus loin – outrés par les conclusions selon eux abusives auxquelles était parvenue la commission de l'université du Colorado. Une note interne de son administrateur Robert Low, révélée au public par ses détracteurs au moment de la parution du rapport final, mais rédigée dès le lancement de l'étude en 1966, préconisait que celle-ci devait être « conduite exclusivement par des personnes qui n'y croient pas [sous-entendu : aux ovnis] et qui, bien qu'elles ne puissent probablement pas prouver un résultat négatif, pourront fournir un ensemble impressionnant de preuves qu'il n'y a aucune réalité dans les observations ». Low poussait le cynisme jusqu'à annoncer la couleur qui sera celle du document publié :

« Le truc serait, je pense, de présenter le projet de telle manière que pour le public, il apparaisse comme une étude tout à fait objective, alors que, pour la communauté scientifique, il présenterait l'image d'un groupe de sceptiques faisant de leur mieux pour être objectifs, mais avec un espoir pratiquement nul de trouver une soucoupe. »

On ne saurait être plus clair : pour les chercheurs de la commission Condon, sous couvert de faire la lumière sur les apparitions d'ovnis, il s'agissait surtout de montrer qu'ils n'étaient qu'un leurre ! Et dans l'opinion publique, ces polémiques autour de « l'affaire » Condon ne firent qu'accentuer la méfiance vis-à-vis des autorités gouvernementales, militaires et scientifiques sur la question des ovnis.

Mais rien n'y fit, et ce rapport reste à ce jour le dernier mot officiel de l'armée et du gouvernement américains sur le dossier ovnis. Il justifia la clôture du projet *Blue Book* en 1969, et mit fin de fait à toute recherche menée ouvertement sur les observations de soucoupes, triangles et autres cigares volants, dans la mesure où ces phénomènes étaient dès lors considérés comme illusoires et donc sans danger. Plus grave encore, il entérina une idée encore largement répandue aujourd'hui dans la communauté scientifique, celle que toute velléité d'étude de ces phénomènes était une pure perte de temps, et que ceux qui persistaient à s'y livrer se discréditeraient aux yeux de leurs pairs.

Pour les scientifiques désireux de poursuivre la recherche sur les ovnis, il ne restait plus d'autre ressource que de fonder ou de rejoindre une association ou un groupe ufologique privé, ce que s'empressa de faire Josef Allen Hynek en créant le CUFOS (*Center for UFO Studies*, « Centre d'étude des ovnis »), aujourd'hui l'une des plus importantes institutions d'ufologie au monde.

Ce décret d'exclusion scientifique du phénomène ovnis ne se limita pas aux États-Unis. En France, où un organisme hébergé par une institution reconnue était officiellement chargé du recueil et de l'étude de ces phénomènes depuis 1977, une omerta savante comparable régnait et menaça d'enterrer à son tour la recherche sur les ovnis.

Un « Condon à la française » ? Une autre version de la fin du GEPAN

Nous l'avons vu au chapitre précédent, le GEPAN devint en 1983 le SEPRA, gardant en théorie la même fonction tout en voyant ses moyens se réduire comme peau de chagrin. Comme le changement de nom le trahissait déjà, il s'agissait bien de balayer l'encombrant dossier ovnis sous le tapis et de tenter de se débarrasser d'une excroissance qui attirait sur le CNES les foudres des chercheurs sceptiques.

Rappelons que le GEPAN avait été doté, à la demande de son maître d'œuvre et premier directeur Claude Poher, d'un conseil scientifique censé évaluer la pertinence de ses travaux et orienter ses investigations. Or, après 1984 et sans motif officiel, le CNES cessa de le réunir. Parmi les membres de cette assemblée ainsi dissoute sans autre forme de procès, certains, qui ne faisaient pas mystère de leur scepticisme et même de leur hostilité vis-à-vis de toutes ces histoires de soucoupes, se réjouissaient sans doute, ou au moins s'accommodaient fort bien de la situation. Alors qu'ils espéraient faire la preuve que ces phénomènes avaient une explication scientifique tout ce qu'il y a de plus terrestre, non seulement les observations continuaient d'être recueillies et persistaient, pour certaines, à résister à toute tentative d'élucidation, mais quelques scientifiques proposaient des projets de recherches sérieuses explicitement liées aux ovnis : Michel Bounias, biochimiste à l'INRA, qui s'était vu confier les analyses des végétaux prélevés sur le site de l'atterrissage présumé à Trans-en-Provence, préconisait l'étude des effets des micro-ondes sur la physiologie des plantes, et le physicien Jean-Pierre Petit celle des possibilités de la MHD (MagnétoHydroDynamique), qui, nous y reviendrons, pouvait expliquer l'absence de bruit pour des ovnis observés se déplaçant à des vitesses supersoniques.

Et il se trouvait aussi, au sein même du conseil scientifique du GEPAN, des membres plus ouverts d'esprit, prêts à appuyer ces projets de recherche, comme l'astronome Guy Monnet ou encore Charles Perrin de Brichambaut de la météorologie nationale. Ce dernier adressa plusieurs courriers à la direction du CNES, faisant part de ses interrogations sur la mise en sommeil du GEPAN et déplorant l'ignorance où étaient laissés les membres du conseil scientifique quant à la suite des événements. Il ne reçut jamais de réponse, mais en 1988 le GEPAN fut dissous et remplacé par le SEPRA, sans que soit nommé un nouveau conseil scientifique pour cet organisme.

L'idée était-elle, de la part des décideurs du CNES et des scientifiques ufosceptiques, de produire une sorte de rapport Condon à la française, concluant à l'inconsistance des témoignages d'ovnis, projet qui aurait été mis à l'eau par la fronde de quelques savants plus accueillants pour les hypothèses iconoclastes ? Quoi qu'il en soit, et bien que le nouveau statut du GEIPAN, l'attitude de ses plus récents directeurs et le rôle de son comité de pilotage – qui assume la mission autrefois dévolue au conseil scientifique – aillent dans le sens d'un rapprochement entre science et ufologie, cet incident montre bien les tensions que provoque, et parfois les passions que déchaîne le « dossier ovnis » au sein du monde scientifique.

Quant au GEIPAN, il a retenu la leçon, ses directeurs successifs et la « vitrine » de son site Internet rappelant à l'envi qu'il n'est investi d'aucune mission de recherche, mais n'est chargé que d'enquêter sur les observations qui lui sont rapportées.

Francs-tireurs de la science : les « dissidents » pro-ovnis

Il ne faudrait pas pour autant présenter cette attitude « ufosceptique », voire « ovniphobe », qui est encore largement majoritaire parmi les scientifiques, uniquement comme l'expression d'un dogmatisme borné ou d'une pitoyable étroitesse d'esprit. Comme nous avons pu le constater au fil des pages précédentes, l'histoire de l'ufologie n'a pas été avare en charlatans, canulars et supercheries, rumeurs et élucubrations, manipulations et confusions en tous genres. Parmi cette faune bien peu recommandable, on comprend que des savants reconnus aient craint d'être discrédités ou tournés en ridicule en ajoutant foi à certaines croyances ou théories fantaisistes.

Et il faut aussi le reconnaître, malgré le nombre des témoignages et la qualité et le sérieux d'un nombre non négligeable d'entre eux, la chronique ufologique offre un matériau scientifique d'une grande pauvreté. La science expérimentale et théorique ne fonctionne que sur la possibilité de reproduire un phénomène à l'identique, et les ovnis appartiennent au contraire à la catégorie des événements qui surviennent au hasard et ne se répètent jamais dans les mêmes conditions. Les comptes rendus d'observations, les dépositions des témoins, même s'ils fourmillent de détails parfois passionnants, offrent peu de données mesurables, chiffrables, exploitables par une science où les mathématiques règnent en maîtres et mènent la danse.

Ces raisons expliquent-elles que la sphère scientifique, dans sa quasi-totalité, boude le phénomène ovnis ? L'absence de données exploitables n'est d'ailleurs pas la raison la plus souvent invoquée à cette désaffection et à ce désamour. Comme nous l'avons dit – et allons le préciser plus loin –, celle-ci tient pratiquement en une phrase : c'est impossible, donc ça n'existe pas !

On pourrait en conclure que les « savants », gens sérieux, instruits et compétents, dont on peut supposer qu'ils savent de quoi ils parlent, ne croyant pas aux ovnis, il ne doit donc s'agir que d'un mythe moderne, un conte de fées ou, selon l'expression populaire et affreusement misogyne, un « conte de bonne femme ». Ce serait sans compter sur quelques « parias » de l'ufosphère, scientifiques titrés, reconnus pour leurs positions institutionnelles et académiques, mais au profil souvent atypique et marginal. Car les « ufologues », qu'ils s'intitulent ainsi ou non, ne sont pas tous des amateurs, des béotiens et des ignorants. Certains parmi les plus célèbres sont scientifiques de formation comme de profession : Josef Allen Hynek était astronome, Jacques Vallée mathématicien et informaticien. En France, quelques scientifiques affichent aussi une approche ouverte sur la question des ovnis, leur accordant au moins le bénéfice du doute.

D'autres, plus rares encore, n'hésitent pas à affirmer haut et fort la validité de l'HET, au moins pour certains des cas recensés. En France, Jean-Pierre Petit (né en 1937), ancien directeur de recherche au CNRS rattaché à l'observatoire de Marseille, astrophysicien et spécialiste de la mécanique des fluides et de la physique des plasmas, constitue un cas presque isolé, celui d'un savant de haut niveau qui, dans les médias, défend bec et ongles la réalité des visites d'extraterrestres.

Personnage haut en couleur, aux multiples facettes et nombreuses casquettes, « savanturier » qui semble avoir vécu mille vies, Petit séduit autant qu'il agace. Dire qu'il fait grincer des dents dans le monde scientifique est un euphémisme ! Il faut ajouter que ses compétences professionnelles n'ont jamais été mises en cause, même par ses plus farouches détracteurs, qui se bornent en général à l'accuser de porter abusivement le débat sur la place publique, contournant le sacro-saint « jugement des pairs » (principe de fonctionnement du monde savant selon lequel seuls des scientifiques peuvent statuer sur la production de leurs confrères).

Or Jean-Pierre Petit n'hésite pas à s'adresser au « profane ». Il publie depuis près de trente ans des livres « grand public » où il présente sa conception scientifique du phénomène ovnis. Avant cela, il fut un pionnier de la bande dessinée de vulgarisation scientifique, avec sa série des *Aventures d'Anselme Lanturlu*, qui présente les notions les plus ardues avec élégance, humour et un ton frondeur qui le caractérise.

Mais le bonhomme a aussi son « côté sombre ». Doté d'un ego aux dimensions proprement cosmiques, il se présente volontiers sous un jour avantageux, donnant l'impression d'être le seul savant lucide, audacieux et pertinent dans un monde de frileux fonctionnaires de la science, de médiocres pleutres et de fieffés imbéciles. Et pour expliquer que ces qualités ne l'ont pas propulsé au sommet de la gloire et de la renommée scientifique, il invoque volontiers la persécution dont sont victimes les chercheurs d'ovnis partisans de l'HET. Pour couronner le tout, si le sérieux de sa production scientifique a été validé par de nombreuses publications et jamais publiquement mis en cause, il a « avoué » en 1991 qu'elle devait tout… aux extraterrestres eux-mêmes, les fameux Ummites dont il a épluché l'étrange prose, y trouvant sous une forme non élaborée le diamant brut de ses découvertes !

Ce que nous apprend en fin de compte ce personnage controversé et déroutant, qui s'est quelque peu éloigné des projecteurs médiatiques depuis quelques années, mais continue, principalement via son site Internet et son compte YouTube, de diffuser ses idées à un large public, c'est somme toute que Condon et son rapport avaient tort : quoi que l'on puisse en penser et sans même se prononcer sur leur existence, leur réalité et leur origine, les ovnis constituent un sujet scientifique passionnant, ou plus justement un gisement d'idées, de questions et de pistes de recherches fécondes. Et ça ne date pas d'hier : un rapide tour d'horizon et un léger retour en arrière peuvent nous en donner une idée. Qu'ils soient ou non des véhicules destinés à relier les étoiles, les ovnis sont une formidable machine à penser, mais aussi à imaginer – car on ne fait jamais de bonne science sans grands rêves…

… Alors où sont-ils ? Le paradoxe de Fermi

La pile, la guerre et les pianos

Parmi les grands noms scientifiques à s'être prononcés sur la question des « soucoupes volantes » et de la vie extraterrestre, le plus fameux et le plus souvent cité est sans doute le physicien atomiste Enrico Fermi (1901-1954). Lauréat du prix Nobel de physique en 1938, il quitte son Italie natale l'année suivante pour s'installer aux États-Unis, fuyant les lois raciales du régime fasciste et la menace qu'elles faisaient peser sur son épouse Laura, qui était juive. C'est à Chicago qu'il supervisa la réalisation de la première « pile atomique », parvenant à une réaction en chaîne de fission nucléaire contrôlée. Si cet exploit technico-scientifique marqua le début de l'utilisation de l'énergie atomique qui devait mener aux centrales nucléaires que nous connaissons, il déboucha aussi sur la mise au point de la première bombe à fission à laquelle Fermi participa au sein du célèbre projet *Manhattan*. Il obtint la nationalité américaine en 1945, l'année où les États-Unis lancèrent sur les villes japonaises d'Hiroshima et Nagasaki les deux premières attaques à la bombe atomique, aboutissement du projet *Manhattan*.

Outre son pedigree scientifique impressionnant – quoique quelque peu assombri par ce « pacte avec le diable » de la participation au développement de la bombe atomique, qui laissa une ombre indélébile sur tous les physiciens qui y participèrent, la crème de leur discipline à l'époque, venue de toute l'Europe pour fuir le nazisme et le totalitarisme –, Fermi a aussi laissé le souvenir d'un professeur qui savait stimuler et motiver ses étudiants.

Il leur soumit notamment un problème qui est resté dans les annales de l'histoire des sciences, sous la forme d'une question apparemment triviale, et pour le moins décalée dans le cadre d'un cours de physique : combien y a-t-il d'accordeurs de piano à Chicago (la ville et l'université où il s'était établi) ?

On se demande bien ce que l'accordage des pianos peut avoir à faire avec la physique. Rien en réalité, et la question en elle-même était sans le moindre intérêt pour Fermi comme pour ses étudiants, qui n'avaient qu'à ouvrir un annuaire s'ils avaient voulu faire accorder leur instrument. Il suffisait d'ailleurs de faire le même geste pour répondre à la question de Fermi, mais son but était justement de faire réfléchir ses élèves, et de leur apprendre à raisonner en termes statistiques et approchés. Le nombre exact d'accordeurs chicagoans était sans importance, il s'agissait de parvenir à un ordre de grandeur réaliste. Et il suffisait pour cela de connaître, de déduire ou de deviner à peu près quelques chiffres de base : la population totale de la ville, la proportion de pianistes possédant leur instrument, la durée moyenne entre deux accordages, etc. En évaluant la demande d'accords de piano dans la troisième ville américaine, on pouvait évaluer le nombre de personnes qui pouvaient vivre de ce métier.

Quelle dépense inutile de temps et de matière grise, direz-vous ? C'est cependant le même type de déductions qui permet aux physiciens d'évaluer le nombre d'atomes dans un volume donné de gaz, ou aux astronomes d'estimer combien d'étoiles ou de galaxies peuplent notre ciel nocturne. On imagine bien qu'ils ne les comptent pas patiemment, comme un berger ses moutons ! Il faut dénombrer la « population » d'un échantillon, puis l'extrapoler à l'ensemble, et souvent imaginer des voies détournées et des chemins de traverse pour parvenir à ses fins – sans compter la maîtrise d'outils mathématiques autrement plus complexes que ceux nécessaires au calcul des accordeurs de piano !

Vous pensez sans doute que ces histoires de pianos et d'atomes nous ont éloignés des ovnis ? Mais c'est justement le même type de raisonnement, basé sur les évaluations statistiques et l'estimation purement théorique, manipulant les calculs de grands nombres « sur le papier », que Fermi appliqua à la question de l'existence de formes de vie intelligente ailleurs que sur Terre !

La scène se déroula en 1950, à Los Alamos (Nouveau-Mexique), théâtre quelques années plus tôt des recherches ultra-secrètes des chercheurs enrôlés dans le projet *Manhattan*. Fermi, venu rendre visite à quelques anciens collègues, s'entretenait avec eux au sujet de la possibilité d'une vie extraterrestre, alors que les récits de soucoupes volantes commençaient à sérieusement occuper la scène médiatique. Ses termes exacts n'ont jamais été consignés par écrit, ils ont été rapportés par divers témoins plus ou moins directs, et déformés au gré de leurs versions, mais l'essence de son propos demeure inchangée derrière ces minimes variations.

Fermi prit pour point de départ de son raisonnement l'immensité de l'Univers. Les astronomes ne connaissaient alors pas précisément les dimensions de notre cosmos, et même si l'on en sait bien plus aujourd'hui… ils n'en ont toujours pour ainsi dire aucune idée ! On ne sait même pas si l'Univers est fini ou infini ni quelle « forme » peut avoir l'espace-temps, même si les astrophysiciens s'en font une idée de plus en plus précise.

Mais nul besoin de savoir si l'Univers est fini ou infini. Non que cela ne fasse aucune différence : par exemple, dans un cosmos infini, non seulement la vie existe ailleurs, mais elle existe *partout* ailleurs, et sous toutes ses formes possibles, puisque dans l'infini *tous* les possibles sont réalisés quelque part. Il y a mieux (si l'on veut…) : dans un Univers infini, il existe *une infinité* de mondes semblables au nôtre, mais aussi une *infinité* (oui, l'infini peut contenir plusieurs infinis, en fait *une infinité d'infinis*, mais laissons cela de côté…) de mondes *exactement identiques au nôtre* ! Et tous les possibles de notre planète Terre sont réalisés sur une « jumelle » de la Terre, quelque part…

Mais je sens le vertige vous saisir ! Revenons donc au « plancher des vaches », ou presque : il est en effet inutile de spéculer sur les conséquences d'une possible infinité de l'Univers pour raisonner sur les probabilités de la vie extraterrestre, et Fermi ne s'égara pas dans ces rêveries. L'Univers connu, celui dont on peut voir la lumière, est déjà bien assez vaste pour parvenir à cette conclusion : statistiquement, il est impensable que, dans une planète tournant autour d'une de ces étoiles, la vie ne se soit pas développée, et n'ait pas atteint sur l'une d'elles au moins le stade d'une civilisation avancée.

C'est du moins la conclusion qu'en tira Fermi. Il n'était cependant pas biologiste, et cette première étape de son cheminement n'est pas aussi évidente qu'on pourrait le croire, comme nous l'apprendra la dernière partie de ce chapitre. Admettons donc avec lui que de l'immensité de l'Univers découle l'existence nécessaire de civilisations extraterrestres. Après sa taille, c'est l'âge de notre cosmos qu'il prit comme base pour la suite de son « expérience de pensée ». Là encore, on en savait moins qu'aujourd'hui, mais assez pour conclure que près de 14 milliards d'années nous séparaient du Big Bang, ce qui avait largement laissé le temps à une civilisation avancée de coloniser toutes les galaxies de l'Univers connu – et au-delà, puisque nous ne parlons que de l'Univers connu de *nous*, Terriens coincés sur notre caillou circumsolaire…

La limite relativiste de la vitesse de la lumière n'était pas pour Fermi un obstacle au déplacement de ces ET impérialistes, car il imaginait que, comme les Romains de l'Antiquité, ils avaient établi des colonies, s'implantant sur une planète pour aller en conquérir une autre peu après, procédant par sauts de puce tout à fait à la portée de leur technologie avancée.

Pour résumer le résultat des cogitations du prix Nobel : une civilisation extraterrestre – *au moins* une ! – devrait nous avoir colonisés depuis longtemps. Sa conclusion, qui n'en est pas une, tient en une courte phrase interrogative, qui résonne encore à travers plus d'un demi-siècle d'histoire ufologique : « Alors, où sont-ils ? »

Cette question a fait couler bien de l'encre depuis, et conduit à maintes réponses, ainsi qu'à des ajustements, des corrections, des reformulations et des critiques tout aussi nombreuses. Certains y voient, avant même le coup d'arrêt du rapport Condon, le dernier mot de « la science » sur la question des ovnis et des ET : s'ils existent, ils devraient déjà être là. Ils ne sont pas là… donc ils n'existent pas ! C'est ainsi que la plupart des ufosceptiques entendent le paradoxe de Fermi, mais il était, chez le père de la première pile atomique, bien plus subtil. Peut-être y avait-il dans sa question comme un défi, ou une raillerie, à l'endroit des témoins d'ovnis et des Américains moyens qui étaient de plus en plus nombreux à croire à l'origine extraterrestre de ces phénomènes. En demandant où étaient les ET, Fermi sous-entendait qu'ils n'étaient pas encore là, et se ralliait donc à la position déjà dominante parmi les scientifiques, selon laquelle toutes ces histoires de soucoupes n'étaient que balivernes.

Il reste que c'est bien un *paradoxe* devant lequel nous a mis Enrico Fermi, et il serait fort vaniteux de prétendre l'avoir résolu. Que l'on croie ou non aux ovnis et à la visite des aliens, que l'on réponde à la question du physicien « ils sont déjà là, partout » ou « ils ne sont nulle part », on ne peut nier le fait qu'« *ils* ne se sont pas (encore !) manifestés au grand jour, massivement ». Même si l'on pense qu'ils nous visitent, qu'ils ont d'une façon ou d'une autre atteint notre planète, la question « où sont-ils ? » demeure pertinente – bien qu'elle prenne un tout autre sens.

Loterie stellaire : l'équation de Drake ou comment évaluer la « cote » des extraterrestres ?

Dans son « évaluation » de la probabilité d'une vie intelligente et d'une civilisation extraterrestre, Fermi était resté assez vague, et il n'avait, rappelons-le, rien couché par écrit. Mais son approche scientifique et statistique allait faire des petits et révéler la complexité que cache cette question apparemment simple : « Sommes-nous seuls dans l'Univers ? »

En 1961, Frank Drake (né en 1930), un jeune astronome qui vient de lancer le projet SETI, met carrément les aliens en équation ! Cette formule, qui porte aujourd'hui son nom, évalue, à partir de quelques variables simples, le nombre probable de civilisations susceptibles d'entrer en contact avec la nôtre dans l'Univers connu.

Nous vous ferons grâce du détail de l'équation, mais celle-ci n'a rien de sorcier sur le plan mathématique : elle consiste en un simple produit multipliant des nombres et des proportions pour aboutir à un « recensement » hypothétique des aliens peuplant le cosmos.

Le problème de l'équation de Drake tient à la difficulté d'estimation de la quasi-totalité des variables qui la déterminent. Mais plus on en sait sur les mystères du cosmos – et dans ce domaine les découvertes se succèdent à une vitesse vertigineuse –, plus on peut espérer « serrer » de près le nombre réel de civilisations potentiellement joignables, ou au moins en donner une approximation satisfaisante. Par exemple, quand Drake proposa sa « formule », il estima à la moitié la proportion des étoiles affublées d'un système planétaire. Or, à l'époque, il s'agissait d'une pure extrapolation puisque l'on n'avait encore détecté aucune exoplanète. Si ce chiffre reste plausible, la découverte de planètes extrasolaires en nombre exponentiel pourrait le voir révisé à la hausse.

Radiotélescopie vs ufologie

Là où Fermi avait donné à son paradoxe une teinte de scepticisme, Drake conçut son équation dans une tout autre perspective. Croyant, comme son collaborateur Carl Sagan, que la rencontre avec des ET se ferait non pas en traquant les soucoupes, mais en se mettant à l'écoute des ondes électromagnétiques en provenance du cosmos, il était néanmoins convaincu qu'il existait des formes de vie intelligente dans les étoiles.

Drake, comme Sagan, représente une sorte de « troisième voie », croyant plutôt à l'exploration du ciel par les radiotélescopes qu'à la possibilité d'une visite directe de notre planète par des ET. Car, il faut le rappeler, on peut croire que nous ne sommes pas seuls dans l'Univers sans croire aux ovnis, ou au moins à leur origine extraterrestre.

L'équation de Drake a donné lieu, depuis plus d'un demi-siècle, à de nombreux réinterprétations, critiques, commentaires et aménagements. La planétologue et astrophysicienne canadienne Sara Seager (née en 1971), spécialiste de la recherche des exoplanètes et de leurs « biosignatures » – les indices de la présence de vie, notamment dans leur atmosphère – en a proposé une version actualisée à laquelle on a donné son nom. Mais si l'équation de Drake aboutissait au chiffre optimiste de 50 000 civilisations dans l'Univers, susceptibles d'entrer en contact avec la nôtre, l'équation de Seager en rabat drastiquement quant aux chances de découvrir des planètes habitables, puisque les dernières simulations informatiques en date débouchent sur un chiffre bien plus modeste : 1 ! Ce qui nous laisse certes un espoir, mais fort maigre…

Il faut préciser que ces estimations portent surtout sur la probabilité d'un *contact* avec une espèce extraterrestre potentiellement intelligente, plutôt que sur sa seule *existence*. Avec un soupçon de pessimisme, on pourrait conclure qu'on n'a guère fait de progrès depuis que Drake a présenté son équation – et qu'on aurait pu arriver aux mêmes conclusions sans lui : le nombre possible de formes de vie intelligentes dans l'Univers va d'une (la nôtre, tout de même !) à… une infinité – car dans un Univers infini, il existe nécessairement une infinité de planètes habitées par des êtres doués de raison.

Avance rapide vers le futur : l'échelle des civilisations de Kardachev et les prophéties scientifiques de Kaku

À côté de l'approche statisticienne et probabiliste qui fut celle de Fermi, de Drake et de leurs successeurs, d'autres scientifiques ont abordé la question des ovnis sous un autre angle. Il ne s'agit plus dès lors d'estimer quelles sont les chances que des civilisations extraterrestres existent et puissent entrer en contact avec nous, mais en partant de l'hypothèse qu'elles l'ont *déjà* fait, de se demander *comment* elles auraient pu s'y prendre.

C'est en Union soviétique qu'apparaît une des premières tentatives scientifiques de réponse à cette question. En 1964, à l'observatoire de Byurakan, dans l'actuelle Arménie, se tenait un colloque de scientifiques soviétiques portant sur la question de la vie extraterrestre et de la possibilité d'entrer en contact avec nos « voisins ». Un jeune astrophysicien de 32 ans, spécialiste comme Drake de radioastronomie, Nikolaï Semenovitch Kardachev (né en

1932) y prononça une communication qui continue de faire carburer les cerveaux savants et valut à son auteur d'accéder à une certaine renommée en donnant son nom à une échelle, qui, comme celle du songe de Jacob dans la Bible, mais d'une tout autre manière, nous laisse rêver d'atteindre un jour le ciel !

Kardachev n'avait aucune observation particulière à mettre sous la dent de son auditoire, pas plus qu'une théorie révolutionnaire et iconoclaste qui aurait expliqué la possibilité des voyages interstellaires. Dépassant l'attitude dominante dans le bloc de l'Ouest, selon laquelle les visites d'ET étant impossibles, elles ne pouvaient être réelles, il prit le problème à rebrousse-poil : s'ils sont là, c'est qu'ils maîtrisent des technologies qui nous dépassent. Et en particulier, s'ils ont franchi l'obstacle des distances intersidérales, c'est qu'ils doivent avoir accès à des ressources énergétiques considérables.

Le savant soviétique proposa donc une échelle des civilisations, classées selon le degré auquel elles se seraient approprié les potentialités énergétiques de leur environnement, élargissant progressivement leur « sphère d'influence » et leur puissance.

Les civilisations de type I seraient ainsi parvenues à exploiter l'ensemble des ressources offertes par leur planète, au point de s'en rendre les maîtres absolus, et d'en contrôler jusqu'au climat et à l'activité sismique. Autant dire que, malgré les admirables réalisations et les progrès considérables accomplis par l'espèce humaine, nous en sommes loin ! Nous savons déjà pourtant une chose : les « réserves » de notre planète ne sont pas inépuisables.

Or même les champions de l'exploitation planétaire qui auraient décroché leur diplôme de civilisation de type I, produisant plusieurs milliers, voire plusieurs millions de fois plus d'énergie que nous, arriveraient, au bout de quelques milliers d'années d'existence, à épuisement de ce filon planétaire. Il ne leur resterait plus qu'à passer au niveau supérieur, celui des civilisations de type II, capables de capter l'énergie de leur étoile-mère. Et il ne s'agit pas ici d'installer des panneaux solaires, car aussi louable que soit cette technologie, c'est à un tout autre rendement que l'on parviendrait. On dit souvent que le Soleil est une gigantesque centrale nucléaire – en fait un réacteur à fusion, cette réaction atomique que nous ne parvenons justement pas (encore ?) à maîtriser. Eh bien, les civilisations de type II auraient trouvé le moyen de se « brancher » sur cette centrale ! Comment ? Notre pauvre civilisation de « prétype I » n'est pas encore capable de répondre à cette question, mais si l'on n'a pas encore la mainmise sur l'énergie solaire, on ne manque pas d'idées : ainsi le physicien américano-anglais Freeman Dyson (né en 1923) a imaginé en 1960 une gigantesque sphère entourant l'étoile-mère, comme un panneau solaire modèle géant ! Cette « sphère (ou “coque”) de Dyson », de 3 mètres d'épaisseur et d'un rayon, dans le cas du système solaire, de 150 millions de kilomètres, permettrait de repérer de loin les civilisations de type II, car elles émettraient un intense rayonnement infrarouge. Vous avez dit science-fiction ? Pour imaginer sa « biosphère artificielle » (ainsi qu'il l'a lui-même désignée), le physicien a bien reconnu s'être inspiré d'un roman d'Olaf Stapledon (1886-1950) publié en 1937, *Créateur d'étoiles*. Mais si la réalisation technique d'une telle structure est évidemment hors de notre portée, son principe de fonctionnement est basé sur des données scientifiques sérieuses.

Dès lors, pourquoi s'arrêter en si bon chemin ? Stade ultime de l'évolution des « supercivilisations », le type III correspond à l'appropriation de tout le potentiel énergétique d'une galaxie entière !

On se croit en plein rêve, mais avec Kardachev et son échelle, nous pénétrons dans la futurologie ou la prospective scientifique, qui est l'art non de prédire ou de prévoir, mais d'anticiper l'avenir à partir d'une réflexion rationnelle – il n'est d'ailleurs pas étonnant que ce domaine croise souvent l'imaginaire des écrivains d'*anticipation* !

Mais à quoi Kardachev voulait-il en venir ? Où nous mène son échelle ? D'une part, elle rend plausible l'existence de civilisations extraterrestres possédant des capacités énergétiques sans commune mesure avec les nôtres – qui ne boxent pas, pourrait-on dire, dans la même catégorie ! Mais les conjectures du Russe avaient surtout pour objectif de déduire des pistes de recherche pour dénicher les traces de ces « supercivilisations ». Pionnier de la recherche radioastronomique des formes de vie intelligentes, qui allait aboutir au projet SETI dont il fut un acteur déterminant, Kardachev ne scrutait pas tant le ciel à la recherche d'un ovni que les rayonnements électromagnétiques qui auraient pu trahir l'activité de ces ogres cosmiques à l'appétit énergétique dévorant.

On peut dire que l'échelle de Kardachev est loin d'avoir dévoilé ses derniers barreaux ! Au sens propre d'abord, puisque ses successeurs ou héritiers spirituels n'ont pas hésité à aller plus loin encore : ainsi l'astrophysicien anglais John Barrow (né en 1952) la prolonge jusqu'à des civilisations de type VI, capables de manipuler l'espace-temps lui-même. D'autres ont plutôt cherché à l'affiner en rajoutant des degrés entre chacun des grands « types » de Kardachev, comme Carl Sagan, qui estimait par exemple que les Terriens se situaient (à son époque, soit il y a plus de 40 ans) à 0,7 sur cette échelle revisitée avec plus de précision. Quant au physicien américain d'origine japonaise Michio Kaku (né en 1947), célèbre pour ses prédictions futurologiques grandioses à très long terme, il propose de dépasser le seul point de vue technique et énergétique en introduisant dans la problématique de Kardachev un facteur déterminant, ce qu'il appelle « l'économie du savoir ». Selon lui, l'humanité pourrait passer le stade du type I dans un futur relativement proche, et serait déjà en marche vers une forme de civilisation planétaire, reliée par Internet et partageant une culture globale. Mais il lui faudrait pour cela investir dans la recherche, l'éducation et l'innovation. Quant au contact avec une autre civilisation plus développée, Kaku est convaincu que cette rencontre est imminente, et aura lieu au cours de notre XXIe siècle – si elle n'a pas *déjà* eu lieu, car il fait aussi partie des rares scientifiques à aborder le phénomène ovnis avec un esprit ouvert.

Seuls ou pas dans l'univers… oui, mais lequel ? Univers gémellaires et modèle cosmologique Janus

Même une supercivilisation, nantie de ressources énergétiques défiant nos imaginations de ressortissants d'une civilisation de « prétype I », reste soumise aux mêmes lois de la physique valables dans l'Univers entier, et se heurte à l'inévitable, à l'incontournable mur que nous avons déjà évoqué : la vitesse limite universelle, celle de la lumière. Mais est-il aussi absolu que le prétend le catéchisme de la physique d'après Einstein ? Si les extraterrestres sont bel et bien en mesure de nous atteindre et qu'ils l'ont fait à maintes reprises, mais que nos théories ne parviennent pas à rendre compte de ce fait, c'est peut-être notre science elle-même qu'il faut revoir en profondeur. C'est en tout cas la conclusion à laquelle sont parvenus quelques scientifiques iconoclastes et marginaux, dont l'audace et l'imagination pourraient se révéler fécondes. Pour tenter de saisir leur point de vue, qui nous élève d'un coup non seulement vers les mystères cosmiques, mais également dans les hautes sphères de la science théorique, il faut revenir quelque peu sur les données du problème.

Le « mur de la lumière » : limite ou mythe ?

Nous l'avons dit : rien ni personne au monde – entendez : dans l'Univers entier – ne peut dépasser la vitesse de la lumière, notée *c*. Il faut préciser : rien *hormis la lumière* ne peut l'*atteindre*, mais rien, *pas même la lumière* ne peut la dépasser. Et quand on parle de la lumière, il faut garder à l'esprit qu'elle reste un phénomène aussi fascinant que mystérieux.

On sait en général que la lumière est « formée » de photons, des particules de lumière. C'est vrai… mais seulement en partie, ou dans un sens très… particulier (sans mauvais jeu de mots !). Pendant des siècles, les grands esprits qui ont tenté de percer la nature de ce phénomène par excellence (puisque le « phénomène », à l'origine, c'est ce qui se donne à voir) se sont répartis en deux « camps » opposés et inconciliables : ceux qui penchaient pour sa nature « corpusculaire » – composée de minuscules particules –, et leurs adversaires qui affirmaient qu'il s'agissait d'une onde. En réalité, depuis les travaux d'Einstein précisément, les physiciens sont parvenus à cette conclusion très étrange : la lumière est *à la fois* onde *et* corpuscule. Ou plutôt : elle n'est *ni l'une ni l'autre*, mais se comporte selon les cas, les expériences auxquelles on la soumet et les points de vue qu'elles induisent, *comme* une onde *ou* un flux de particules.

Les photons sont donc bien des particules de lumière, mais des particules très… particulières ! Si vous tentez d'imaginer de minuscules billes scintillantes, malgré la commodité de la représentation, vous vous éloignez de la réalité. Ce sont des particules *sans masse* et *sans étendue spatiale*, c'est-à-dire ponctuelles : des points immatériels, quasi théoriques, des concentrés d'énergie en mouvement.

Dès lors, pour se représenter ce mouvement, il ne faut pas non plus trop le comparer à la course des corps que nous connaissons (plus ou moins bien !), qu'il s'agisse d'astres ou d'atomes. Un photon se déplace à la vitesse de la lumière, de son émission à son absorption – *dans le vide*, car dès qu'il traverse un milieu matériel quelconque (eau, atmosphère, verre, etc.), il est freiné et dévié. Il n'accélère pas pour atteindre cette vélocité phénoménale, il l'atteint *instantanément*. Et il maintient cette vitesse de croisière – toujours *dans le vide* – aussi longtemps qu'il bouge.

Mais on ne peut pas en dire autant d'un astronef, et de ses éventuels passagers. Pour approcher ne serait-ce qu'un peu la mythique *c*, il leur faudrait accélérer progressivement pendant des mois – à plus forte raison dans le cas de passagers *vivants*, dont le corps organique ne supporterait pas des accélérations trop fortes sur des durées élevées.

Comment contourner ce dilemme pour accéder à la mobilité interstellaire ? L'indépassable vitesse de la lumière est-elle une fatalité, un boulet cosmique que tous les candidats au voyage spatial seraient condamnés à traîner ?

Plus fort que la lumière ? La trame de l'espace-temps

Dans l'Univers connu, l'affaire semble entendue : rien ne peut se déplacer plus vite que la lumière. Si ce n'est… l'espace-temps lui-même ! Car non content de ce bouleversement, révolutionnaire pour l'époque, que représentait l'idée d'une vitesse limite absolue qui serait celle de la lumière dans le vide, Einstein a provoqué un chambardement encore plus radical dans notre façon de voir et de penser le monde en remettant en question l'idée d'un espace vide qui « contiendrait » la matière. L'espace-temps relativiste, courbé par la matière-énergie, est comme un tissu élastique, où contenu et contenant deviennent indissociables. Mais ce qu'Einstein n'avait pas prévu, et qu'il mit assez longtemps à admettre, c'est que le cosmos n'est pas statique : il est en expansion. Et à une allure plutôt rapide, puisqu'elle a pu dépasser (pendant sa phase dite inflationnaire, peu de temps après le Big Bang) celle de la lumière même. C'est d'ailleurs pourquoi nous ne voyons pas la lumière des corps célestes situés au-delà d'une certaine limite : ils se sont éloignés de nous plus vite que leur lumière ne pourrait nous atteindre ! Pour résumer, rien ne peut aller plus vite que la lumière à l'intérieur de l'espace-temps, mais l'extension de celui-ci même peut être plus rapide.

Nous voilà bien avancés, me direz-vous ! En effet, comment tirer profit de cette expansion de l'Univers pour contourner la limite de vitesse imposée par notre cosmos relativiste ? Condamnés à nous déplacer *dans* l'espace-temps, comment pourrions-nous utiliser son « mouvement » pour nous porter ? Cela reviendrait à peu près à vouloir utiliser la vitesse de rotation de la Terre pour se déplacer à sa surface… De plus, loin d'offrir un espoir dans la quête du voyage intersidéral, cette dilatation de l'espace-temps semble y opposer un frein rédhibitoire : non seulement on ne peut aller plus vite que la lumière dans l'espace-temps, mais les étoiles lointaines que l'on voudrait atteindre (pour ne rien dire des autres galaxies !) s'éloignent de nous plus rapidement encore. Et il y a pire : non seulement l'Univers s'étend, mais cette expansion s'accélère. De quoi se sentir comme un naufragé cherchant à rejoindre un navire qui s'éloigne de plus en plus vite.

Alors, le voyage spatial, impossible ? C'est pourtant au sein même de ce constat amer que l'on peut voir scintiller une lueur d'espoir…

La face cachée du cosmos

Car une découverte, celle de l'accélération de l'expansion cosmique, représente un véritable défi à la physique telle qu'on la conçoit aujourd'hui. Le modèle le plus généralement admis, celui du Big Bang, présente un Univers se déployant à partir d'un point concentrant toute la matière-énergie, à une densité et une température défiant l'imagination. Mais Einstein n'efface pas Newton : la force de gravité, qui tend à ramasser la matière sur elle-même, devrait contrebalancer cette force de dissipation libérée pendant le « grand boum ». D'autant que la matière connue, celle que l'on peut voir – on parle aussi de matière *rayonnante*, car elle émet des rayons électromagnétiques, visibles ou détectables par nos appareils – n'est que la partie émergée de l'iceberg : il existerait plus de cinq fois plus de « matière noire », invisible et indécelable autrement que par ses effets gravitationnels.

Sous l'action de sa force de gravité, toute cette matière, visible et surtout « noire », devrait se ramasser sur elle-même jusqu'à inverser le processus de dilatation amorcé par le Big Bang – c'est ce qu'on appellerait le Big Crunch, le « grand crissement » (on pourrait même plutôt dire le « grand ratatinement » !). Or il n'en est rien : au lieu de ralentir lentement, l'expansion de l'Univers accélère. Le problème suivant se pose alors : d'où vient justement cette réserve d'accélération ? Rien n'est censé arriver par hasard en science : pas de mouvement sans force, et pas de force sans énergie.

Pour expliquer l'accélération de l'expansion universelle, ainsi que d'autres observations dont le couple Big Bang/attraction gravitationnelle ne parvenait pas à rendre compte, les physiciens en sont venus à invoquer la présence dans notre Univers d'une « énergie sombre ». De quoi s'agit-il ? Eh bien justement, on n'en sait rien ! Et il serait difficile de balayer sous le tapis ce très gros point d'interrogation, puisque la part de cette « énergie sombre » dans la matière-énergie totale de l'Univers (matière et énergie sont en effet interchangeables, comme l'a montré Einstein dans l'équation la plus célèbre de l'histoire : $E = mc^2$, où E désigne l'énergie, m la masse et c la vitesse de la lumière) est considérable : d'après les estimations, elle s'élèverait à pas moins de 68 % ! Si l'on fait le total de toute la matière-énergie du cosmos, 27 % seraient représentés par la « matière noire », dont on sait seulement qu'elle exerce une force gravitationnelle, et il ne resterait que 5 % pour l'ensemble des formes connues et détectables de matière et d'énergie !

Un Univers à deux visages

Peut-on encore parler d'Univers « connu » quand ce qu'on peut en expliquer ne représenterait que 5 % de ce qui s'y trouve ? Il n'est pas question ici de railler ou de critiquer l'activité scientifique et ses réalisations admirables. Si l'on y songe, le fait même d'avoir découvert et démontré l'étendue de ce non-savoir constitue à lui seul un exploit de la pensée savante et de la recherche rationnelle de la vérité. Il n'empêche : peut-on encore être aussi catégorique et péremptoire sur ce qui serait possible ou non dans un Univers recelant autant de mystères – et de promesses ?

Ainsi quelques scientifiques avancent-ils des modèles cosmologiques qui pourraient rendre compte de faits encore inexpliqués (une expansion accélérée de l'Univers en particulier), et laisseraient au moins ouverte la possibilité du voyage interstellaire. On peut toujours les accuser de s'engouffrer opportunément dans la brèche de la crise de la physique actuelle, mais leurs solutions ont le mérite de stimuler l'imagination, sans laquelle la raison scientifique est stérile.

Car dans ce domaine de la physique théorique spéculative, la science rejoint bien souvent la science-fiction (ainsi que la métaphysique). On y trouve pêle-mêle : des Univers parallèles ou Univers-bulles, parfois répétés à l'infini, des mondes multiples quantiques où tous les possibles s'incarneraient dans une « version » de notre Univers, des dimensions supplémentaires, des supercordes dont les particules élémentaires ne seraient que les vibrations… Dès lors, la boîte de Pandore des possibles est ouverte quant à la visite de voyageurs extraterrestres, et à l'espoir pour les Terriens de leur rendre la pareille dans un futur peut-être pas si lointain. Un objet privilégié de ces spéculations théoriques est le « trou de ver », une variété de trous noirs, qui serait en fait une porte vers une région éloignée de l'Univers, comme un passage secret qui court-circuiterait les distances en « trouant » l'espace-temps.

L'existence de ces « trous de ver » n'est pas démontrée scientifiquement, et ces structures spatio-temporelles risqueraient de n'être pas assez stables pour perdurer. Mais d'autres physiciens proposent des solutions plus cohérentes, plus complètes et plus ambitieuses. Et c'est ici que l'on retrouve l'homme par qui les aliens, faute de coloniser la Terre, pourraient bien envahir la physique humaine : Jean-Pierre Petit.

Ce dernier a en effet développé un modèle d'Univers (ou de « Plurivers », un mot et une notion de plus en prisés des physiciens), solution mathématiquement viable aux équations de la relativité générale d'Einstein, qui décrit un cosmos à deux visages, qu'il a baptisé « modèle Janus », du nom de ce dieu romain qui possédait deux visages regardant dans des directions opposées. L'Univers que nous connaissons ne serait qu'une des faces d'un ensemble bien plus vaste, qui comprendrait aussi un « côté sombre », abritant des masses *négatives*. Celles-ci exerceraient sur la masse *positive* de notre « côté » du cosmos une sorte d'attraction gravitationnelle à rebours, donc une force de *répulsion*. Comme les charges électriques, les masses pourraient, selon les cas, s'attirer ou se repousser, mais à leur inverse l'attraction s'exercerait ici entre masses de même signe, et la répulsion entre masses de signes opposés – alors que l'on sait bien qu'en électromagnétisme les charges de même signe se repoussent et que les opposés s'attirent. De plus, les deux « faces » du cosmos posséderaient des flèches du temps opposées, et quiconque arriverait à passer de l'autre côté maîtriserait le voyage non seulement *spatial*, mais aussi *temporel* !

Mais comment traverser le miroir qui sépare les deux domaines, le nôtre et son image inversée où le temps s'écoulerait à rebours et où les masses seraient négatives ? Une réponse réside, selon Petit, dans les trous noirs, dont les physiciens auraient méconnu la nature réelle et qui seraient non pas des gloutons cosmiques avalant toute la matière disponible passant à leur portée, mais des points de passage vers la face cachée de l'Univers, des renversements de l'espace-temps.

On se croirait certes en pleine science-fiction, mais si les théories de Petit sont loin de faire l'unanimité ni même de remporter une large adhésion parmi ses collègues, elles ne sont pas des élucubrations pseudo-scientifiques. Son idée d'un « Univers Janus » eut d'ailleurs un précédent prestigieux, puisqu'elle fut aussi avancée, sous une forme légèrement différente, par le célèbre physicien soviétique Andreï Sakharov. Et, plus récemment, le grand Stephen Hawking lui-même avait aussi déclaré, peu avant sa mort, qu'il pensait également que les trous noirs – qui avaient occupé le plus clair de son activité scientifique et lui avaient valu sa célébrité mondiale – étaient « des portes vers un autre monde ».

Les idées de Jean-Pierre Petit, avec son temps réversible et ses masses répulsives, peuvent certes sembler extravagantes au premier abord. Mais quand Paul Dirac (1902-1984), cherchant à appliquer les théories d'Einstein au monde de l'infiniment petit, tira de ses équations l'idée de particules semblables à l'électron, mais de charge opposée, rares auraient été ses collègues à parier un sou sur l'existence réelle de ces « positrons » (on dit maintenant plutôt « positons »), qui fut pourtant démontrée quelques années après, révélant l'existence de l'antimatière, image en négatif où les charges électriques sont inversées par rapport à la matière qui nous constitue et nous entoure. Les masses négatives de Petit seraient encore autre chose que l'antimatière, puisqu'ici ce ne sont pas les charges, mais les masses elles-mêmes qui sont opposées. On peut néanmoins comparer leur statut, celui d'un objet théorique, né de manipulations mathématiques, et dont l'existence réelle peut être démontrée – même si dans le cas de l'Univers Janus, cette démonstration expérimentale reste à faire. Sur le plan purement théorique, les idées de Petit ont d'ailleurs été saluées ou partagées par d'éminents chercheurs, comme le grand mathématicien et physicien Jean-Marie Souriau (1922-2012).

Science extraterrestre

Alors pourquoi la théorie de Petit est-elle marginalisée et rejetée par la communauté scientifique ? Ses implications vertigineuses ne devraient pourtant pas effrayer les théoriciens de la physique fondamentale qui n'hésitent pas à multiplier les dimensions et univers parallèles, ou à retourner l'espace-temps entre autres acrobaties intellectuelles. Il faut bien dire que ses idées ne récoltent au mieux que les silences gênés de ses confrères depuis qu'il a révélé ses sources : les documents ummites, missives envoyées par ces étranges épistoliers se prétendant ressortissants ET ! Il voit même dans la pertinence et la fécondité scientifique de certains passages de ces lettres la quasi-preuve que les Ummites viennent bien d'ailleurs. Il a développé certaines propositions éparpillées dans l'abondante littérature ummo selon deux axes, l'un qui expliquerait les particularités du déplacement des ovnis dans l'atmosphère terrestre, l'autre qui rendrait compte de leur transit à travers le vide intersidéral.

Son premier thème de recherche porte un nom scientifique qui suffit souvent à rebuter les plus téméraires : magnétohydrodynamique, abrégée le plus souvent en MHD. Les détails du phénomène sont aussi complexes que le terme qui le désigne, mais disons pour simplifier qu'il s'agit du comportement d'un corps en mouvement dans un fluide (l'hydrodynamique) quand celui-ci est soumis à un champ électromagnétique. Jean-Pierre Petit a notamment montré expérimentalement qu'un champ magnétique assez puissant pouvait supprimer les turbulences et les ondes de choc provoquées par le déplacement rapide d'un véhicule dans l'eau, et qu'il pouvait théoriquement en être de même dans l'air.

Comment est-ce possible ? Pour simplifier une fois encore, disons que le champ électromagnétique agit sur le fluide en creusant comme un tunnel de vide autour du corps en mouvement, l'aspirant dans ce couloir en limitant la résistance du fluide à son déplacement. Ce qui expliquerait une observation fréquente des témoins d'ovnis, celle d'objets surpris à des vitesses supersoniques (voire hypersoniques, plusieurs fois supérieures à celle du son) sans le « bang » caractéristique qui devrait en découler. Et la maîtrise d'une technologie MDH « collerait » aussi avec les phénomènes lumineux richement colorés associés aux ovnis : le champ magnétique agirait en effet en *ionisant* l'air, c'est-à-dire en le transformant en *plasma*. Le plasma est souvent décrit comme le quatrième état de la matière, aux propriétés bien particulières. Il s'agit d'un gaz dans lequel les électrons, au lieu d'être liés chacun à une molécule distincte, circulent librement de l'une à l'autre. C'est pourquoi on dit qu'il s'agit d'un gaz *ionisé*, un ion étant un atome qui a perdu ou gagné un électron. Or les plasmas se distinguent notamment par leur luminescence colorée, qui se remarque dans les cas les plus familiers où ils apparaissent : les tubes au néon, les éclairs ou encore les aurores boréales sont autant d'exemples de ces gaz ionisés, et notre cher Soleil lui-même n'est autre qu'une énorme boule de plasma.

Si la MHD reste encore largement méconnue, elle n'a rien d'un délire purement théorique : elle a déjà des applications dans le domaine naval, notamment sur des sous-marins révolutionnaires par leur rapidité et leur discrétion, et si la puissance des champs magnétiques nécessaires est pour le moment un obstacle limitant, rien n'interdit en principe son utilisation en aéronautique.

Mais la MHD, aussi impressionnante soit-elle, possède une limite de taille dans le cas de sa possible application aux ovnis : elle ne peut fonctionner que dans un fluide, et devient donc inopérante dans le vide. Or pour arriver jusqu'à nous, les aliens ont bien dû en traverser, du vide ! C'est ici qu'intervient le second atout de Jean-Pierre Petit, qui correspond aussi à la deuxième période de ses recherches : la cosmologie, avec le développement du modèle Janus.

Ici point d'application expérimentale envisageable (pour le moment...), car même si cette théorie d'un Univers à deux visages était « testable » – elle pourrait, selon Petit, être mise à l'épreuve d'observations mesurables –, elle n'est encore qu'hypothétique, en particulier dans son lien possible avec les phénomènes ovnis et les visites d'extraterrestres. Plusieurs pistes sont cependant envisagées par Petit : en opérant une inversion du signe de la masse, les astronefs pourraient utiliser la gravité elle-même comme un moteur. De plus, passant ainsi « de l'autre côté du miroir » si l'on peut dire, ils pourraient évoluer dans l'autre « feuillet » ou l'autre face de l'Univers, où la vitesse de la lumière pourrait être différente que de « notre » côté, et où l'inversion de la flèche du temps permettrait de se jouer des limitations de l'Univers connu – qui ne serait, rappelons-le, qu'une des deux moitiés d'un Univers double plus vaste.

Mais tous ces prodiges ne sont encore que de pures spéculations, et pour avoir une idée de leur faisabilité technique, il faudra sans doute attendre que les ET eux-mêmes nous en apprennent davantage !

Les ovnis, machines à science ?

Jean-Pierre Petit n'est sans doute pas le seul physicien à avoir imaginé les conditions de possibilité théoriques du voyage interstellaire, mais sa contribution est sans doute la plus développée et la plus cohérente à ce jour. Premier directeur et initiateur du GEPAN, Claude Poher se tourna lui aussi vers la physique théorique, conscient que la seule recherche des témoignages d'ovnis ne suffirait pas à convaincre le plus grand nombre de leur origine extraterrestre. Après avoir passé un doctorat en astrophysique, il a développé de son côté une théorie originale de la gravité, reposant sur le postulat de l'existence de particules hypothétiques, les universons. Sans avoir à dépasser la limite de la vitesse de la lumière, la maîtrise de ces particules élémentaires du champ gravitationnel offrirait selon lui la clé du voyage interstellaire, tout en expliquant les particularités observées par de nombreux témoins d'ovnis : accélérations subites, virages improbables, lumières et couleurs, etc.

Que penser de ces tentatives visant à expliquer la venue d'astronefs exogènes par une remise en question profonde des fondations de la science physique connue ? Dans le domaine de la physique théorique, on ne peut guère plus s'étonner de rien, mais les théories que nous avons évoquées restent très marginales au regard de la science instituée et « homologuée ». Jean-Pierre Petit a certes publié plusieurs articles dans des revues savantes à comité de lecture – où des *referees* (« arbitres »), spécialistes du domaine, objectifs et impartiaux, jugent du sérieux, de la validité et de la pertinence scientifique des textes soumis à publication –, mais sans remporter l'adhésion ni même susciter le débat parmi ses collègues. Quant à Claude Poher, nanti d'un doctorat mais n'ayant jamais exercé le métier de chercheur (il est ingénieur de formation), il est encore plus boudé par la communauté scientifique, et sa seule publication dans une revue spécialisée (en ligne) a finalement été retirée par l'éditeur. Dans les deux cas, les auteurs n'ont pas fait mystère de leur adhésion à l'HET (on parle aussi d'hypothèse *véhiculaire*, selon laquelle les phénomènes observés sont bel et bien des *véhicules* venus d'outre-espace) pour expliquer au moins une partie des observations d'ovnis. Ce parti pris, ou au moins ce postulat de départ, a-t-il nui à la réception et à la réputation de sérieux de leurs travaux ? Se sont-ils engouffrés opportunément dans la brèche ouverte par la crise que traverse actuellement la physique théorique pour bricoler des théories *ad hoc*, dont le seul mérite serait d'accréditer leur croyance aux extraterrestres ?

La seule certitude que l'on peut tirer pour l'instant de ces tentatives, c'est que la principale conclusion du rapport Condon était abusive. Car, qu'ils existent ou non par ailleurs, les ovnis sont bien un sujet scientifique pertinent et fécond. Quand il exposa les recherches de Jean-Pierre Petit à l'Académie des sciences, le mathématicien et physicien André Lichnerowicz (1915-1998), incrédule face aux témoignages d'ovnis, aurait lancé cette boutade : « Les ovnis n'existent pas, mais Jean-Pierre Petit va finir par réussir à les inventer ! » Indépendamment de leur possible explication des phénomènes ovnis – et en outre, dans son cas précis, de leur origine extraterrestre alléguée, qui a sûrement contribué à le discréditer auprès de ses collègues et même dans les médias –, les recherches de

Jean-Pierre Petit portent-elles le germe de la physique du futur, celle qui fera sortir cette discipline de l'impasse où elle semble s'enliser, ou finiront-elles dans le bêtisier ou, pire, les oubliettes de l'histoire des sciences ? Sans nous hasarder à un pronostic ou à une prédiction, voire à une prophétie, il faut bien reconnaître que les parcours qui ont conduit aux grandes découvertes de la science sont souvent passés par ce genre de détours tortueux, ou ont procédé d'une origine non moins étrange et improbable.

Par ailleurs, si les ovnis étaient bel et bien d'origine extraterrestre (ou au moins certains d'entre eux), ce ne serait pas non plus la première fois que la science aurait repoussé, réfuté et raillé pendant de longues années un phénomène qui aurait été par la suite prouvé et avéré. L'origine extraterrestre des météorites, par exemple, a été longtemps discréditée comme « racontars de vilains », croyances de paysans ignorants confrontés à un fait qu'ils ne savaient pas interpréter. Jusqu'au début du XIXe siècle, les plus prestigieux savants, jusqu'au célèbre et brillant Antoine de Lavoisier (1743-1794), pensaient qu'il s'agissait de « pierres de foudre », des roches arrachées à la terre lors de la déflagration produite par un impact d'éclair. Il fallut attendre 1803, et l'enquête magistrale réalisée par le physicien Jean-Baptiste Biot (1774-1862) sur la chute d'un aérolithe à L'Aigle (Orne) pour démontrer auprès de l'Académie des sciences et de tout le monde savant que ces pierres étaient bien tombées du ciel, et qu'elles provenaient de l'espace. Pour ce faire, Biot allia à des calculs minutieux, basés sur une observation rigoureuse des trajectoires et des impacts, une enquête sans préjugés sur les observations des témoins, montrant qu'ils appartenaient à toutes les couches sociales et que leurs récits n'étaient en rien des affabulations, des fanfaronnades, des superstitions ou des hallucinations.

De même les phénomènes de « foudre en boule », par nature rares et transitoires, ont jusqu'à très récemment été révoqués en doute par les scientifiques. Par un retournement ironique, c'est aujourd'hui une des explications alternatives favorites des rationalistes (« pélicanistes ») dans leurs polémiques avec les ufologues « soucoupistes » ! Et pour prendre des entités scientifiques moins anecdotiques, qui constituent l'essentiel de notre perception rationnelle du monde, les atomes et les gènes ont rencontré plus de détracteurs que de partisans au cours de leur histoire, et avant d'être élevés au rang de faits et de découvertes majeurs, on douta longtemps de leur existence, les considérant comme des chimères théoriques.

Pour résumer, si l'on n'attend évidemment pas des scientifiques une crédulité et un manque de recul critique qui déshonoreraient leur profession et leur passion, on pourrait espérer de leur part plus d'ouverture d'esprit, et une approche dépassionnée dans leur traitement du gigantesque dossier ovnis – qu'il leur faudrait, pour commencer, considérer largement comme un thème de recherche digne de ce nom.

L'exobiologie : les possibles du vivant

Il existe un domaine dans lequel les scientifiques n'hésitent pas à traiter les extraterrestres autrement que par la dérision, et qui a même donné naissance à une discipline à part entière, et de moins en moins marginale : l'exobiologie, c'est-à-dire l'étude de la possibilité d'une forme de vie sur d'autres astres (planètes ou satellites naturels). Car, malgré leur évidente origine spatiale, les aliens n'intéressent pas que les physiciens ou les astronomes, mais également les biologistes. Initiée en grande partie par Carl Sagan, l'exobiologie – science purement hypothétique pour le moment – cherche à répondre à une question que nous sommes nombreux à nous poser : si les extraterrestres existent, à quoi peuvent-ils bien ressembler ?

Un des reproches souvent adressés aux témoignages d'ovnis relatant des RR3 est leur anthropomorphisme. Pourquoi les aliens seraient-ils, ainsi qu'ils sont souvent décrits, bipèdes, se tenant debout, possédant yeux, mains et doigts avec seulement de légères variations de nombre ou de forme ? Pour les ufosceptiques, ce serait la preuve qu'ils ne sont que des créations humaines, terrestres, les témoins, qu'ils soient ou non de bonne foi, élaborant leur portrait-robot d'ET à partir de ce qu'ils connaissent. La vie peut prendre tant de formes radicalement différentes de celle de notre espèce – pour ne rien dire de celles que nous ignorons encore ! – qu'il serait en effet improbable qu'une race extraterrestre venue nous visiter présente un air de famille si marqué avec nous. Ce à quoi les partisans de l'HET répliquent que les attributs anthropomorphiques signalés chez tant d'aliens trahiraient un « goulet d'étranglement » dans le chemin évolutif menant à l'intelligence et à la technologie : en d'autres termes, si la vie peut prendre bien des formes, celles qui peuvent mener à une intelligence comparable ou supérieure à la nôtre sont en nombre restreint, et doivent présenter des traits qui seraient communs à toutes les espèces « évoluées » à travers le cosmos.

Cette considération peut même amener à une autre conclusion, pour le moins dérangeante. Poussant encore plus loin cette idée de « goulet d'étranglement », certains scientifiques soulignent que les conditions nécessaires qui ont mené jusqu'à notre espèce sont si nombreuses et exigeantes, le chemin évolutif menant à la vie, et plus encore à la vie intelligente et consciente, semé de tellement d'embûches, que cet événement, la vie consciente, pourrait bien être unique dans l'Univers. Nous serions bel et bien seuls, issus d'un hasard si improbable qu'il ne se serait produit qu'une fois. Et si l'on objecte à cela l'immensité du cosmos, on pourrait rétorquer que plus on augmente les chances d'avoir vu la vie émerger, plus on étend certes le champ des possibles, mais que l'on s'éloigne alors d'autant de notre planète, diminuant la probabilité d'un contact !

Le problème dans cette recherche d'une vie « venue d'ailleurs », c'est qu'on ne dispose que d'un seul exemple : le nôtre ! Non seulement, pour autant qu'on le sache, la vie n'est apparue que sur notre planète, mais elle n'y est apparue qu'*une seule fois*. Les recherches en génétique évolutive ont en effet accrédité une théorie que Darwin lui-même avait envisagée à titre purement hypothétique : toutes les formes de vie connues sur Terre descendent d'un ancêtre commun, baptisé par les biologistes LUCA – *Last Unique Common Ancestor*, « Dernier ancêtre commun unique » (car bien qu'il soit chronologiquement le premier, c'est le dernier si l'on procède en sens inverse, remontant le grand arbre de l'évolution jusqu'à cette racine unique).

La vie est donc apparue sur notre planète une seule fois (pour autant qu'on le sache), il y a 3,8 milliards d'années. On en sait de plus en plus sur les conditions de son émergence, qui ne sont d'ailleurs pas celles de sa perpétuation ou de son évolution : comme l'avait démontré Louis Pasteur (1822-1895) dans sa fameuse controverse avec Félix Pouchet (1800-1872), il n'y a pas de générations spontanées, la vie ne naît pas perpétuellement de la matière inerte, comme elle l'a fait une seule fois lors de sa « naissance » unique. Mais on a également découvert que des formes de vie dites « extrêmophiles » pouvaient se développer dans les conditions apparemment les plus hostiles : cheminées hydrothermales des fonds marins, déserts arides, etc. Sur Terre ou ailleurs, la vie n'a certainement pas fini de nous surprendre !

Les ET sont-ils vivants ?

Nous refermerons cet énorme dossier de la « science des ovnis » ou des ovnis dans la science – dont nous n'avons hélas ! qu'à peine gratté la surface – par une dernière hypothèse, qui soulève de nombreuses questions. On parle d'exo*biologie* et parfois d'Entités *Biologiques* Extraterrestres (EBE), mais certains ufologues n'hésitent pas à envisager la possibilité que les extraterrestres qui nous auraient rendu visite (au moins pour certains d'entre eux) n'étaient pas *vivants*, qu'il s'agissait de robots, de machines, et peut-être même d'un type de machines qui rendrait plus que floue la séparation entre vivant et non-vivant : les machines autoréplicantes.

Ici encore on ne peut raisonner qu'à partir de notre seul exemple, mais cette possibilité est loin d'être absurde. D'une part, beaucoup de scénarios futurologiques envisagent le remplacement progressif, et pour certains déjà amorcé, de l'humain par un « post-humain » de plus en plus augmenté ou transformé par la technique. On pourrait y voir un nouveau stade de l'évolution, la vie arrivée à un certain degré d'intelligence et de développement technologique qui tendrait à dépasser ses propres limitations en opérant lui-même sa mutation en « cyborg ». Dans cette logique, une espèce extraterrestre parvenue à un stade de développement suffisant pour réaliser des déplacements intersidéraux aurait aussi achevé son « devenir-machine ».

Mais on peut également envisager l'hypothèse du « robot alien » sous un autre angle, celui non pas du remplacement ou de la substitution par mutation progressive, mais de la délégation. Il faut se souvenir que le mot « robot », – introduit par l'écrivain et dramaturge tchèque Karel Čapek (1890-1938) dans la pièce qu'il avait écrite en 1920, *R. U. R.* (en tchèque *Rossumovi univerzální roboti*, Les Robots Universels de Rossum, Rossum étant le nom de l'inventeur des robots dans la pièce) – provient du terme *robota*, qui signifie en tchèque « travail », parfois dans le sens de « corvée », « servitude » ou « esclavage ». Les robots sont donc des travailleurs, des employés, des serviteurs, voire des esclaves. Or certaines hypothèses ufologiques, transposant ce schéma aux extraterrestres, imaginent des aliens, comme nous biologiques et organiques, déléguant certaines tâches à des machines de différentes sortes : robots androïdes, qui présenteraient même toutes les apparences du vivant, mais aussi machines et autres véhicules téléguidés, drones, intelligences artificielles embarquées dans des astronefs, etc. Et on peut imaginer divers degrés dans cette relation vivant-machine, depuis la simple utilisation instrumentale jusqu'à la délégation de toute l'entreprise d'exploration ou de colonisation de la galaxie (voire du cosmos), les EBE restant sur leur planète mère et laissant les inconvénients, les dangers et les difficultés du voyage spatial à leurs émissaires robotiques.

Et si, dans un futur plus ou moins lointain, c'était au tour de « nos » robots d'explorer des planètes lointaines, potentiellement habitées ? Sur Terre en effet, les voix sont de plus en plus nombreuses à s'élever contre l'absurdité des vols spatiaux habités, jugeant que les machines télécommandées et les intelligences artificielles sont bien plus adaptées à cette besogne, bien moins exposées qu'elles sont aux méfaits des rayonnements cosmiques, aux effets des accélérations brusques et violentes nécessaires aux voyages spatiaux, aux problèmes de l'approvisionnement en oxygène, en eau et en aliment et du traitement de leurs déchets, ainsi qu'aux complications physiologiques, psychologiques et affectives liées à des séjours prolongés dans les immensités du vide spatial. Mais *Homo sapiens* est-il prêt à renoncer à ses rêves de pionnier en les confiant à des machines ?

REMERCIEMENTS

Merci à mon père, citoyen américain, avec lequel j'ai vécu les grandes étapes de la conquête de l'espace. Et merci aussi à tous ceux qui ne me prendront pas pour un « ovni de l'audiovisuel » après la lecture de ce livre !

Nelson Monfort

Merci à Bénédicte Lombardo d'avoir pensé à moi pour cette belle aventure.

Merci à Diego Perrot pour avoir réuni une nuit sur sa terrasse, il y a quelques années, les conditions d'un profond questionnement qui a suivi son cours – et pour chaque instant passé avec lui depuis plus d'années encore !

Merci à Xavier Facélina… d'exister !

Merci à Baudouin Jurdant pour la richesse et l'ouverture d'esprit (encore le parachute !...) de son enseignement, dont j'espère qu'il reconnaîtra au moins l'esprit dans ces pages.

Merci à Frédéric Bourg pour sa lucidité en alerte et ses inépuisables encouragements.

Merci à Delphine Berdah d'avoir ouvert une brèche à ma soif d'écrire.

Merci à Margaux Mersié, Maïté Ferracci et Marie Barlois pour leur dynamisme et leur bienveillance pendant la réalisation de ce livre.

Et *last but not least*, merci à Nelson Monfort pour son enthousiasme, sa gentillesse à toute épreuve et pour m'avoir fait partager sa passion émerveillée.

Ivan Kiriow

TABLE DES MATIÈRES

Composition :
PRESS·PROD

CET OUVRAGE
A ÉTÉ ACHEVÉ D'IMPRIMER
SUR ROTO-PAGE
PAR L'IMPRIMERIE FLOCH
À MAYENNE EN AVRIL 2019

Imprimé en France
Dépôt légal : mai 2019
N° d'impression : 94259
ISBN : 978-2-7499-3852-3
LAF 2677